direito econômico internacional

EDITORA
intersaberes

O selo DIALÓGICA da Editora InterSaberes faz referência às publicações que privilegiam uma linguagem na qual o autor dialoga com o leitor por meio de recursos textuais e visuais, o que torna o conteúdo muito mais dinâmico. São livros que criam um ambiente de interação com o leitor – seu universo cultural, social e de elaboração de conhecimentos –, possibilitando um real processo de interlocução para que a comunicação se efetive.

direito econômico internacional

Juliana Oliveira Domingues
Cristina Godoy Bernardo de Oliveira

EDITORA intersaberes

Rua Clara Vendramin, 58 . Mossunguê
CEP 81200-170 . Curitiba . PR . Brasil
Fone: (41) 2106-4170
www.intersaberes.com
editora@editoraintersaberes.com.br

■ Conselho editorial
Dr. Ivo José Both (presidente)
Dr.ª Elena Godoy
Dr. Nelson Luís Dias
Dr. Neri dos Santos
Dr. Ulf Gregor Baranow

■ Editora-chefe
Lindsay Azambuja

■ Supervisora editorial
Ariadne Nunes Wenger

■ Analista editorial
Ariel Martins

■ Projeto gráfico
Raphael Bernadelli

■ Capa
Sílvio Gabriel Spannenberg (*design*)
Oleg Golovnev/Shutterstock (imagem)

■ Iconografia
Célia Suzuki

Dados Internacionais de Catalogação na Publicação (CIP)
(Câmara Brasileira do Livro, SP, Brasil)

Domingues, Juliana Oliveira
   Direito econômico internacional/Juliana Oliveira Domingues, Cristina Godoy Bernardo de Oliveira. Curitiba: InterSaberes, 2017.
   Bibliografia
   ISBN 978-85-5972-354-0

   1. Direito econômico 2. Direito econômico – Legislação 3. Direito internacional 4. Investimentos estrangeiros (Direito internacional) 5. Relações econômicas internacionais I. Oliveira, Cristina Godoy Bernardo de. II. Título.

17-02407   CDU-34:33:341

Índices para catálogo sistemático:
1. Direito econômico internacional   34:33:341

1ª edição, 2017.

Foi feito o depósito legal.

Informamos que é de inteira responsabilidade das autoras a emissão de conceitos.

Nenhuma parte desta publicação poderá ser reproduzida por qualquer meio ou forma sem a prévia autorização da Editora InterSaberes.

A violação dos direitos autorais é crime estabelecido na Lei n. 9.610/1998 e punido pelo art. 184 do Código Penal.

apresentação 13

como aproveitar ao máximo este livro 17

Capítulo 1 **A evolução do comércio nos séculos XX e XXI - 21**

1.1 Introdução - 21
1.2 Tendências da economia mundial no século XX - 22

Capítulo 2 **Conceito e abrangência do Direito Internacional Econômico - 39**

2.1 Introdução - 39
2.2 Aspectos gerais do Direito Internacional Econômico: existência e conteúdo - 40
2.3 Unidade e diversidade no Direito Internacional Econômico - 43

sumário

2.4 Conceito de Direito Internacional Econômico - 45

2.5 Abrangência do Direito Internacional Econômico - 47

Capítulo 3 **As regras e os princípios básicos das relações comerciais internacionais - 51**

3.1 Introdução - 51

3.2 Normas econômicas internacionais: elaboração - 52

3.3 Fundamento das normas - 55

3.4 Conteúdo das normas - 57

3.5 Aplicação das normas - 59

3.6 Nova ordem econômica internacional: histórico e características - 60

3.7 Princípios das relações comerciais internacionais - 63

Capítulo 4 **As rodadas de negociação internacional e o Gatt 1994 (Rodada Uruguai) - 71**

4.1 Introdução - 71

4.2 A tentativa de formação da Organização Internacional do Comércio - 74

4.3 As rodadas de negociação internacional - 76

4.4 O Gatt 1994 e a criação da OMC - 86

4.5 A Rodada Doha - 89

Capítulo 5 **Princípios essenciais do livre comércio no sistema multilateral - 97**

5.1 Introdução - 98
5.2 Princípio da não discriminação - 99
5.3 Princípio da transparência ou da previsibilidade - 112
5.4 Princípio da concorrência leal - 119
5.5 Princípio da proibição ou da eliminação das restrições quantitativas - 122
5.6 Tratamento especial e diferenciado para países em desenvolvimento - 125
5.7 Exceções - 129
5.8 Outras regras básicas - 130
5.9 Tema recente: o princípio da nação mais favorecida e os desalinhamentos cambiais - 136

Capítulo 6 **Acordos de integração regional - 143**

6.1 Introdução - 143
6.2 Introdução sobre os acordos de integração regional na América Latina - 144
6.3 Fases da integração econômica - 146
6.4 Os acordos de integração regional e a OMC - 150
6.5 Problemas práticos e de interpretação - 152

6.6 Discussões atuais - 154
6.7 Perspectiva brasileira - 155

Capítulo 7 **Mecanismos de solução de controvérsias no sistema multilateral da OMC - 163**

7.1 Introdução - 163
7.2 Do Gatt 1947 à OMC - 165
7.3 Procedimento de solução de controvérsias da OMC: competência e particularidades - 166

Capítulo 8 **Deficiências do sistema Gatt/OMC - 183**

8.1 Introdução - 183
8.2 Repensando o sistema multilateral - 184
8.3 A estrutura da tomada de decisões e a situação dos países de menor desenvolvimento relativo - 187
8.4 A transparência - 190
8.5 A participação de organizações não governamentais - 193
8.6 A ausência de um sistema eficiente de execução - 194
8.7 Outras questões institucionais - 196

Capítulo 9 **A regulamentação do sistema financeiro internacional: FMI e Bird - 205**

- 9.1 Introdução - 205
- 9.2 Moeda e Direito Internacional Público - 206
- 9.3 Fundo Monetário Internacional: a origem - 209
- 9.4 FMI: operações do Departamento Geral - 211
- 9.5 Assistência financeira no plano universal: Bird - 214

Capítulo 10 **O Sistema de Solução de Controvérsias do ICSID (investimentos estrangeiros) - 221**

- 10.1 Introdução - 222
- 10.2 Fundamentos do Sistema de Solução de Controvérsias na arbitragem de investimentos - 223
- 10.3 A conciliação e a arbitragem internacionais no ICSID - 228
- 10.4 Dados relevantes sobre o Sistema de Solução de Controvérsias - 233
- 10.5 Estudo de casos no ICSID - 235
- 10.6 Perspectivas para o Brasil sobre o ICSID - 237

Capítulo 11 **A atuação das empresas transnacionais nos fenômenos econômicos internacionais - 245**

11.1 Introdução - 245
11.2 Metodologia - 246
11.3 Os conceitos econômico e jurídico de empresa transnacional - 247
11.4 As empresas transnacionais e os modelos comerciais - 249
11.5 Os resultados econômicos das empresas transnacionais no comércio internacional no século XXI - 253
11.6 O Brasil e as empresas transnacionais - 256

Capítulo 12 **Noções introdutórias aos contratos internacionais - 261**

12.1 Introdução - 261
12.2 Diferenciação entre contratos nacionais e internacionais - 263
12.3 Normas de Direito Internacional Privado nas relações contratuais: noções introdutórias - 265
12.4 Contratos internacionais e autonomia técnica - 268
12.5 Natureza jurídica dos contratos internacionais - 270

Capítulo 13 **Teoria da *lex mercatoria* e relação com a contratualística internacional - 275**

13.1 Introdução - 275
13.2 Evolução histórica da *lex mercatoria* - 276
13.3 A nova *lex mercatoria* - 278
13.4 *Lex mercatoria*: contratos entre empresas privadas estrangeiras e o Estado - 284

Capítulo 14 **Negociação de contratos internacionais - 291**

14.1 Introdução - 291
14.2 O que é a negociação - 292
14.3 Estratégias de negociação - 295
14.4 Fases de negociação - 297
14.5 Poder de barganha no contexto da negociação - 300
14.6 Perspectiva da ruptura das negociações e responsabilidade - 302

Capítulo 15 **O Direito aplicável aos contratos internacionais - 311**

15.1 Introdução - 311
15.2 O direito aplicável - 312
15.3 Princípio da autonomia da vontade no direito brasileiro - 314
15.4 Cláusula de eleição de foro - 324

15.5	Lei aplicável aos contratos eletrônicos - 326
15.6	Regras do Mercosul - 327
15.7	Princípios do Unidroit sobre contratos internacionais - 328
15.8	Protocolos do Mercosul e da Codaci - 329

para concluir... 337

referências 339

respostas 363

sobre as autoras 373

A presente obra é destinada aos estudantes de Relações Internacionais, Direito e Economia, bem como aos profissionais dos respectivos campos do saber que desejem estudar os principais assuntos concernentes ao Direito Econômico Internacional e aos contratos internacionais.

Em um mundo globalizado, torna-se indispensável a compreensão da dinâmica relativa às relações econômicas internacionais, tendo em vista que o direito nacional de cada Estado não é suficiente para a solução dos conflitos, assim como o Direito Internacional Público não fornece todos os instrumentos necessários para resolver litígios do comércio internacional.

Nesta obra, abordamos os assuntos referentes ao conceito e aos princípios do Direito Econômico Internacional: as principais características do sistema monetário internacional, os elementos essenciais relativos ao Acordo Geral de Tarifas e Comércio (**General Agreement on Tariffs and Trade** – Gatt 1947) e, posteriormente, as alterações trazidas com o estabelecimento da Organização Mundial do Comércio (OMC). Da mesma forma, trazemos os elementos formadores da arbitragem internacional, as características fundamentais das empresas transnacionais, as noções gerais sobre os contratos internacionais, as negociações e o Direito aplicável aos

apresentação

contratos internacionais e, por fim, os elementos formadores da nova *lex mercatoria*.

Desse modo, é importante destacar que adotamos no título a expressão *Direito Econômico Internacional* em razão do enfoque desta obra: os eventos pós-Bretton Woods – ou seja, a criação do Banco Mundial, do FMI, da OMC etc. –, em que pese termos a consciência de que a definição do campo do Direito Internacional Econômico e do Direito Econômico Internacional não é consensual entre os juristas. Assim, apesar de existirem capítulos referentes a contratos internacionais, *Incoterms* e negociações de comércio internacional, esta obra ressalta os acontecimentos pós-1944, o que justifica, portanto, o título que empregamos.

Ao final de cada capítulo, apresentamos notícias contemporâneas que tratam de cada tema estudado nos capítulos, para que você possa verificar o quão próximo da nossa realidade estão os assuntos concernentes ao comércio internacional e, ao mesmo tempo, constate a relevância do estudo de cada tema.

Assim, o nosso enfoque nesta obra consiste em abordar todos os temas de forma conectada ao contexto atual, fornecendo uma visão atualizada de cada assunto e apresentando o debate doutrinário concernente a cada um deles, sem nos esquecermos de mencionar a participação do Brasil nos temas estudados.

Também cumpre destacarmos que, em cada capítulo, além das citações especializadas, indicamos referências bibliográficas, apontando as obras principais e complementares, para que você possa verificar em que artigo, livro ou documento normativo se encontra o assunto tratado no tópico, podendo continuar, assim, o estudo conforme seu interesse e sua necessidade.

Por fim, recomendamos que o estudo desta obra se realize da seguinte maneira: atente ao título dos tópicos de cada capítulo. Na primeira leitura, realize um estudo rápido, sem voltar aos parágrafos anteriores; ao encerrar a primeira leitura, para fixar todo o conteúdo, recomendamos mais duas leituras. Após a realização da leitura por três vezes, você estará preparado para aprimorar seu conhecimento, iniciando o estudo das leituras básicas e complementares que indicamos nesta obra. Recomendamos que você não se esqueça de, em primeiro lugar, aprender bem os elementos essenciais de cada matéria e, depois, iniciar um estudo detalhado e aprofundado de cada assunto.

Desejamos uma boa leitura e um bom estudo.

As autoras

Este livro traz alguns recursos que visam enriquecer o seu aprendizado, facilitar a compreensão dos conteúdos e tornar a leitura mais dinâmica. São ferramentas projetadas de acordo com a natureza dos temas que vamos examinar. Veja a seguir como esses recursos se encontram distribuídos no projeto gráfico da obra.

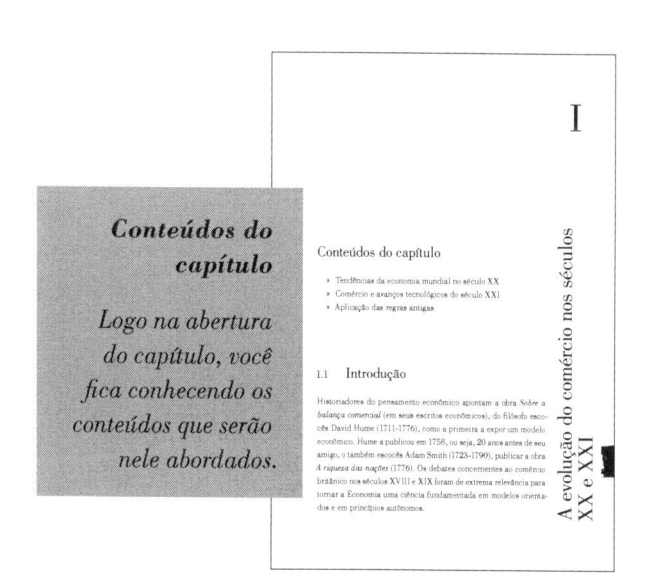

Conteúdos do capítulo

Logo na abertura do capítulo, você fica conhecendo os conteúdos que serão nele abordados.

Síntese

Você dispõe, ao final do capítulo, de uma síntese que traz os principais conceitos nele abordados.

como aproveitar ao máximo este livro

Questões para revisão

Com essas atividades, você tem a possibilidade de rever os principais conceitos analisados. Ao final do livro, o autor disponibiliza as respostas às questões, a fim de que você possa verificar como está sua aprendizagem.

de diversos serviços provenientes da sociedade da informação, tais como: direitos autorais, *marketing*, publicidade, *know-how*, transferência de tecnologia etc. Diante desse cenário, notamos que o abismo entre os países ricos e os países pobres aumenta progressivamente. O principal instrumento para enfrentar esse relevante problema da globalização é a justiça, nos sentidos horizontal e vertical, para corrigir as assimetrias no âmbito do comércio internacional.

Questões para revisão

1) Assinale a alternativa que contém as principais características da economia mundial durante todo o século XX:
   a. Avanços tecnológicos, segregação econômica e mercantilismo econômico.
   b. Hegemonia de um grupo seleto, internacionalização financeira e participação de atores transnacionais.
   c. Permanência do padrão monetário, crises financeiras e hegemonia de um seleto grupo.
   d. Ausência de crises financeiras, alterações do padrão monetário e internacionalização financeira.

2) Indique a alternativa que melhor retrata a participação do Brasil no comércio internacional:
   a. A participação do Brasil no comércio internacional é de elevada expressividade, pois, a partir da metade do século XX, com a modernização de seu parque industrial, o país aumentou sua produção de bens com altíssimo valor agregado, tendo em sua pauta de exportações apenas produtos industrializados de tecnologia de ponta.

( ) A técnica utilizada na elaboração de normas do comércio internacional deve observar as inovações tecnológicas e a crescente complexidade das relações econômicas que envolvem Estados e/ou empresas transnacionais.
( ) Os contratos internacionais são um fato jurídico, não um ato jurídico.
( ) Os contratos internacionais são atos jurídicos centrados na vontade das partes que visam ao cumprimento de uma prestação e têm um elemento espacial, o qual se refere à esfera de aplicabilidade da lei.

4) O que significa o elemento de conexão relativo a pessoas físicas denominado *lex domicilii*?
5) Qual é o núcleo fundamental dos contratos internacionais?

Questões para reflexão

1) Por que, com a reforma, passou-se a denominar de *Lei de Introdução às Normas Brasileiras* (LINDB) o que antes era chamada de *Lei de Introdução ao Código Civil* (LICC)?
2) A vontade das partes para escolher a lei aplicável, na sua opinião, deve ou não ser um elemento de conexão dos contratos internacionais? Justifique sua resposta.

Questões para reflexão

Nessa seção, a proposta é levá-lo a refletir criticamente sobre alguns assuntos e a trocar ideias e experiências com seus pares.

Para saber mais

Nesta notícia, publicada pela BBC Brasil, verificamos o impacto de determinado acordo entre as partes contratantes no mercado internacional, ou seja: ao se estabelecer como moeda o dólar, os contratos internacionais da Petrobras se tornaram mais onerosos com

Para saber mais

No trecho a seguir de notícia publicada no jornal *Folha de S. Paulo*, observamos o debate que apresentamos neste capítulo no que concerne às reivindicações dos países em desenvolvimento por uma nova ordem econômica internacional que corrija as desigualdades dos Estados no mercado internacional. É possível verificarmos o debate concernente à realização de acordos comerciais bilaterais que estão em conflito com o sistema multilateral do comércio internacional. Não são benéficos para a América Latina, por exemplo, acordos bilaterais que ocasionam a exclusão dos demais países, o que consiste em um obstáculo para a implementação do princípio da não discriminação e a cláusula da nação mais favorecida, princípios tão caros ao sistema multilateral.

Blocos comerciais dominam exportação na América Latina

Ruim para a região
Machinea avalia que, individualmente, **os países podem obter vantagens e aumento do comércio quando negociam acordos bilaterais**. "Mas, para a região latino-americana como um todo, essa não é uma boa alternativa".
Ainda mais crítico aos acordos bilaterais, **o embaixador Ricupero lembrou que eles ferem os dois primeiros artigos que foram base para a criação do sistema multilateral de comércio: o princípio de não discriminação e a cláusula de nação mais favorecida.**

Para saber mais

Você pode consultar as obras indicadas nesta seção para aprofundar sua aprendizagem.

18

"Um acordo bilateral, na verdade, é um acordo que discrimina os demais membros do mercado mundial", disse Ricupero.

A cláusula de nação mais favorecida estabelece que, quando um país concede benefícios a um parceiro comercial – como por exemplo uma tarifa de importação menor – ele deve estender a medida a todos os demais países.

Há, como em toda a regra, exceções. A cláusula não é válida, por exemplo, para o caso de países que queiram estabelecer uma área de livre comércio, acabando com a maior parte das barreiras. **O problema é que o conceito de livre comércio é muito subjetivo, e os países acabam o usando como subterfúgio para conceder benefícios para parceiros comerciais.**

Fonte: Billi, 2004, grifo nosso.

Consultando a legislação

- Acordo Geral sobre Tarifas e Comércio (*General Agreement on Tariffs and Trade* – Gatt) 1994 (Thorstensen; Oliveira, 2013).
- Carta das Nações Unidas de 1945 (United Nations, 1945b).
- Declaração sobre o Estabelecimento da Nova Ordem Econômica Internacional de 1974 (Mahiou, 2011).
- Resolução 1995 (XIX) da Assembleia Geral da ONU (United Nations, 1964).

Consultando a legislação

Você pode verificar aqui a relação das leis consultadas pelo autor para examinar os assuntos enfocados no livro.

I

Conteúdos do capítulo:

» Tendências da economia mundial no século XX.
» Comércio e avanços tecnológicos do século XXI.
» Aplicação das regras antigas.

1.1 Introdução

Historiadores do pensamento econômico apontam a obra *Sobre a balança comercial* (em seus escritos econômicos), do filósofo escocês David Hume (1711-1776), como a primeira a expor um modelo econômico. Hume a publicou em 1758, ou seja, 20 anos antes de seu amigo, o também escocês, Adam Smith (1723-1790), publicar a obra *A riqueza das nações* (1776). Os debates concernentes ao comércio britânico nos séculos XVIII e XIX foram de extrema relevância para tornar a economia uma ciência fundamentada em modelos orientados e em princípios autônomos.

A evolução do comércio nos séculos XX e XXI

Atualmente, no século XXI, as nações estão conectadas entre si por meio do comércio de bens e serviços como nunca estiveram antes. O livre trânsito de dinheiro e investimentos também foi facilitado por meio dos avanços tecnológicos, o que transformou, por conseguinte, o mercado internacional em um ambiente turbulento e repleto de riscos, uma vez que a mudança de investimentos, por exemplo, pode ocorrer sem preparações, devendo os empresários e os políticos permanecerem em alerta para as tendências do mercado externo.

Desse modo, nos próximos tópicos deste capítulo, verificaremos algumas peculiaridades da economia mundial nos séculos XX e XXI, observando que os modelos econômicos construídos nos séculos XVIII e XIX, por exemplo, ainda podem ser aplicáveis contemporaneamente, uma vez que a lógica do comércio internacional não se alterou nesses últimos séculos, embora a composição do valor dos produtos e dos serviços tenha mudado com o decorrer do tempo e o mundo tenha se tornado mais complexo.

1.2 Tendências da economia mundial no século XX

Ao pensarmos na expressão *economia internacional*, devemos compreender que ela se refere a um sistema integrado por economias nacionais que visam realizar trocas de bens, serviços, capitais e tecnologia, em um cenário marcado por desequilíbrios estruturais decorrentes de particularidades históricas, geográficas, demográficas etc.

Dessa forma, ao analisarmos a economia mundial no século XX, podemos verificar a presença de diversos ciclos, tão variados quanto as mudanças políticas ocorridas, por exemplo: os avanços tecnológicos, as crises financeiras, as alterações de padrão monetário, a liberalização e o protecionismo comercial, o surgimento de novos atores na ordem econômica, os processos de acumulação de riquezas etc. Apesar de todas as alterações constatadas neste longo século XX*, podemos asseverar que algumas características permaneceram presentes do início ao fim do referido século (Hobsbawm, 1994):

a. A hegemonia de um grupo seleto que integra o centro da economia mundial, muito semelhante à composição atual do G7 (Estados Unidos, Alemanha, Canadá, França, Itália, Japão e Reino Unido).
b. A semelhante evolução da globalização comercial e da internacionalização financeira.
c. A influência de atores transnacionais no desenvolvimento do comércio internacional, podendo-se mencionar como exemplo os cartéis do final do século XIX e as empresas multinacionais do século XXI.

O núcleo central da economia no século XX era composto por um grupo de países dominantes, que se sujeitavam a fluxos, refluxos e engrandecimentos de suas atividades econômicas de ordem global, e os principais atores econômicos desses Estados eram responsáveis pela organização social da produção.

Ao analisarmos a economia no século XX, devemos iniciar o estudo a partir do final do século XIX, quando inovações tecnológicas (como a eletricidade por motores de explosão e a área química) foram agregadas ao processo de produção da Segunda Revolução Industrial, notando-se a maturidade do capitalismo *manchesteriano* (Almeida, 2001). Nesse período, identificamos a forte presença de

---

* Referência utilizada na obra de Arrighi (1996). Em contrapartida, Eric Hobsbawm, em seu livro *Era dos extremos* (1994), assevera que o século XX foi breve, existindo assim duas perspectivas relativas ao século passado.

cartéis e **trustes**, controlados, em certa medida, por normas protetivas advindas de dispositivos de defesa da concorrência, visualizando-se assim a passagem do *laissez faire* sem restrições para o **protecionismo comercial** e o despontar de um **nacionalismo econômico**, sendo possível verificarmos a imposição agressiva de tarifas diferenciadas e a instituição de novas zonas geográficas de exclusão. Travava-se, assim, de uma verdadeira "guerra" comercial, que visava à conquista de novos mercados e à proteção das economias internas. Embora verifiquemos um movimento direcionado à proteção das economias nacionais, observamos uma **liberalização** no que se refere ao **fluxo de pessoas** (mão de obra) e de **capital** (pautado no padrão-ouro), que permitiu uma maior integração na ordem global.

Em uma perspectiva econômica, o século XX encerrou-se com uma característica marcante: não observamos uma transição para uma fase **pós-industrial**, pois a indústria permaneceu como o núcleo central da economia, apesar do crescimento da área de serviços, mas despontou a organização do que chamamos de *sociedade da informação*, agregando-se ao valor dos produtos diversos outros elementos e serviços, como: direitos de propriedade intelectual, *marketing*, publicidade, marcas registradas, *know-how*, *trade secrets*, distribuição dos produtos etc. Dessa forma, a **inteligência humana** e a **informação** se agregam aos produtos industriais, incorporando-se a uma considerável parcela do valor final desses produtos. Ao falarmos do setor agrícola, no final do século XX, observamos a organização de uma estrutura que incorpora o valor da inteligência humana e da tecnologia ao setor, que forma o chamado ***agribusiness*** (Almeida, 2001).

Podemos verificar as transformações ocorridas no século XX por meio da análise de dados numéricos concernentes aos elementos de base do sistema capitalista: população (mão de obra), estrutura de produção e sistema financeiro nacional e internacional (Hobsbawm, 1994):

a. **População (mão de obra)** – A população mundial quadriplicou, pois em 1900 havia 1,6 bilhão de pessoas no planeta, enquanto em 2000 esse número passou para 6,3 bilhões. As taxas de fecundidade passaram a variar: em países mais desenvolvidos, essas taxas iniciaram um processo de redução, ao passo que, em países pobres, elas permaneceram elevadas. Já o crescimento vegetativo da população mundial cresceu, uma vez que a taxa de mortalidade infantil passou a cair e o crescimento da população mundial continuou. Além disso, os progressos na área de saneamento básico e os avanços no setor médico e hospitalar também foram fatores relevantes para o aumento da população mundial. Em países com alta taxa de natalidade, o número de jovens cresceu, enquanto os países com retração na taxa de natalidade obtiveram um crescimento no número de idosos. Como mencionamos anteriormente, a liberalização dos fluxos de mão de obra que transitavam de forma intercontinental marcou a economia do século XX. Devemos destacar, porém, que, em um primeiro momento, o capitalismo necessitou de uma massa operária para atender às necessidades da produção em larga escala, contudo, no decorrer do século XX, as zonas mais prósperas do globo iniciaram um processo de imposição de barreiras para a entrada de mais estrangeiros advindos de regiões miseráveis e que esperavam obter alguma oportunidade nesses países ricos. Desse modo, no século XXI, no lugar da livre circulação de mão de obra, observamos o deslocamento contínuo do capital, marcando o momento econômico contemporâneo.

b. **Estrutura de produção** – Esta sofreu fortes mudanças decorrentes da especialização da mão de obra e dos avanços tecnológicos, os quais viabilizaram um aumento na produção, que passou a ter um crescimento maior do que o da população. Desse modo, notamos que o *malthusianismo* foi superado, uma vez que, no século XX, observamos um aumento de 19 vezes do produto global. Nos países ricos, verificamos uma mudança da população, do setor primário para o setor industrial, porém, no final do século XX, constatamos um movimento crescente para o setor terciário (serviços). No século XX, o setor público se expandiu, e, no século XXI, as políticas públicas e o peso da tributação direta e indireta se tornaram fatores importantes para uma economia complexa, diferentemente do que ocorrera no final do século XIX, quando o setor público não tinha uma participação de peso na economia dos Estados e nas relações interestatais de caráter econômico.

c. **Sistemas financeiros nacionais** – O padrão monetário internacional sofreu diversas alterações ao longo do século XX, pois foi abandonada a referência do ouro como garantia de liquidez e rigidez nas paridades cambiais do início do século XX, para flutuações cambiais, que se tornaram a regra no ambiente internacional. O padrão-ouro foi encerrado no período da Primeira Guerra Mundial (1914-1918), sendo realizadas diversas tentativas para resgatá-lo; entretanto, com a Quebra da Bolsa de Nova York em 1929 e as desvalorizações cambiais em alta escala, tornou-se impossível o retorno ao padrão-ouro, tendo este sido extinto definitivamente. Buscou-se uma reorganização do sistema monetário, por meio da Conferência de Bretton Woods (1944), com o lançamento do padrão ouro-dólar e um regime de paridades fixas – porém, ajustáveis –, que funcionou por um certo período, mas passou a ser inviável com a inflação e os desequilíbrios externos dos Estados Unidos, o que forçou o rompimento da paridade de US$ 35 por onça de ouro que havia sido instituída em 1934. Por fim, devemos mencionar que, na mesma Conferência de Bretton Woods, foi instituído o

Fundo Monetário Internacional (FMI), com a missão de corrigir desvios e desequilíbrios na balança monetária de caráter não permanente, bem como administrar os regimes de paridades correlacionadas. Contudo, essa última missão foi abandonada após a decretação unilateral, em 1971, da suspensão da conversibilidade do dólar em ouro.

No período pós-Segunda Guerra, os fluxos de capital deixaram de ser de origem privada e passaram a ser transferências públicas, realizadas por meio dos bancos de desenvolvimento. Em 1970, o cenário se modificou e retornou a predominância das transferências privadas de capital, quando especulações nos mercados futuros e a reciclagem dos petrodólares foram responsáveis por injetar elevadas quantias de dinheiro na ordem global, que ficou à disposição dos mercados emergentes. Na década de 1980, com os desequilíbrios fiscais e comerciais dos Estados Unidos, houve o aumento dos juros desse país, iniciando-se assim um processo de crise nos países em desenvolvimento que contraíram empréstimos que se tornaram um endividamento desesperador. Assim, nesse período, notamos a transferência de capital dos países em desenvolvimento para os países desenvolvidos. Na década de 1990, a ordem econômica internacional voltou a se estabilizar depois de renegociações de dívidas e moratórias, porém crises gravíssimas ocorreram no final dessa década, primeiramente no México e, após, em países da Ásia, na Rússia e no Brasil, em decorrência da globalização do sistema financeiro, facilitada pelo livre trânsito de capitais de um país para outro – fato inexistente no período do padrão-ouro, quando não havia transferências eletrônicas de capital, mas sim um transporte físico dos lingotes de ouro (Almeida, 2001).

Nesse diapasão, é importante salientarmos que as economias dominantes na ordem internacional pouco se alteraram no período que se iniciou em 1870 e se encerrou em 2000. Podemos mencionar algumas alterações, como o fim do Império Austro-Húngaro na

Europa e a ascensão do Japão. É preciso lembrar que nesse período a Rússia apresentou uma elevada importância no cenário político, mas não despontou como uma grande potência econômica, assim como a China. Por outro lado, temos o caso da Alemanha: embora esse país tenha se recuperado rapidamente, seu desenvolvimento econômico ocorreu após um momento de derrota por causa da guerra, com perda de população, território, estabilidade etc. Os Estados Unidos, por sua vez, eram inicialmente um país notadamente agroexportador, mas, ao longo do século XX, despontou como uma grande potência industrial. A partir de 1930, quando foi suspensa a conversibilidade da libra esterlina, os EUA se tornaram também uma grande potência financeira, com a hegemonia do dólar no mercado financeiro. Além disso, no século XX, observamos a importância do **regionalismo**, com o surgimento a União Europeia (EU) como um grupo econômico importante na ordem internacional. Por outro lado, a maioria dos países integrantes da EU eram economias dominantes desde o final do século XIX (Almeida, 2001).

> *Os Estados Unidos, por sua vez, eram inicialmente um país notadamente agroexportador, mas, ao longo do século XX, despontou como uma grande potência industrial. A partir de 1930, quando foi suspensa a conversibilidade da libra esterlina, os EUA se tornaram também uma grande potência financeira, com a hegemonia do dólar no mercado financeiro.*

Embora os atores globais e os padrões concernentes à produção, ao comércio e às finanças tenham sofrido poucas mudanças ao longo do século XX, ocorreu um distanciamento crescente em relação ao quadro econômico presente no início e no final do século XX, pois foi criado um abismo que se tornou cada vez maior entre os países desenvolvidos e os países em desenvolvimento, uma vez que as economias dominantes se tornaram mais avançadas e produtivas, enquanto as economias pobres se tornaram cada vez mais obsoletas e dependentes dos atores globais ricos. No século XXI, esse aprofundamento das diferenças entre os países ocorreu principalmente em decorrência da mão de obra, que se tornou especializada e produtiva, incorporando os avanços tecnológicos constantes, típicos de uma sociedade da informação.

1.2.1 Comércio e avanços tecnológicos do século XXI: evolução e perspectivas

A **regionalização** e a **globalização** das economias se tornaram fenômenos inafastáveis da realidade contemporânea. Os **avanços na área tecnológica** reduziram as distâncias e viabilizaram o dinamismo do mercado, não sendo possível negar o impacto dessas transformações no âmbito do comércio. Por outro lado, em um mundo marcado pela **sociedade da informação**, a mão de obra especializada e qualificada agrega um valor considerável aos produtos, o que causa impactos na diferença entre os países ricos e pobres, uma vez que esse abismo é ampliado com a desigualdade concernente ao acesso à informação, à tecnologia e à educação adequada.

A globalização fornece variadas oportunidades, fato que justifica o motivo de os baixos índices de crescimento e os baixos indicadores sociais serem atribuídos, notadamente, a países que desejam se afastar dos fluxos econômicos internacionais. Sabemos que a globalização viabiliza o acesso a novas tecnologias, ao capital, ao progresso na área de pesquisa, na educação, na qualificação da mão de obra etc. Por outro lado, não existem apenas benefícios no fenômeno da globalização – também há riscos, que podem produzir efeitos deletérios aos países mais pobres, por exemplo: aumento da desigualdade entre países e consequente desequilíbrio na distribuição dos benefícios do mercado internacional, abusos do poder econômico, impactos negativos para os setores domésticos não competitivos que estejam iniciando sua atividade ou que não tenham capital de investimento adequado, crime organizado, virulência das crises financeiras, que apresentam um efeito "arrastão", derrubando diversas economias etc. Além disso, a globalização se tornou um fenômeno relevante para pressionar a liberalização do comércio exterior, com a redução e/ou extinção de barreiras tarifárias e não tarifárias pelos países ricos, ao passo que estes estabelecem determinadas proteções econômicas para setores não competitivos no mercado internacional. Assim, verificamos distorções graves na concorrência entre os países (Almeida, 2001).

Nos foros internacionais, notamos que, de forma gradativa, os **blocos econômicos** tomam o espaço dos Estados, visando a alcançar o máximo da eficiência nas trocas comerciais, sendo construída assim uma modelagem jurídica adequada para o escopo da **eficiência**. Por outro lado, para que essa eficiência não provoque distorções no mercado internacional, ela deve ser harmonizada com a noção de *justiça*, seja em **sentido horizontal** (como equidade), seja em **sentido vertical** (distribuição equânime de encargos e benefícios). As questões de **caráter ético** também não podem ser afastadas do fenômeno da globalização, o qual é responsável pelo crescimento econômico, embora também o seja pelo aumento da desigualdade econômica entre os países.

> *A globalização fornece variadas oportunidades, fato que justifica o motivo de os baixos índices de crescimento e os baixos indicadores sociais serem atribuídos, notadamente, a países que desejam se afastar dos fluxos econômicos internacionais.*

É uma realidade a disparidade entre o discurso e a ação dos países ricos quanto à **liberalização do comércio**, pois se deseja que os países pobres abram seus mercados, todavia os países ricos permanecem fornecendo subsídios ao setor agrícola, em que apresentam menos competitividade. Os produtos agrícolas correspondem a apenas 10% das trocas mundiais, enquanto, conforme afirma o Banco Mundial, os países ricos gastam US$ 1 bilhão por dia em subsídios agrícolas, o que afeta quase dois terços da população mundial (Krugman; Obstfeld; Melitz, 2014; Bourguignon; Jacquet; Pleskovic, 2004). O impacto disso é visível, pois os subsídios agrícolas afetam as produções nos países pobres, que não têm mecanismos capazes de enfrentar os baixíssimos preços dos produtos primários vendidos na UE, nos Estados Unidos, no Japão etc. Dessa forma, fazendeiros de vários países são afetados por essas práticas desleais, assim como os consumidores, que pagariam menos por seus alimentos se fossem importados de países mais competitivos nesse setor.

Nesse sentido, é importante salientarmos que o Brasil teve uma redução em sua participação no mercado mundial, pois, em 1947, esta representava 3% e, no início do século XXI, passou a ser de 1%. Por outro lado, em termos absolutos, o papel do Brasil no comércio internacional cresceu nos cinco anos iniciais do século XXI, com o país buscando um posicionamento de maior destaque no mercado mundial, apesar das perdas ocorridas, principalmente com a flexibilização do câmbio, ocorrida em 1999. No ano de 2014, observamos que as exportações representaram 11,5% do valor total de bens e serviços produzidos no Brasil, o que corresponde a um número visivelmente inferior à média global de 29,8%. Conforme dados da Organização Mundial do Comércio (OMC), em 2015, as exportações brasileiras corresponderam a 1,18% das exportações mundiais. Com isso, verificamos a baixa representatividade do nosso país no âmbito das exportações mundiais (The World Bank, 2016).

Além disso, devemos mencionar que, no âmbito das exportações brasileiras, o **setor primário** tem maior representatividade quando comparado ao setor de manufaturados e semifaturados, sendo possível notar esse fato por meio dos dados fornecidos pelo Ministério do Desenvolvimento, Indústria e Comércio Exterior (MDIC), como mostra a Tabela 1.1, a seguir.

Tabela 1.1 – Desempenho das exportações brasileiras
(US$ milhões – FOB/2015)

	Valor	Variação percentual entre 2014 e 2015	Participação (%)
Exportação total	191.134	–15,09	100,0
Básicos	87.188	–20,42	45,62
Manufaturados	72.790	–9,25	38,08
Semifaturados	26.463	–8,95	13,85

Fonte: Adaptado de Brasil, 2015b.

Com base nos dados que apresentamos anteriormente, podemos concluir que o comércio internacional do Brasil está suscetível a sofrer impactos constantes no mercado internacional de commodities*, uma vez que quase metade da sua pauta de exportações é devida ao setor primário. Quanto à queda de 13,7% das exportações no setor de manufaturados em 2014, devemos mencionar que uma de suas principais causas foi a redução das exportações para os países do Mercado Comum do Sul (Mercosul), principalmente para a Argentina, um país tradicionalmente relevante que importa máquinas e automóveis do Brasil. Entendemos que essa redução das exportações ao país vizinho deve-se a crescentes medidas protetivas que contrariam os objetivos primordiais do Mercosul.

Desse modo, percebemos que a participação do Brasil no comércio internacional apresenta baixa expressividade, por não ter produtos

---

* Commodity: termo em inglês utilizado para se referir a produtos de baixo valor agregado, ou seja, produtos in natura.

de alto valor agregado, uma vez que metade da pauta se refere ao setor primário. Assim, torna-se necessária uma estratégia de longo prazo para reverter esse cenário e reduzir o abismo que existe entre o Brasil e os países ricos quanto à mão de obra qualificada e aos avanços tecnológicos.

Devemos destacar ainda que, embora as negociações ocorridas em 2003 na Conferência Ministerial de Cancun da OMC tenham fracassado, ocorreu, em 2005, um progresso desejável nas negociações realizadas na Conferência Ministerial de Hong Kong, pois na ocasião foi estabelecido um padrão de comparação entre os cortes de tarifas de produtos agrícolas e produtos industriais, ou seja, não poderão ser exigidos cortes em tarifas industriais maiores do que aqueles que o país está disposto a conceder em tarifas agrícolas, o que se tornou um mecanismo protetivo para os países em desenvolvimento (Lamy, 2014).

Diante do exposto, verificamos que, no século XXI, o Brasil, para poder conquistar uma maior participação no comércio internacional, deve investir em infraestrutura, pesquisa, tecnologia e educação, elementos fundamentais para aumentar o valor agregado dos nossos produtos, bem como permitir a diversificação da pauta de exportações, que apresenta uma preponderância do setor primário, o que torna a economia nacional fragilizada e suscetível a riscos típicos do mercado no que se refere às *commodities*.

> *Desse modo, percebemos que a participação do Brasil no comércio internacional apresenta baixa expressividade, por não ter produtos de alto valor agregado, uma vez que metade da pauta se refere ao setor primário.*

1.2.2 As regras antigas ainda são aplicáveis?

> *O comércio internacional do final do século XX e início do século XXI é edificado, principalmente, por meio da mão de obra disponível em cada país e pelos recursos (máquinas e outros tipos de capital) desenvolvidos por essa mão de obra.*

Neste ponto, apresentamos o seguinte questionamento: As ideias do economista David Ricardo (1772-1823), desenvolvidas em 1819 na Inglaterra, ainda podem ser aplicadas, mesmo após as transformações ocorridas no comércio internacional na época contemporânea? A resposta para essa pergunta é **sim**, uma vez que, mesmo tendo ocorrido diversas mudanças no que se refere ao comércio internacional, os princípios fundamentais arquitetados por economistas do século XIX e início do século XX ainda são aplicáveis à economia global do século XXI (Krugman; Obstfeld; Melitz, 2014, p. 21).

É fato que o mundo se tornou mais complexo, e é difícil caracterizarmos o comércio internacional em termos e modelos simples. Até o início do século XX, os países tinham suas pautas de exportações fundamentadas nas condições climáticas de seu território e nos recursos naturais disponíveis – elementos que determinavam sua eficiência na produção. Assim, por exemplo, países tropicais exportavam, notadamente, produtos tropicais como café e algodão.

Por outro lado, o **comércio internacional do final do século XX e início do século XXI** é edificado, principalmente, por meio da **mão de obra disponível em cada país** e pelos **recursos (máquinas e outros tipos de capital) desenvolvidos** por essa mão de obra. Os recursos naturais e as condições climáticas não mais constituem fatores determinantes da pauta de exportações, como ocorria em períodos anteriores. As atuais batalhas comerciais são travadas no cenário internacional devido à diferenciação dos valores atribuídos à mão de obra qualificada. Assim, ao se atribuírem baixos valores aos recursos humanos, o valor final dos produtos se tornará atraente, competindo de forma mais agressiva nos mercados exteriores e forçando países menos competitivos e com normas trabalhistas mais rigorosas a imporem barreiras para a entrada desses produtos mais baratos, que irão arruinar a produção interna (Almeida, 2001).

Apesar dessas alterações no cenário, importa destacarmos que **a lógica do comércio internacional permanece a mesma**. Assim, modelos econômicos desenvolvidos para a compreensão da dinâmica do comércio internacional em períodos em que não existia a internet ainda são aplicáveis para compreendermos as essencialidades do mercado mundial no século XXI.

Síntese

Apesar de o século XX ter sido breve em termos políticos, foi um longo período no que se refere à economia. Devemos ressaltar que, nesse período, não ocorreram alterações substanciais das economias dominantes no cenário internacional. A mão de obra que antes era capaz de circular livremente, encontrou obstáculos no final do século XX, mas a liberalização ocorreu com o capital, que poderia ser transferido rapidamente de um país para outro.

Devido às diversas semelhanças relativas à economia internacional nos séculos XX e XXI, destacamos seus principais elementos diferenciadores: avanços tecnológicos e mão de obra qualificada. No presente século, o valor dos produtos é resultante da composição de diversos serviços provenientes da sociedade da informação, tais como: direitos autorais, *marketing*, publicidade, *know-how*, transferência de tecnologia etc. Diante desse cenário, notamos que o abismo entre os países ricos e os países pobres aumenta progressivamente. O principal instrumento para enfrentar esse relevante problema da globalização é a justiça, nos sentidos horizontal e vertical, para corrigir as assimetrias no âmbito do comércio internacional.

Questões para revisão

1) Assinale a alternativa que contém as principais características da economia mundial durante todo o século XX:
   a. Avanços tecnológicos, segregação econômica e mercantilismo econômico.
   b. Hegemonia de um grupo seleto, internacionalização financeira e participação de atores transnacionais.
   c. Permanência do padrão monetário, crises financeiras e hegemonia de um seleto grupo.
   d. Ausência de crises financeiras, alterações do padrão monetário e internacionalização financeira.

2) Indique a alternativa que melhor retrata a participação do Brasil no comércio internacional:
   a. A participação do Brasil no comércio internacional é de elevada expressividade, pois, a partir da metade do século XX, com a modernização de seu parque industrial, o país aumentou sua produção de bens com altíssimo valor agregado, tendo em sua pauta de exportações apenas produtos industrializados de tecnologia de ponta.
   b. A participação do Brasil no comércio internacional é de alta expressividade, sendo que 70% da sua pauta de exportações têm elevado valor agregado.

c. A participação do Brasil no comércio internacional é de mediana expressividade, por tem produtos de alto valor agregado.

d. A participação do Brasil no comércio internacional é de baixa expressividade, por não ter produtos de alto valor agregado, uma vez que metade da pauta se refere ao setor primário.

3) No que se refere aos postulados apresentados por David Ricardo, marque a alternativa correta:

   a. Não se aplicam mais ao comércio internacional do século XXI, uma vez que a globalização eliminou o papel de cada país no intercâmbio mundial.

   b. Não se aplicam mais ao comércio internacional desde o século XX, pois era possível aplicar suas ideias apenas em uma economia mercantilista do século XIX.

   c. Os princípios fundamentais arquitetados por economistas do século XIX e início do século XX ainda são aplicáveis na economia global do século XXI.

   d. Nenhuma ideia desenvolvida por David Ricardo, em 1819, pode ser aplicada ao comércio internacional do século XX, pois os avanços tecnológicos alteraram o cenário do intercâmbio internacional.

4) Com base na leitura deste capítulo, é possível afirmar que o Brasil é vulnerável às alterações que ocorrem no âmbito do mercado internacional de *commodities*? Justifique sua resposta.

5) Por que, no século XXI, foi criado um abismo profundo entre as economias dominantes e as dos países pobres?

Questões para reflexão

1) Diante das características do comércio exterior do século XX, qual é sua opinião no que concerne à relação comercial entre países desenvolvidos e países em desenvolvimento? Você acredita que houve um maior equilíbrio das relações comerciais, ou o abismo está se aprofundando? Por quê?

2) Diante da importância dos avanços tecnológicos em uma sociedade da informação, você acredita que a América Latina está sofrendo um *apartheid* tecnológico? Justifique sua resposta.

Para saber mais

Em notícia veiculada no *site* do jornal *Folha de S. Paulo*, divulgada em fevereiro de 2016, verificamos a conexão entre os diversos países no mercado internacional atual, assim como o impacto que a crise ocorrida em um país acarreta para a economia dos demais. Dessa forma, podemos constatar que os problemas relativos ao comércio internacional de um Estado não são indiferentes aos demais, sendo necessário estar alerta quanto à rota do capital na ordem mundial, uma vez que esta é a principal característica do comércio internacional no século XXI: a liberalização dos fluxos de capital.

FINANCIAL TIMES. Comércio mundial tem o pior ano desde a crisefinanceira de 2008. **Folha de S. Paulo**, Mercado, 26 fev. 2016. Disponível em: <http://www1.folha.uol.com.br/mercado/2016/0 2/1743476-comercio-mundial-tem-o-pior-ano-desde-a-crise-financeira-de-2008.shtml>. Acesso em: 9 fev. 2017.

II

Conteúdos do capítulo:

» Aspectos gerais do Direito Internacional Econômico.
» Unidade e diversidade no Direito Internacional Econômico.
» Conceito e abrangência do Direito Internacional Econômico.

2.1 Introdução

Atualmente, podemos constatar a relevância do estudo do **Direito Internacional Econômico (DIE)** no que diz respeito à compreensão das **relações econômicas internacionais**. O campo de abrangência do DIE corresponde ao núcleo central das disputas presentes na ordem internacional, de modo a verificarmos, com maior clareza, os choques que ocorrem entre os países desenvolvidos e os países em desenvolvimento. Assim, conforme é possível constatarmos, as **organizações econômicas internacionais** e

Conceito e abrangência do Direito Internacional Econômico

as **organizações militares** são as que têm maior preponderância no cenário das relações internacionais.

Durante o liberalismo estatal, nos séculos XVIII e XIX, como existia um afastamento da política no que se refere às questões econômicas, não havia interferência direta nas relações econômicas internacionais. A interferência do Estado e da política nessa área iniciou-se em 1930, quando passou a ocorrer uma maior participação estatal na ordem econômica internacional.

Desse modo, tendo em vista a relevante participação do DIE no cenário internacional – uma vez que, desde 1945, 80% das regras de Direito Internacional são de caráter econômico (Vellas, 1967) –, devemos estabelecer o **conceito** e a **abrangência** do DIE para melhor compreendermos suas características, diretrizes e finalidades.

2.2 Aspectos gerais do Direito Internacional Econômico: existência e conteúdo

Primeiramente, é relevante mencionarmos que o DIE é o **ramo do Direito Internacional Público (DIP)** que analisa de maneira mais destacada a disputa entre o **nacionalismo** e o **internacionalismo**, uma vez que os Estados podem empregar seus recursos econômicos conforme seus próprios interesses e, por outro lado, necessitam desenvolver o comércio internacional, surgindo então o interesse em realizar a sistematização de normas que regulem as relações econômicas internacionais.

Atualmente, é possível verificarmos que as relações econômicas são mais presentes no DIP, o que força os juristas a compreenderem melhor o significado e o alcance econômico das normas jurídicas. Dessa forma, para que as relações econômicas internacionais sejam vistas como um ramo do DIP, formando com isso o DIE, é preciso construir um conjunto de normas coerentes e pautadas em princípios específicos, para que se realize uma sistematização dessas normas. Ao asseverarmos que existe uma sistematização inédita das normas referentes às relações econômicas internacionais, consideramos que existe uma matéria de conteúdo econômico peculiar e específica, a qual se diferencia das demais que existem nas relações internacionais. Por outro lado, os que são contrários a esse posicionamento (como Schwarzenberger, 1970) consideram impossível tratar cientificamente a matéria das relações econômicas internacionais, pois a dimensão econômica está presente em quase todas as atividades dos seres humanos e, logo, abrange a proteção ambiental, a proteção dos refugiados, o controle de imigrantes etc.

Assim, ressaltamos que, para evitar amplitudes excessivas referentes ao conceito de DIE, devemos considerar que existe um **núcleo das relações econômicas** concernente a todas as atividades relativas à produção e ao intercâmbio de bens e serviços – incluindo os serviços imateriais – que exijam remuneração para que seja viável a sistematização da matéria do DIE.

Nesse sentido, devido às controvérsias concernentes a esse tema, para alguns juristas, como Prosper Weil (1972), o DIE é apenas um capítulo do DIP. Dessa maneira, seguindo tal linha de raciocínio, podemos afirmar que o DIE se refere a subtópicos do DIP clássico, como também o são o direito da responsabilidade, o direito da resolução de conflitos internacionais etc. Assim, ao estudarmos o DIE, estamos nos aprofundando na disciplina de Direito Internacional em uma perspectiva econômica – ou seja, ao fornecermos soluções para os problemas derivados das relações econômicas internacionais, estaremos assumindo suas peculiaridades, mas não chegaremos a uma resposta unívoca, pois tal resposta resulta de formas particulares de aplicação das normas de direito internacional.

Seguindo essa perspectiva, compreendemos que o DIP está em constante expansão por vontade dos próprios Estados, e a regulação das relações econômicas internacionais pode ser vital sob dois pontos de vista (Mello, 2004):

1. **delimitação da competência do Estado**, no que se refere às atividades econômicas praticadas em seu território; e
2. **regulação da circulação de bens e serviços na ordem internacional**, fornecendo segurança jurídica às transações que movimentam fluxos financeiros elevados.

No campo das relações econômicas internacionais, verificamos com maior evidência a interação dicotômica presente no direito internacional geral entre **independência** e **interdependência**. Isso porque o Estado busca consolidar, na ordem internacional, sua soberania sobre os recursos econômicos e, portanto, visa à sua **independência** nas decisões soberanas em matéria econômica. Por outro lado, para garantir a segurança jurídica de suas transações internacionais, o Estado aceita e participa da regulamentação da circulação de fatores de produção no cenário internacional, preponderando aí a **interdependência** das relações econômicas (Mello, 2004).

Nesse sentido, para alguns autores de direito internacional (como McRae, 1997), a **interdependência** (ou *solidariedade*) é o **núcleo duro** do DIE, porém esse posicionamento é correto na hipótese do DIE *stricto sensu* – ou, em outros termos, se as relações econômicas internacionais forem circunscritas às atividades de troca. Por outro lado, se adotarmos o sentido *lato* de DIE, verificaremos que não será possível manter essa visão em sua integralidade. A concepção *lata* de DIE (Dinh; Daillier; Pellet, 2003) significa que as relações econômicas internacionais abrangem todas as atividades que apresentam o elemento da **extranacionalidade**, independentemente de ocorrer a troca extraterritorial de bens ou serviços.

Por fim, é relevante mencionarmos que a compreensão das relações de independência e interdependência, no âmbito do DIE, é importante para estruturar o próprio conceito de DIE. Além disso, sob a influência de perspectivas neoliberais, observamos que existe uma tendência de ressaltar a interdependência dos Estados, o que dificulta, por outro lado, o estabelecimento das competências das organizações internacionais (OIs) (Gianviti, 1996).

2.3 Unidade e diversidade no Direito Internacional Econômico

Da mesma forma que existe uma **relação dialética** entre a independência e a interdependência, podemos afirmar que, no DIE, há uma **tensão dicotômica** entre a **tendência unificadora** de base liberal, para beneficiar o fenômeno da globalização, e a **tendência à diversificação** das normas que disciplinam as relações econômicas internacionais, sendo esta última mais visível no DIE do que no direito internacional em geral (Mello, 2004).

A tendência à diversificação se tornou mais perceptível com a formulação das regras jurídicas que forneceram a base para

> *A tensão existente entre Norte e Sul, em âmbito mundial, faz com que exista um confronto entre os standards (padrões) tradicionais e as mudanças propostas para corrigir distorções econômicas de natureza histórica.*

o **Direito Internacional do Desenvolvimento**, durante 1960 e 1970, quando foram estabelecidas para países desenvolvidos diversas normas aplicáveis aos países em desenvolvimento – no âmbito de cada uma dessas categorias, ocorriam novas diferenciações. Assim, podemos concluir que existia uma pluralidade de normas econômicas internacionais, logo uma prevalência da tendência à diversificação.

Nesse cenário, a doutrina considera que a diferenciação de normas conforme as realidades econômicas correspondem a uma transformação do direito rumo à construção de uma **nova ordem econômica internacional**. Esse posicionamento decorre das sucessivas crises econômicas que destruíram o pensamento erigido após a Segunda Guerra Mundial, com base na constante evolução da economia dos países. Dessa forma, a reformulação dos princípios fundamentais das relações econômicas internacionais se tornou necessária para a adaptação da economia mundial à realidade (Mello, 2004).

A existência de características básicas fundamentais do DIE deve-se à **estabilidade das normas jurídicas**, que garantem maior segurança jurídica nas relações econômicas internacionais, bem como **dos atores** da economia internacional, que buscam preservar os interesses dos agentes econômicos dominantes no cenário internacional. Por outro lado, a tensão existente entre Norte e Sul, em âmbito mundial, faz com que exista um confronto entre os *standards* (padrões) tradicionais e as mudanças propostas para corrigir distorções econômicas de natureza histórica. Isso permite a existência de negociações que provocam a alteração das normas que regem as relações econômicas internacionais.

Em virtude do que acabamos de articular, é possível notar que existem fundamentos suficientes para construir um **conceito de DIE**, de modo que podemos compreender as diversas propostas de conceituação expedidas pelos autores de direito internacional, assim como as raízes de seus pensamentos e de suas proposições.

2.4 Conceito de Direito Internacional Econômico

Existem várias definições de DIE, sendo tão diferentes quanto seus comentadores. Assim, apresentaremos alguns dos principais conceitos propostos pela doutrina, para que seja possível, alcançar os limites de sua definição. Ignaz Seidl-Hohenveldern (1986) assevera que o conceito mais amplo desse ramo é aquele que considera como pertencente ao DIE qualquer regra de direito internacional que esteja diretamente relacionada ao campo de trocas econômicas que são disciplinadas pelas normas do próprio direito internacional. Provavelmente devido à abrangência do termo *econômico* para estabelecer o conceito de DIE (o que torna indefinidos seus contornos), Seidl-Hohenveldern (1986) aproxima a definição de DIE ao que se denomina a **nova *lex mercatoria*,** a qual representa um direito internacional costumeiro construído por atores não estatais que regulam suas transações de caráter econômico. Esse doutrinador também inclui ao conceito de DIE os contratos estabelecidos entre indivíduos e soberanias, assim como a expressão Direito Econômico Transnacional, o qual é construído pelo conflito entre as regras internacionais e as de direito doméstico.

Por outro lado, Schwarzenberger (1966, p. 200, tradução nossa) conceitua DIE como o

> *ramo de Direito Internacional Público que trata da:*
> *a) propriedade e exploração dos recursos naturais; b) produção e distribuição de bens; c) transações comerciais de aspecto econômico e financeiro; d) moeda e finanças; e) matérias relacionadas; e f) o status e a organização dos que se encontram empenhados em tais atividades.*

Jeff Atik (2000) empregou uma definição semelhante em tempos atuais, porém adicionou ao conceito apresentado por Schwarzenberger o **Direito Concorrencial**, a **propriedade intelectual** e o **Direito do Desenvolvimento**. Desse modo, Atik (2000) forneceu uma definição mais ampla de DIE, que abarca matérias interdisciplinares e críticas, incluindo no conceito a distribuição de riqueza, a justiça, a preservação da cultura, do meio ambiente e da paz (Atik, 2000).

Para Reuter (1996, p. 432), o DIE é um ramo do DIP que apresenta como principal escopo regulamentar de forma jurídica as questões concernentes aos elementos básicos do capitalismo: **produção, consumo** e **circulação de riquezas**.

Joel Trachtman (1996, p. 33), professor associado de Direito Internacional na *Flechter School of Law*, que tem forte influência do conceito emitido por Schwarzenberger, afirma que as normas de DIE, o qual é um ramo do DIP, apresentam um **caráter constitucional**, fornecendo os fundamentos básicos para edificar uma nova era de constitucionalização internacional. Trachtman (1996) considera ainda que as normas de DIE são essencialmente aplicadas para "regular o regulador" de forma eficaz.

Nesse sentido, verificamos que o DIE apresenta um conteúdo essencialmente econômico, formando um conjunto lógico de normas e princípios que fornecem o caráter sistêmico da disciplina. Assim, devemos verificar se há **unidade** ou **diversidade** no âmbito do DIE, para apurarmos se existe apenas um ou diversos sistemas que gravitam ao redor desse ramo do direito.

2.5 Abrangência do Direito Internacional Econômico

O DIE regula a ordem econômica internacional ou as relações econômicas interestatais, conforme se pode notar do que falamos nos tópicos anteriores. Por outro lado, como constatamos, o conceito de DIE abarca diversas áreas, apresentando uma característica de **interdisciplinaridade**.

O Grupo de Trabalho de DIE (Subedi, 2006, p. 21), da Sociedade Norte-americana de Direito Internacional (*American Society of International Law*), elaborou uma lista exemplificativa de matérias que se inserem no DIE:

> 1. Direito do Comércio Internacional, incluindo as normas da OMC/GATT e as normas domésticas que regulam as relações comerciais;
> 2. Direito Internacional Econômico da Integração, incluindo as normas que regulam matérias de caráter econômico da União Europeia, do Nafta e do Mercosul;
> 3. Direito Internacional Privado, incluindo a norma a ser aplicada, o foro competente, a execução de sentença e as leis que regem o comércio internacional;
> 4. Direito Internacional de Regulação Econômica, incluindo direito concorrencial, regulamentação ambiental e de segurança;
> 5. Direito Internacional Financeiro, incluindo direito transacional privado, direito regulatório em matéria de finanças, leis que regulam investimento direto estrangeiro e direito internacional monetário; integram também este tópico as normas do FMI e do Banco Mundial;
> 6. Direito Internacional do Desenvolvimento;
> 7. Direito Internacional Tributário;
> 8. Direito Internacional da Propriedade Intelectual.

Como mencionamos anteriormente, esse rol não é exaustivo, mas traz alguns exemplos de matérias que são disciplinadas pelo DIE, de forma que podemos verificar com maior precisão sua abrangência. Desse modo, o DIE apresenta um conteúdo vasto, que devemos revisar constantemente devido às frequentes transformações das relações econômicas internacionais, uma vez que as sociedades se tornam cada vez mais complexas na era da informação.

Síntese

De acordo com o que articulamos, não há unicidade na doutrina quanto ao conceito e à abrangência do Direito Internacional Econômico (DIE), mas existe ainda a discussão de ser o DIE um ramo do direito internacional ou apenas um capítulo deste. Conforme deixamos demonstrado, devido à existência de princípios particulares que informam o DIE e de uma coerência lógica que lhe fornece cientificidade, consideramos que se trata de um ramo do Direito Internacional Público (DIP), razão por que é possível estabelecer seu objeto de estudo.

Por fim, devemos destacar que a unicidade convive com a diversidade no âmbito do DIE, havendo contradições que podem ser superadas para reduzir o abismo entre os países ricos e os pobres. Desse modo, devemos enfrentar os desafios existentes por meio de negociações e modificações dos *standards* existentes, os quais visam manter os interesses dos agentes econômicos dominantes.

Questões para revisão

1) Assinale verdadeiro (V) ou falso (F) para as seguintes afirmações:
   ( ) Existe unicidade na doutrina quanto ao conceito e à abrangência de DIE.
   ( ) Não há consenso sobre o fato de o DIE ser um ramo do Direito Internacional ou apenas um capítulo da disciplina.
   ( ) O DIE é um ramo do Direito Internacional Privado (DIPr).
   ( ) O DIE apresenta normas e princípios jurídicos específicos que têm coerência lógica como objeto de estudo científico.

2) Assinale verdadeiro (V) ou falso (F) para as matérias que podem ser consideradas exemplos que se inserem no DIE:
   ( ) Direito Penal.
   ( ) Direito Internacional Tributário.
   ( ) Internacional do Desenvolvimento.
   ( ) Direito da Propriedade Intelectual.

3) Assinale verdadeiro (V) ou falso (F):
   ( ) O DIE regula a ordem econômica internacional.
   ( ) A interdisciplinaridade não é uma característica do DIE.
   ( ) A tendência unificadora de base liberal do DIE visa beneficiar o fenômeno da globalização.
   ( ) O DIE é indiferente em relação à evolução da economia dos países em desenvolvimento.

4) Como é a relação entre independência e interdependência no Direito Internacional Econômico (DIE)?

5) É possível estabelecermos um rol taxativo concernente às matérias que se inserem no Direito Internacional Econômico (DIE)?

Questões para reflexão

1) Em sua opinião, o Direito Internacional Econômico (DIE) é um ramo autônomo do direito? Justifique sua resposta.
2) É possível sistematizar o DIE sem interferência de outros sistemas? É possível isolar o "núcleo duro" do DIE? Justifique sua resposta.

Para saber mais

Em notícia publicada no *site* da BBC Brasil, destacam-se as conclusões obtidas pela Organização para a Cooperação e Desenvolvimento Econômico (OCDE) quanto à interconectividade da economia. Dessa forma, podemos ver a relação de interdependência dos países no âmbito econômico, o que demonstra que essa conexão interestatal é crescente. Assim, podemos notar também o porquê da importância do DIE e o seu caráter científico, cada vez mais definido quanto à sua abrangência.

BBC BRASIL. **Crises serão mais frequentes na economia global, diz OCDE**. 27 jun. 2011. Disponível em: <http://www.bbc.com/portuguese/noticias/2011/06/110627_ocde_relatorio_choques_fn>. Acesso em: 9 fev. 2017.

III

As regras e os princípios básicos das relações comerciais internacionais

Conteúdos do capítulo:

» Elaboração das normas econômicas internacionais.
» Fundamento, conteúdo e aplicação das normas.
» Histórico e características da Nova Ordem Econômica Internacional.
» Princípios das relações comerciais internacionais.

3.1 Introdução

Primeiramente, devemos mencionar que o direito internacional, em geral, não apresenta normas que visam impor limites à competência dos Estados no que se refere a direitos aduaneiros, a proibições e a obstáculos de importação ou exportação etc. Essas regulamentações são decorrentes de tratados que não geram imposição a todos os entes estatais, mas apenas àqueles que são contratantes, ou seja, partes dos tratados. Além disso, podemos afirmar que uma das bases da cooperação comercial são os **tratados**, sendo que esses acordos bilaterais — em sua feição moderna — existem desde os séculos XII e XIII.

Nesse sentido, os Estados consideram tais matérias como assuntos pertinentes à sua competência como entes soberanos. As restrições à soberania imposta por meio desses acordos bilaterais ocorrem apenas quando existe aceitação dos Estados para tal limitação — a qual é vista como uma **autolimitação**. Assim, podemos asseverar que, desde o século XII, a fixação de taxas de câmbio é uma matéria de regulamentação do rei. Com a Revolução Industrial, entre os séculos XVIII e XIX, iniciaram-se as preocupações concernentes à circulação de bens entre os países, surgindo então as limitações às importações.

Devemos salientar que existem diversas possibilidades para a regulamentação internacional do setor econômico, razão por que se torna uma tarefa hercúlea o estabelecimento de **regulamentações gerais** para esse setor. Assim, é importante verificarmos como tais normas são elaboradas, como são aplicadas, quais são seus fundamentos e seus conteúdos, para que sejamos capazes de identificá-las e reconhecer os princípios gerais e específicos que as regem.

3.2 Normas econômicas internacionais: elaboração

O processo de elaboração de normas econômicas internacionais, principalmente no âmbito das relações comerciais internacionais, evidencia as interações das forças que buscam realizar os interesses dos agentes econômicos dominantes. Podemos verificar com maior clareza o **papel do poder econômico** na formação das normas internacionais voltadas para o setor econômico, na adoção de decisões e recomendações emanadas de organizações econômicas internacionais (Dinh; Daillier; Pellet, 2003, p. 1072). A **ponderação dos votos** é um mecanismo frequentemente presente nas organizações internacionais (OIs) de caráter econômico, fato contrastante com o que ocorre nas OIs de caráter político, que, ao implementarem o sistema de ponderação de votos, recebem diversas críticas.

Devemos ressaltar que o sistema de ponderação dos votos apresenta eficácia apenas em organizações econômicas internacionais que não adotam o critério da **unanimidade** na votação. Na União Europeia (EU), o número de votos de cada país nas votações do Conselho depende da representação econômica, ou seja, do seu poder econômico. Por outro lado, em OIs monetárias e financeiras, o voto é ponderado conforme a quantia subscrita pelos Estados para a formação do capital. Além disso, há certos instrumentos de correção, como votos mínimos, não aceitação de complementação do capital para votação etc. (Dinh; Daillier; Pellet, 2003).

Enquanto isso, determinadas associações de exportação de produtos de base, como a Organização dos Países Exportadores de Petróleo (Opep), não adotam o critério de ponderação dos votos. Por outro lado, as organizações voltadas à gestão de acordos de produtos de base apresentam um sistema complexo de ponderação dos votos, pois os países exportadores têm o mesmo número de votos dos países consumidores, mas, dentro de cada grupo (importadores e exportadores), o voto é proporcional à participação dos Estados na importação ou na exportação.

Os **mecanismos de conciliação** se configuram como instrumentos utilizados frequentemente no âmbito das organizações econômicas internacionais, com o objetivo de receber apoio

> *Na União Europeia (EU), o número de votos de cada país nas votações do Conselho depende da representação econômica, ou seja, do seu poder econômico.*

da minoria nas práticas adotadas por uma maioria. No âmbito da Assembleia Geral da Organização das Nações Unidas (ONU), temos a Resolução n. 1995 (XIX), que institui a Conferência das Nações Unidas sobre Comércio e Desenvolvimento (Unctad), a qual é regida por 194 Estados-membros e é responsável por questões concernentes ao desenvolvimento, principalmente no que se refere ao comércio internacional, seu núcleo de destaque. Essa Resolução dispõe que: "Procedimentos [...] destinados a estabelecer um processo de conciliação que deve intervir antes do voto, e fornecer uma base suficiente para a adoção de recomendações concretas, relativas a propostas concretas, que impliquem medidas que afetem de maneira substancial os interesses econômicos ou financeiros de certos países" (United Nations, 1964, p. 3, tradução nossa).

Esse texto, no mínimo obscuro, tem como objetivo impor restrições à área de aplicação desse mecanismo, o qual foi criado para limitar a possibilidade de se isolarem ou se contrariarem os países desenvolvidos, porém, visto como um instrumento demasiadamente poderoso, ele não é empregado, uma vez que os países ricos consideraram que tal mecanismo viabiliza o vínculo dos países desenvolvidos a resoluções que, em um primeiro momento, aparentavam ser benéficas para os seus interesses.

Da mesma forma, a **conciliação**, com o objetivo de obter o consenso, foi regulamentada na Convenção das Nações Unidas sobre o Direito do Mar, de 1982, mas obteve destino semelhante ao mecanismo de conciliação da Unctad, ou seja, a substituição por instrumentos mais flexíveis.

Por fim, devemos destacar o importante papel dos **peritos** e das **organizações não governamentais** (ONGs) na elaboração de convenções internacionais de caráter econômico, pois existem peculiaridades nas questões econômicas que justificam a influência dessas figuras, muitas vezes decisivas para a elaboração de normas econômicas internacionais.

3.3 Fundamento das normas

As fontes do direito internacional geral são as mesmas do Direito Internacional Econômico (DIE), variando apenas o grau de importância entre elas. Assim, devemos mencionar que o **costume internacional** não ocupa uma posição de destaque no âmbito das normas econômicas internacionais, pois estas recebem uma forte influência das **práticas internacionais** e da **arbitragem internacional**. Por outro lado, existem certas matérias reguladas pelo costume internacional que são impactantes para o DIE (Herdegen, 2013):

a. imunidade estatal;
b. *standard* mínimo para o tratamento de nacionais de outros países (regras sobre expropriação); e
c. proteção diplomática.

Nesse diapasão, o DIE também não é um ambiente fértil para o desenvolvimento de **princípios gerais do direito**, mesmo existindo na área um elevado índice de contenciosos econômicos, uma vez que as decisões são muito específicas para cada caso e sofrem elevada influência das práticas comerciais. Os princípios gerais do direito são relevantes como fontes do DIE (Seidl-Hohenveldern, 1986) apenas quando se configuram como fonte principal da validade de contratos não nacionais ou são indicados em contratos como fontes aplicáveis, com base no ordenamento jurídico de determinado Estado.

Dessa maneira, as **convenções internacionais** são as principais fontes de caráter tradicional no direito internacional geral utilizadas no âmbito do DIE. Além disso, as resoluções emitidas por OIs econômicas e os atos não convencionais são importantes fontes para as normas econômicas internacionais contemporâneas (Mello, 2004).

As normas econômicas internacionais devem conciliar a segurança jurídica com a eficácia econômica e, portanto, utilizam determinados instrumentos (v.g., cláusulas de salvaguardas, tratados de curta duração etc.) capazes de flexibilizar os tratados internacionais, para que os fundamentos das próprias normas sejam extraídos, viabilizando assim a aplicação de regras compatíveis com as necessidades dos operadores econômicos (Dinh; Daillier; Pellet, 2003).

Os principais tratados que regulam matérias de caráter econômico são os seguintes (Mello, 2004; Dinh; Daillier; Pellet, 2003):

a. Acordos da Organização Mundial do Comércio (OMC).

b. Acordos bilaterais e tratados de integração econômica (acordos de matéria comercial do Tratado Norte-Americano de Livre Comércio (Nafta), do Mercado Comum do Sul (Mercosul), da União Europeia etc.).

c. Tratados que regulam a proteção de investimentos, incluindo a Convenção do Centro Internacional para a Arbitragem de Disputas sobre Investimentos (*International Centre for Settlement of Investment Disputes* – ICSID), órgão do Banco Mundial.

d. Acordos de Bretton Woods – Fundo Monetário Internacional (FMI) e Banco Internacional para Reconstrução e Desenvolvimento (Bird).

Desse modo, como podemos observar, embora as fontes do DIE sejam as mesmas do direito internacional geral, existem particularidades quanto à prevalência destas no cenário das relações econômicas internacionais, pois, nesse ambiente, deseja-se segurança jurídica e flexibilidade para que a adaptação das normas seja tão rápida quanto a alteração da dinâmica das práticas comerciais.

3.4 Conteúdo das normas

A *soft law** é muito adequada para o DIE, inclusive para as normas de comércio internacional, pois, como mencionamos, é preciso flexibilizar as normas aplicadas nas relações econômicas internacionais, não sobrevivendo, na maioria das vezes, mecanismos rigorosos que vinculam os Estados. Com isso, pretende-se, nas normas econômicas internacionais, elaborar verdadeiros modelos, criando-se, por conseguinte, normas com comandos vagos e compromissos voltados para influenciar o comportamento das partes. Assim, as normas econômicas internacionais, em geral, não visam a resultados, mas sim a comportamentos.

Ilustra o que articulamos anteriormente a Parte IV do Acordo Geral sobre Tarifas e Comércio (*General Agreement on Tariffs and Trade* – Gatt), adotado em 1964 e integrado no Gatt 1994, que disciplina comércio e desenvolvimento e dispõe que "as partes contratantes [...] deverão, na medida do possível [...] conceder uma alta prioridade [...]" (WTO, 1947a, tradução nossa). Ao verificarmos os verbos utilizados, constatamos a abrangência da norma, a vagueza do conteúdo e uma **recomendação** de comportamento.

O dinamismo das relações comerciais não viabiliza o "engessamento" de ações por meio de normas, o que justifica a presença marcante da *soft law* no âmbito do DIE. Além disso, o conteúdo técnico de muitas normas econômicas internacionais constitui um obstáculo para fornecer juridicidade. Nessa linha, a forte presença

---

* *Soft law* são normas que não são obrigatórias por meio da coerção, ou seja, têm força normativa limitada. Assim, não criam obrigações jurídicas, embora sejam capazes de alterar a realidade e tenham alguns impactos na ordem internacional.

do Estado na elaboração de políticas econômicas* é um fator relevante para compreendermos a necessidade de se criarem normas mais flexíveis, que não retirem do próprio Estado grande parcela de sua soberania (Mello, 2004).

Outro elemento importante que justifica a preferência à *soft law* na regulamentação das relações econômicas internacionais é o fato de que os agentes econômicos preferem resolver de forma amigável os problemas para "não perder o cliente" (Seidl-Hohenveldern, 1986). os órgãos decisórios de organizações econômicas internacionais podem não ser tão sensíveis a essa realidade, portanto, a *soft law* se torna uma alternativa para evitar contenciosos desgastantes que prejudiquem as relações comerciais.

Os países em desenvolvimento também têm a percepção de que uma linguagem não mandatória atende melhor aos seus interesses, preferindo assim priorizar o **espírito compromissório** no âmbito das relações econômicas internacionais. Desse modo, para esses países, é preferível aderir a determinadas "regras suaves" (*soft law*), seguindo um código de conduta aceito por meio de um compromisso, e não por imposição. Para a Organização para a Cooperação e Desenvolvimento Econômico (OCDE), os códigos de conduta destinados às empresas transnacionais apresentam certa efetividade pelo fato de que estas se sentem comprometidas a seguir determinadas condutas que irão colaborar para melhores práticas comerciais e para o desenvolvimento do comércio internacional (Dinh; Daillier; Pellet, 2003; Mello, 2004).

Embora sejamos levados a pensar que o fato de existir uma presença forte da *soft law* nas relações econômicas internacionais esta também é causa falta da efetividade das normas, é possível afirmar

---

* Conforme mencionamos no Capítulo 1, a presença do setor público na economia aumentou, principalmente em meados do século XX.

que existe uma relevante preocupação com a **concretização** das normas econômicas internacionais.

Exatamente em razão desse desejo pela concretização das normas é que podemos verificar a tendência de conferir poderes de caráter excepcional às organizações econômicas internacionais em momentos de crise que afetam a ordem econômica mundial, como observamos na Comissão das Comunidades Europeias na gestão das indústrias do carvão e do aço (Dinh; Daillier; Pellet, 2003).

Desse modo, com base no que expusemos, é possível notar que as normas econômicas internacionais buscam eficácia. A *soft law* e a busca por concretização convivem harmonicamente na composição do conteúdo dessas normas, pois o que se deseja é a flexibilidade capaz de acompanhar o dinamismo comercial e o rigorismo garantidor da segurança jurídica.

3.5 Aplicação das normas

O conteúdo das normas está diretamente relacionado à sua aplicação. No caso das normas econômicas internacionais, existe a dificuldade de se aplicarem sanções às infrações, tendo em vista o elevado grau de flexibilidade dessas normas.

O objetivo das normas econômicas internacionais não consiste em aplicar punições às violações praticadas, mas em preservar a continuidade da cooperação internacional, mesmo ocorrendo alguns descumprimentos das regras econômicas (Mello, 2004).

Os **processos de solução de conflitos** podem ter caráter de **contencioso** e de **não contencioso**. Existe uma tendência de se optar por processos não contenciosos de solução de controvérsias no que diz respeito às organizações internacionais de vocação multilateral, porém não podemos afirmar que existe uma verdadeira repulsa por parte dos Estados para instituir um juiz (árbitro) para resolver os conflitos de natureza econômica. Podemos verificar essa postura por meio da constante utilização da **arbitragem** em hipóteses de conflitos (Mello, 2004).

> *O objetivo das normas econômicas internacionais não consiste em aplicar punições às violações praticadas, mas em preservar a continuidade da cooperação internacional, mesmo ocorrendo alguns descumprimentos das regras econômicas (Mello, 2004).*

Por fim, é importante asseverarmos que existem mecanismos para sancionar eventuais violações no âmbito do DIE, mas, por outro lado, é frequente o uso de sanções indiretas ou de alternativas de caráter não sancionatório no âmbito das relações econômicas internacionais para se preservar o espírito de cooperação entre os Estados na ordem econômica internacional.

3.6 Nova ordem econômica internacional: histórico e características

A chamada *ordem econômica internacional* é fruto do trabalho voltado para a reconstrução do mundo após a Segunda Guerra Mundial, que terminou em 1945. Nesse momento histórico, as economias de mercado, lideradas pelos Estados Unidos, buscaram estabelecer regras claras que regulassem o mercado, a concorrência, as relações comerciais etc., criando para tais fins organizações econômicas internacionais e estabelecendo normas internacionais de caráter econômico.

Assim, as primeiras instituições que integravam a ordem econômica buscavam concretizar os objetivos do **neoliberalismo**, conforme podemos notar nas regras do FMI e do Gatt. A doutrina neoliberal começou a perder a força, principalmente, em 1970, e diversos setores que se sentiam ameaçados passaram a se agrupar e a construir alternativas para afastar os perigos de uma ordem que não segue os ditames do neoliberalismo, como ocorria no setor de financiamento dos investimentos no exterior (Dinh; Daillier; Pellet, 2003).

A Declaração de Estabelecimento de uma Nova Ordem Econômica Internacional, de 1974 (Mahiou, 2011), evidencia uma reconstrução dos objetivos a serem perseguidos pela ONU, buscando uma nova ordem econômica que visa à equidade, à igualdade de soberania, à interdependência e à cooperação para corrigir as desigualdades e as injustiças presentes naquela época e reduzir o abismo existente entre os países ricos e pobres, viabilizando a garantia da paz e da justiça para aquele momento histórico e para as gerações futuras.

Foi nas **relações econômicas internacionais** que se verificou um debate mais vívido, pois os países em desenvolvimento desejavam sair de uma situação de assistência que lhes era humilhante e participar de tais relações como parte integrante da ordem econômica mundial. Desse modo, foram defendidas mudanças nas regras comerciais, para alterar a posição dos países pobres na ordem econômica internacional, colocando a assistência em segundo plano.

A Unctad recebeu esta tarefa em 1964, ou seja, deveria buscar edificar uma nova ordem econômica internacional que visasse ao "Direito **para** e **do** desenvolvimento" (Dinh; Daillier; Pellet, 2003, p. 1080; grifo do original), reduzindo assim as desigualdades interestatais. A nova ordem econômica internacional apresenta os principais escopos da comunidade internacional, sendo importante destacarmos que a expressão ***desenvolvimento sustentável*** é fruto das concepções defendidas por essa nova ordem econômica, uma vez que se refere à possibilidade de um desenvolvimento responsável que se harmonize com a proteção ambiental.

Apresentamos a seguir as principais características da nova ordem econômica internacional (United Nations, 1974; Mahiou, 2011):

a. A primeira característica é a de que a ordem econômica internacional deve buscar a **equidade**, sendo este o contorno material de suas normas jurídicas. Assim, deve visar a uma maior **solidariedade interestatal**, a fim de corrigir as desigualdades existentes no campo da economia mundial. Consequentemente, é preciso efetivar a concretização do princípio da solidariedade soberana.

b. A segunda característica é derivada do **princípio da equidade**, o qual é aplicado em um patamar institucional. Assim, essa característica fundamenta-se em duas reivindicações: **que não haja a ponderação de votos** – ou seja, busca-se a fórmula "um Estado, um voto" (Dinh; Daillier; Pellet, 2003, p. 1082) – e que **sejam extintos órgãos de cunho restritivo**, os quais inviabilizam a participação igualitária dos países em desenvolvimento.

Por fim, ressaltamos que muitas das reivindicações da década de 1970, referentes a uma nova ordem econômica internacional, foram aceitas, porém a reafirmação do discurso neoliberal na década de 1990 fez com que as conquistas apresentassem a aparência de exceções concedidas aos países em desenvolvimento, e não de verdadeiros princípios incorporados na ordem econômica internacional.

3.7 Princípios das relações comerciais internacionais

Neste tópico, analisamos os princípios das relações comerciais aplicados na relação Norte-Sul, para que favoreçam a inclusão dos Estados em desenvolvimento nas transações comerciais internacionais, seguindo o movimento contraposto ao modelo tradicional, pautado nos princípios da reciprocidade, da nação mais favorecida etc.

Em um primeiro momento, portanto, devemos mencionar os **princípios tradicionais**, para, em um momento posterior, verificar os princípios decorrentes da busca pela concretização da nova ordem econômica internacional. Assim, entre os princípios tradicionais das relações econômicas internacionais, destacamos (Dinh; Daillier; Pellet, 2003):

a. **Princípio da liberdade do comércio** – Relacionado a questões políticas, este princípio, em sua origem, decorre da concepção de que o comércio internacional apresenta diversas virtudes que viabilizam a prosperidade das nações. O Tribunal Permanente de Justiça Internacional (TPJI)*, da Liga das Nações, antecessor da Corte Internacional de Justiça (CIJ), da ONU, definiu *liberdade de comércio*, no Caso Oscar Chinn, como

> *um direito – em princípio irrestrito – de empreender toda atividade comercial, quer ela tenha o negócio propriamente dito, isto é, venda e compra de mercadorias, ou se aplique à indústria, em particular o transporte comercial, ou, finalmente, quer se exerça no interior ou se exerça com o exterior, por importação ou exportação com outros*

---

* Também denominado de *Corte Permanente Internacional de Justiça* (CPIJ).

países. Liberdade de comércio não significa abolição da competição; ela pressupõe a existência desta competição. (TPJI, 1934, p. 23)

b. **Princípio da não discriminação do produto nacional** – Este importante princípio impede tratamentos diversos do que é aplicado aos produtos nacionais a bens, serviços, pessoas etc. de outros Estados. Desse modo, o princípio visa alcançar a equidade, impedindo a discriminação de bens e serviços estrangeiros, por exemplo, em relação aos nacionais, e impedindo o pleno desenvolvimento do comércio internacional.

c. **Princípio da nação mais favorecida** – Por meio do vínculo estabelecido pela cláusula da nação mais favorecida, os Estados devem oferecer tratamento igualitário aos outros Estados a que se vincularam, logo, não podendo ter tratamento diferenciado ao que é fornecido a um Estado que seja considerado terceiro na relação.

d. **Princípio do tratamento preferencial** – Este princípio é incompatível com o da nação mais favorecida, pois consiste no tratamento privilegiado entre Estados que sejam parceiros comerciais. Esse tratamento pode ocorrer por meio de consentimento unilateral ou por acordo de reciprocidade.

e. **Princípio do tratamento recíproco** – Configura-se como um acordo entre Estados, que se concedem, de forma mútua, vantagens e prestações.

f. **Princípio do tratamento nacional** – Refere-se ao fato de se conceder os mesmos benefícios comerciais dados aos nacionais de um Estado aos Estados parceiros e seus nacionais.

g. **Princípio do regime de porta aberta** – Corresponde à igualdade estrita fornecida aos nacionais de um Estado, no que se refere às atividades comerciais desenvolvidas em um território que é regido pela soberania de um dos Estados parceiros ou de um terceiro Estado. Foi o que ocorreu com a China, pois se buscava igualdade de acesso ao mercado chinês no fim do século XIX. Este princípio também foi aplicado em alguns territórios não autônomos.*

Após termos analisado os princípios tradicionais, devemos mencionar os princípios das relações comerciais internacionais aplicados à relação Norte-Sul e decorrentes das propostas apresentadas para a construção de uma nova ordem econômica internacional. Tais princípios tendem a beneficiar os países em desenvolvimento e são os seguintes (Dinh; Daillier; Pellet, 2003):

a. **Princípio da não reciprocidade** – Fundamenta-se no entendimento de que, no âmbito das relações comerciais internacionais, os países desenvolvidos não devem esperar reciprocidade por parte dos países em desenvolvimento. Esse princípio está presente no art. XXXVI, parágrafo 8º, do Gatt: "As partes contratantes desenvolvidas não esperam reciprocidade para os compromissos assumidos para elas nas negociações comerciais, para deduzir ou eliminar os direitos de aduana e outros obstáculos ao comércio das partes contratantes pouco desenvolvidas" (Thorstensen; Oliveira, 2013, p. 199).

b. **Cláusula de habilitação** – Consiste em uma exceção ao tratamento da nação mais favorecida conforme o art. I do Gatt de 1994 (Thorstensen; Oliveira, 2013), pois dispõe que, por meio desta cláusula, que foi estabelecida na Rodada de Tóquio em 1979, é permitida a celebração de acordos regionais ou de caráter geral entre países em desenvolvimento, com o escopo de reduzir ou eliminar as barreiras existentes ao comércio recíproco.

---

* Ver a Carta das Nações Unidas acerca de territórios sob tutela (United Nations, 1945a).

c. **Estabilização das receitas de exportação** – Este princípio não está incorporado ao direito positivo, pois seu impacto não é passível de avaliação e contraria as leis do mercado internacional. A reivindicação dos países em desenvolvimento relacionada à estabilização das receitas de exportação consiste na busca pela indexação dos preços dos produtos exportados por esses países em relação ao preço das suas importações. O Stabex e o Sysmin, instituídos pela Comunidade dos Estados Europeus (CEE), na I e II Convenções de Lomé (1979), alcançam apenas parcialmente os objetivos visados pela estabilização das receitas de exportação, pois o sistema Stabex tem como finalidade compensar os déficits das exportações gerados por flutuações de preços no comércio internacional. Já o Sysmin (Sistema de Desenvolvimento do potencial de mineração), é um instrumento de apoio voltado ao desenvolvimento do setor de minérios, tendo como escopo atingir um desenvolvimento sustentável. Os fundos do Sysmin podem ser empregados para o empréstimo a empresas mineradoras ou podem ser utilizados para a diversificação da produção.

Por fim, podemos notar que os princípios clássicos das relações comerciais internacionais sofrem algumas derrogações, ou seja, uma anulação em partes, em virtude do objetivo de reduzir as desigualdades entre os países. Porém, como podemos constatar, é uma batalha constante alcançar e efetivar alguns desses princípios pautados nos fundamentos do que chamamos de *nova ordem econômica internacional*.

Síntese

Neste capítulo, analisamos as particularidades do processo de elaboração das normas econômicas internacionais, seus conteúdos e sua aplicação. Esclarecemos que o objetivo de preservar a cooperação comercial entre os países é determinante para fornecer algumas características especiais a essas normas, além de apresentarmos as reivindicações dos países em desenvolvimento para a construção de uma nova ordem econômica internacional, cujo principal escopo consiste em reduzir as desigualdades no mercado internacional. Assim, vimos que os princípios clássicos que regem as relações econômicas internacionais sofrem algumas derrogações por outros princípios, que têm a finalidade de mediar as relações comerciais Norte-Sul, sob a perspectiva de uma nova ordem econômica internacional. Devido ao poder econômico dos países desenvolvidos, as reivindicações dos países em desenvolvimento são tratadas com muita cautela, sem atingir os objetivos em sua integralidade. Como sabemos, ainda hoje, trava-se uma batalha para alcançar a equidade nas relações comerciais na ordem internacional.

Questões para revisão

1) Assinale verdadeiro (V) ou falso (F) nas proposições a seguir:
   ( ) As regulamentações do direito internacional decorrem de tratados que não geram imposição a todos os entes estatais, apenas àqueles que são contratantes.
   ( ) Em sua feição moderna, os tratados existem desde o século XV.

( ) O sistema de ponderação de votos é menos frequente nas OIs de caráter econômico do que nas OIs de caráter político.

( ) É prescindível a participação dos peritos e das ONGs na elaboração de convenções internacionais de caráter econômico.

2) Sobre as fontes do DIE, assinale verdadeiro (V) ou falso (F):

( ) Não há qualquer hipótese na qual os princípios gerais do direito possam ser considerados como fontes de validade contratual no âmbito do DIE.

( ) As convenções internacionais são as principais fontes de caráter tradicional no direito internacional geral que são utilizadas no âmbito do DIE.

( ) Os acordos da OMC e os acordos de Bretton Woods são considerados alguns dos principais tratados que regulam matérias de caráter econômico.

( ) A Convenção do Centro Internacional para a Arbitragem de Disputas sobre Investimentos (ICSID) não é relevante para o estudo das fontes do DIE.

3) No que se refere ao conteúdo e à aplicação das normas do DIE, assinale verdadeiro (V) ou falso (F):

( ) A *soft law* pode ser identificada por meio de normas dotadas de flexibilidade.

( ) O DIE é incompatível com a aplicação da *soft law*.

( ) Diferentemente do DIP em geral, compreendemos ser relativamente fácil a aplicação de sanções aos Estados infratores na ordem econômica internacional, mesmo diante do elevado grau de flexibilidade das respectivas normas.

( ) O espírito de cooperação entre os Estados na ordem econômica internacional não desrespeita as respectivas soberanias e, da mesma forma, possibilita o uso de sanções indiretas ou de alternativas de caráter não sancionatório no âmbito das relações econômicas internacionais.

4) Cite um exemplo em que se possa verificar a preponderância do poder econômico no processo de criação de normas internacionais de caráter econômico.

5) As organizações econômicas internacionais empregam com frequência os mecanismos de conciliação para a solução de controvérsias?

Questões para reflexão

1) Com o programa referente à Nova Ordem Econômica Internacional, os países em desenvolvimento passaram a necessitar de menos assistencialismo por parte dos países desenvolvidos? Justifique sua resposta.

2) Em sua opinião, existe algum benefício trazido pela *soft law* na ordem econômica internacional? Qual(is)? Fundamente sua resposta.

Para saber mais

Em notícia publicada no jornal *Folha de S. Paulo*, observamos o debate que apresentamos neste capítulo sobre as reivindicações dos países em desenvolvimento por uma nova ordem econômica internacional que corrija as desigualdades dos Estados no mercado internacional. É possível verificarmos o debate concernente à realização de acordos comerciais bilaterais que estão em conflito com o sistema multilateral do comércio internacional. Não são benéficos para a América Latina, por exemplo, acordos bilaterais que ocasionem a exclusão dos demais países, o que consiste em um obstáculo para a implementação do princípio da não discriminação e da cláusula da nação mais favorecida, princípios tão caros ao sistema multilateral.

BILLI, M. Blocos comerciais dominam exportacao da America Latina. **Folha de S. Paulo**, Mercado, 17 jun. 2004. Disponível em: <http://www1.folha.uol.com.br/folha/dinheiro/ult91u85650.shtml>. Acesso em: 9 fev. 2017.

Consultando a legislação

» Acordo Geral sobre Tarifas e Comércio (*General Agreement on Tariffs and Trade* – Gatt) 1994 (Thorstensen; Oliveira, 2013).
» Carta das Nações Unidas de 1945 (United Nations, 1945b).
» Declaração sobre o Estabelecimento da Nova Ordem Econômica Internacional de 1974 (Mahiou, 2011).
» Resolução 1995 (XIX) da Assembleia Geral da ONU (United Nations, 1964).

IV

As rodadas de negociação internacional e o Gatt 1994 (Rodada Uruguai)

Conteúdos do capítulo:

» A tentativa de formação da Organização Internacional do Comércio (OIC).
» As rodadas de negociação internacional.
» O Gatt 1994 e a criação da Organização Mundial do Comércio (OMC).
» A Rodada Doha.

4.1 Introdução

Conforme mostramos no Capítulo 1, no encontro de Bretton Woods, que ocorreu em 1944, ou seja, próximo ao final da Segunda Guerra Mundial, passou-se a desenhar um sistema multilateral de comércio. O objetivo desse encontro centrou-se primordialmente na criação de mecanismos destinados à **cooperação entre os Estados**, considerando-se os efeitos de grandes proporções ocasionados pelas duas Grandes Guerras. Assim, na cidade de Bretton Woods, em New Hampshire (EUA), foram reunidas as 44 nações aliadas, com a finalidade específica de se reformular o sistema monetário internacional. Os representantes deliberaram e assinaram o Acordo de Bretton Woods (*Bretton Woods Agreement*).

À época, a reformulação do sistema monetário internacional mostrava-se como uma medida essencial para a superação do desequilíbrio econômico e serviu como fundamento para a cooperação entre os Estados. Os participantes da Conferência buscavam assim a criação de um sistema monetário, em substituição ao chamado **padrão-ouro**, com a criação de condições mais adequadas para as finanças internacionais. Destacamos que a retomada do desenvolvimento dos Estados era considerada salutar no período pós-guerra, uma vez que muitos deles se encontravam economicamente fragilizados.

Os idealizadores das medidas foram principalmente John Maynard Keynes (1883-1946), representante britânico na negociação, e Harry Dexter White (1892-1948), representante norte-americano, presentes nas negociações realizadas durante a conferência.* Schwartz e Magnoli (2008) tecem observações sobre Keynes, as quais colaboram para a nossa compreensão de sua influência para o estabelecimento do sistema de Bretton Woods:

> *Para Keynes, em lugar da "crença irracional" no padrão-ouro, a economia depende de convenções e regras criadas por governos, empresas e mercados. Seu pensamento coloca mais importância na criação dos contratos do que nos mecanismos de mercado. Entre os contratos sociais e econômicos, sem dúvida o mais fundamental*

---

* Como preceituam Schwartz e Magnoli (2008, p. 250), Keynes "nunca acreditou na existência efetiva de um padrão monetário baseado no metal ouro".

é aquele em que se traduz, a cada momento, nosso estado de confiança no futuro da economia. (Schwartz; Magnoli, 2008, p. 247)

À época, já despontava a hegemonia dos interesses norte-americanos. As proposições de Keynes, que favoreciam a Grã-Bretanha, não foram adotadas, embora tenha persistido o afastamento do padrão-ouro. Considerando-se que as ideias de Harry White também se adequavam ao padrão-ouro, a solução encontrada foi a adoção de padrões com base no dólar norte-americano. Nos termos de Schwartz e Magnoli (2008, p. 259), ao final, "a ordem de Bretton Woods acabou refletindo a tríade de políticas de estabilidade de preços, de mercados flexíveis e de comércio internacional tendente ao liberalismo que era advogada por Washington".

Por conseguinte, houve um consenso sobre a necessidade da criação de um Fundo Monetário Internacional (FMI), de um Banco Internacional para Reconstrução e Desenvolvimento (Bird) ou Banco Mundial*, direcionados principalmente a financiar a reconstrução da Europa e, por fim, de uma organização internacional que

---

* Embora comumente denominados como o mesmo organismo, uma vez que seu estabelecimento inicial foi dado dessa forma, é importante ressaltarmos que o chamado *Banco Internacional para Reconstrução e Desenvolvimento* (Bird), estabelecido em 1946 após o número suficiente de ratificações do Acordo de Bretton Woods, configura-se uma entre outras agências existentes atualmente dentro do Banco Mundial. Outras agências do Banco Mundial que podemos citar são a Associação Internacional de Desenvolvimento (AID), estabelecida em 1960, a Corporação Financeira Internacional (CFI), estabelecida em 1956, e a Agência Multilateral de Garantia de Investimentos (AMGI), estabelecida em 1988. Para mais informações sobre as datas e o estabelecimento das outras agências, ver a obra de Rourke (2009, p. 429).

regulamentasse os fluxos comerciais: a Organização Internacional do Comércio (OIC) (Barral, 2002b).

4.2 A tentativa de formação da Organização Internacional do Comércio

A formação da OIC não era uma tarefa simples no período pós-guerra. Thorstensen (2003, p. 29) explica que a organização teria a função de "coordenar e supervisionar a negociação de um novo regime para o comércio mundial, baseado nos princípios do multilateralismo e do bilateralismo".

Em 1946, deu-se continuidade aos trabalhos iniciados, com a convocação de uma conferência do Conselho Econômico e Social das Nações Unidas (Ecosoc), no sentido de elaborar as normas da OIC. Como preparação a essa conferência, foram realizadas duas sessões, em Londres (Inglaterra) e em Genebra (Suíça).

Vários fatores, com destaque para a participação dos EUA, influenciaram a não concretização da OIC. A viabilização de uma OIC prescindia da participação dos EUA, que, na prática, não necessitava do multilateralismo para solucionar seus potenciais problemas comerciais. Sato (2001, p. 9-10) complementa essa ideia, afirmando:

> *A não existência de uma organização formal, que delineasse direitos e obrigações através de estatutos, permitia, como de fato aconteceu ao longo dos anos, que os padrões de comércio fossem sendo estabelecidos através de rodadas de negociação, em que cada país podia usar amplamente seu poder de barganha, o que, obviamente, punha os Estados Unidos em situação bastante privilegiada.*

Foram criados apenas o Bird e o FMI. A OIC não teve êxito, em razão de divergências na política interna norte-americana.* A formação da OIC, sem a participação dos EUA, não era viável. Nesse contexto, em 1947, foi aprovado o Acordo Geral sobre Tarifas e Comércio (Gatt 1947).

Conforme explica Sato (2001, p. 20), o Gatt (*General Agreement on Trade in Service*) 1947 foi a "forma contratual possível dentro do quadro das dificuldades econômicas e limitações institucionais do pós-guerra", sendo também o ajuste que "se adequava à economia política internacional que se configurou na esteira da Segunda Guerra Mundial" (Sato, 2001, p. 20).

De fato, o caráter provisório do Gatt 1947, bem como a sua natureza meramente contratual, produziram o enfraquecimento da proposta à época. Alguns consideravam que o acordo representava apenas uma versão simplificada da Carta de Havana, com evidentes problemas de uniformidade jurídico-normativa que comprometiam sua configuração como sistema normativo. Fernandes (2013) explica que a Carta de Havana apresentava um texto de teor bastante alargado, uma vez que tinha como objetivo não apenas o desenvolvimento do comércio internacional, mas também a promoção do emprego internacionalmente, ou seja, os objetivos traçados extrapolaram o caráter puramente econômico. Entretanto as negociações em torno da Carta de Havana não resultaram na formação da OIC, conforme vimos antes, mas culminaram na elaboração do Acordo Geral sobre Tarifas e Comércio (Gatt 1947).

---

* Nesse sentido, Valério (2009, p. 120) escreve: "Essa singularidade não foi vista com bons olhos pelo Congresso dos EUA, que acreditava se tratar de uma ameaça à soberania e à hegemonia comercial do país. Por conta disso, o governo do democrata Harry S. Truman sequer chegou a enviar formalmente a carta para apreciação do Poder Legislativo, que era majoritariamente composta, na época, por membros do Partido Republicano".

Nesse contexto, as reduções tarifárias passaram a ser negociadas em longas rodadas periódicas, que deram origem a vários acordos comerciais, em oito rodadas de negociações multilaterais. No âmbito do Gatt, considera-se a oitava – iniciada em 1986 e finalizada em 1993 –, chamada de **Rodada Uruguai**, como a mais abrangente. Os acordos finais que culminaram na criação da Organização Mundial do Comércio (OMC) foram firmados em Marraquexe, no Marrocos, em abril de 1994, e o início das atividades da organização foram fixadas para 1º de janeiro de 1995.

4.3 As rodadas de negociação internacional

O art. XXVIII do Gatt 1947 (WTO, 1947b) prevê as **rodadas de negociação** como forma de os membros da OMC entrarem em entendimento sobre os diversos temas sensíveis à **promoção do comércio internacional**.* Nesse sentido, foram introduzidas as rodadas multilaterais periódicas de negociações, com a intenção de eliminar ou reduzir os entraves ao comércio internacional. Ao mesmo tempo, buscava-se fiscalizar o cumprimento dos direitos e das obrigações assumidos e que eram derivados das transações mundiais.

Assim, nos termos do art. XXVIII do Gatt 1947 (WTO, 1947b), formalizou-se a possibilidade de se negociar, inclusive, de forma seletiva (i.e. produto por produto) e periódica (de tempos em tempos):

---

* Nesse sentido, ver Thorstensen (2003), Barral (2002b) e Petersmann (1997, p. 173).

Artigo XXVIII: Negociações de tarifas

1) Os [membros] reconhecem que as tarifas alfandegárias frequentemente constituem sérios obstáculos ao comércio; portanto as negociações com as vantagens da reciprocidade e mutualidade, direcionadas à redução substancial dos níveis gerais de tarifas e outros encargos sobre importações e exportações e em particular sobre a redução destas elevadas tarifas que desestimulam a importação, até mesmo em pequenas quantidades, e conduzidas de acordo com os objetivos deste Acordo e das necessidades variáveis de cada um [dos membros], são de grande importância para a expansão do comércio internacional. **Os [membros] poderão, portanto, promover estas negociações de tempo em tempo**.

2)

    a) As negociações sob este Artigo poderão ser conduzidas de modo seletivo – produto por produto – ou sob a aplicação destes procedimentos multilaterais que poderão ser aceitas pelas partes envolvidas. Estas negociações poderão ser dirigidas rumo à redução de tarifas, relacionando as tarifas sob os níveis existentes ou comprometendo-se que tarifas individuais ou as tarifas medianas das categorias específicas de produtos não excedam níveis especiais. A obrigação contra o aumento das tarifas baixas ou das tarifas aduaneira isentas deverá, em princípio, ser reconhecida, em termos de valor, como concessão equivalente à redução de tarifas elevadas.

    b) **Os [membros] reconhecem que, no geral, o sucesso das negociações multilaterais dependem da participação de todos [os membros] que conduzem uma substancial proporção do seu comércio exterior com outros**. [...]

3) As negociações deverão ser conduzidas em uma base que proporcione oportunidades adequadas que considerem:

> a) as necessidades de cada um [dos membros] e cada indústria;
> b) as necessidades [dos países membros em desenvolvimento] de utilização de tarifa de proteção mais flexível para dar assistência ao seu desenvolvimento econômico e necessidades especiais desses países em manter suas tarifas para fins arrecadatórios; e
> c) todas as outras circunstâncias relevantes, incluindo o desenvolvimento fiscal, estratégico e outras necessidades das partes contratantes envolvidas. [grifo nosso]

É importante notarmos que o texto é claro ao estabelecer que as negociações deveriam garantir oportunidades adequadas, considerando as necessidades de cada um dos membros e de cada indústria (art. XXVIII, 3, a). Nesse sentido, existe a preocupação de se proteger o desenvolvimento econômico e as necessidades de cada país, para manter suas tarifas com finalidade arrecadatórias, por exemplo, assim como o desenvolvimento fiscal e estratégico (art. XXVIII, 3, b).

Com isso, entre 1947 e 1994 ocorreram oito rodadas de negociação, com uma delas (a Rodada Doha) ainda em curso, como podemos ver no Quadro 4.1, a seguir.

Quadro 4.1 – Rodadas de negociação: sistema multilateral de comércio

Ano	Local (nome)	Matéria abordada	Total de participantes
1947	1ª Rodada Genebra	Tarifas	23
1949	2ª Rodada Annecy	Tarifas	13
1950-1951	3ª Rodada Torquay	Tarifas	38
1955-1956	4ª Rodada Genebra	Tarifas	26

(continua)

(Quadro 4.1 – conclusão)

Ano	Local (nome)	Matéria abordada	Total de participantes
1960-1961	5ª Rodada Dillon	Tarifas	26
1964-1967	6ª Rodada Kennedy	Tarifas e medidas *antidumping*	62
1973-1979	7ª Rodada Tóquio	Tarifas, medidas não tarifárias, acordos-quadro	102
1986-1994	8ª Rodada Uruguai	Tarifas, medidas não tarifárias, leis, serviços, propriedade intelectual, solução de controvérsias, têxteis, agricultura, criação da OMC etc.	123
2001	9ª Rodada Doha	Agricultura, acesso a mercados não agrícolas, serviços, leis, meio ambiente, propriedade intelectual, resolução de controvérsias etc.	Início com 126 membros

Fonte: WTO, 2017c.

As cinco primeiras rodadas – ou seja, de Genebra, Annecy, Torquay, Genebra e Dillon – voltaram-se, sobretudo, para a redução de tarifas ou tarifas aduaneiras (Unctad, 2003). Barral e Reis (1999, p. 183) resumem da seguinte forma as negociações das cinco primeiras rodadas:

> [...] a Rodada Genebra (1947), que envolveu 23 países, afetando um quinto do comércio mundial ou US$ 10 bilhões, e tratou de redução de tarifas; a Rodada Annecy (1949), com 13 países, que visou à redução de tarifas; a Rodada Torquay (1951), com 38 países, que também objetivou a redução tarifária; a Rodada Genebra (1956), com 26 países, quando foram negociadas reduções de tarifas; a Rodada Dillon (1960-61), com 26 países, com

cifras de US$ 4,9 bilhões de comércio, sendo a última a envolver apenas redução de tarifas; [...].

A sexta, a Rodada Kennedy, realizada entre 1964-1967, foi importante por tratar não apenas da redução de tarifas, mas também de medidas de defesa comercial, especificamente medidas *antidumping**. Essa rodada contou com a participação de 62 países, sendo também destacada por uma maior interação econômica da Europa, que participou como bloco. Trata-se, assim, de uma rodada com atuação marcante das Comunidades Europeias (CE), que se posicionaram em defesa do interesse comum de seus países-membros.

Logo, durante a rodada de negociações, os países da Europa, agrupados na CE, despontaram como polo "de peso" durante as negociações, no sentido de efetivamente imprimir ascendência em suas posições confrontando o poder econômico norte-americano. Durante as negociações, adotou-se o denominado **método de redução linear de tarifas** (Amaral, 2004), que proporcionou, efetivamente, uma redução de 35% da tarifa média dos produtos industrializados dos países desenvolvidos.

A sétima, a Rodada Tóquio (1973-1979), contou com a participação de 102 países, que abordaram temas de grande relevância, ou seja, não apenas aqueles relacionados à redução de tarifas, mas, conjuntamente, barreiras não tarifárias e acordos relativos ao marco

---

* "As medidas *antidumping* são exceções protecionistas dentro do regime de liberalização do comércio internacional. Embora se justifiquem, em tese, como uma repressão a uma prática desleal de comércio, é certo que elas acabam produzindo efeitos negativos, especialmente sobre os consumidores e usuários finais. De outro lado, contudo, não se pode negar sua importância como fator compensador das diferenças econômicas, sociais e políticas." (Tomazette, 2008, p. 19)

jurídico. A negociação teve como enfoque a redução da incidência de barreiras denominadas **não tarifárias**, que, devido à sofisticação da atuação de muitos países nas práticas de comércio internacional, passaram a ser adotadas como meios protecionistas.

Portanto, a Rodada Tóquio não apenas aprofundou, mas, da mesma maneira, esclareceu regras anteriores – já negociadas –, introduzindo novas regras no Gatt. Conforme observaram Trebilcock, Howse e Eliason (2012, p. 24):

> *A Rodada de Tóquio, concluída em 1979, ao mesmo tempo em que ocasionou reduções tarifárias, pela primeira vez dirigiu substancial atenção à questão das barreiras não tarifárias ao comércio, como políticas de compra, subsídios, políticas de valoração aduaneira e normas técnicas. Em todas essas áreas, foram negociados Códigos ao Gatt tendo por base a regra da NMF*, o que significa que somente os signatários daqueles acordos estavam submetidos aos direitos e obrigações por eles criados. A Rodada Tóquio foi concluída em um contexto no qual a economia mundial e muitas economias domésticas estavam sendo pressionadas por uma série de fatores, como os choques de petróleo, as recessões dos anos 1970 e 1980, a ascensão do Japão e de outros NICs [novos países industrializados] – como Singapura, Hong Kong, Taiwan, Coreia do Sul e Brasil – à condição de principais ameaças competitivas no setor de produtos manufaturados. Essa pressão provocou o aumento do chamado "neoprotecionismo", no início dos anos 1970, marcado pelo aumento do número de países que recorriam a barreiras não tarifárias, como cotas, restrições voluntárias à exportação, acordos comerciais e subsídios agrícolas e*

---

*   Trata-se da **nação mais favorecida**, uma regra que explicaremos com detalhes no Capítulo 5.

industriais, bem como à uma aplicação mais agressiva de remédios unilaterais, em especial, os de direito antidumping e medidas compensatórias. [tradução nossa]

Na Rodada Tóquio, o sistema que vigorava até então, no qual os acordos negociados valiam somente para as partes que os assinavam – o chamado "Gatt *à la carte*" –, passou a ser questionado. Nesse sentido, é importante observarmos que não havia um compromisso dos Estados em relação à assunção da universalidade dos acordos.* Conforme explica Amaral (2004, p. 72), "na maioria dos casos, apenas um pequeno grupo de países, signatários do Gatt, aderiu a esses novos acordos, o que acarretou a criação dos chamados *códigos*".

De outro lado, essa rodada trouxe um avanço importante no que diz respeito à possibilidade de concessão de tratamento diferenciado aos países em desenvolvimento, sem necessidade de reciprocidade por parte dos países desenvolvidos, tema que retomaremos adiante.

Por fim, durante a Rodada Tóquio, os seguintes acordos foram negociados (Thorstensen, 1999): barreiras técnicas, subsídios, *antidumping*, valoração aduaneira, licenças de importação, compras governamentais, comércio de aeronaves, sobre carne bovina e sobre produtos lácteos.**

A oitava, a Rodada Uruguai (1986-1994), é considerada a mais abrangente e importante de todas, com a adesão de 123 países. Durante o período de longas negociações, observamos a aceleração da abertura dos mercados. O cenário internacional motivava o

---

* Tratava-se de acordos plurilaterais, diferentes dos acordos multilaterais. Os acordos multilaterais criam direitos para todos, enquanto os plurilaterais somente para as partes contratantes.

** Os dois últimos foram encerrados com o início das atividades da OMC. Nesse sentido, ver Thorstensen (1999, p. 30-31).

entendimento e o fortalecimento do sistema multilateral, que ocorria paralelamente ao crescimento dos **acordos regionais de comércio** (ACRs), tais como a CE, o Tratado Norte-americano de Livre Comércio (Nafta), a Cooperação Econômica da Ásia e do Pacífico (Apec) e o próprio Mercado Comum do Sul (Mercosul), entre outros acordos.*

Com início marcado para 1986, na cidade de Punta del Este, a Rodada Uruguai foi finalizada apenas em 1994, na cidade de Marraquexe, no Marrocos. Foi simbólica a realização da rodada em um país que era considerado como de "terceiro mundo"**, o que, acreditamos, motivou igualmente uma agenda mais voltada para os interesses dos países em desenvolvimento (PEDs).

O período pós-Guerra Fria eliminou o panorama bipolar das relações internacionais e permitiu o fortalecimento do multilateralismo, com a fixação do movimento da globalização.

O objetivo dessa rodada, além do compromisso de redução das tarifas, foi o de integrar às regras do GATT setores ainda sujeitos ao protecionismo, pois estes eram excluídos das discussões

---

* No período, ocorreu a ampliação da Comunidade Europeia por meio do Tratado de Maastricht, e pela criação das **zonas de livre comércio** (tal como a norte-americana, o Nafta, a formação da Apec) e o estabelecimento do Mercosul. Nesse sentido, ver Cretella Neto (2008, p. 4).

** Os chamados *países de terceiro mundo* eram países pobres, ou seja, aqueles de baixo desenvolvimento social, considerados subdesenvolvidos. Nesses termos, encaixavam-se os países africanos, latino-americanos, asiáticos e do Oriente Médio. A denominação *terceiro mundo* deriva da Guerra Fria, período com polarização entre os Estados Unidos e a União Soviética (URSS). Portanto, os países pobres ou que não estavam diretamente alinhados a nenhum desses dois outros polos eram os de "terceiro mundo".

(v.g. agricultura e têxteis) ou tinham regras especiais para cada país, como serviços, investimentos e propriedade intelectual.*

Naquele momento histórico, alguns fenômenos comerciais influenciaram os rumos da economia internacional. Temas envolvendo serviços e tecnologia emergiram como uma tendência na organização de blocos comerciais. O período pós-Guerra Fria eliminou o panorama bipolar das relações internacionais e permitiu o fortalecimento do multilateralismo, com a fixação do movimento da **globalização**. Por fim, lembramos que ocorreu o alargamento das fronteiras do capitalismo, com a derrocada comunista simbolizada pela queda do Muro de Berlim.**

A Rodada Uruguai marcou o movimento de interesse mais globalizado dos países, incluindo os PEDs, em negociar um **sistema multilateral de comércio**, com regras bem definidas (Thorstensen, 1999, p. 31). Conforme explica Thorstensen (1999, p. 39):

> *Os resultados da Rodada Uruguai determinam as regras do comércio internacional, não só dos grandes parceiros internacionais, para dirimir os conflitos entre eles, mas também dos pequenos e médios parceiros, que passam a ter na OMC a organização de supervisão e apoio para assegurar o acesso aos mercados protegidos dos próprios países mais desenvolvidos, bem como dos grandes acordos regionais de comércio.*

---

* "A oitava rodada, Rodada Uruguai, foi a mais ambiciosa e complexa das negociações estabelecidas no âmbito do Gatt. O objetivo da Rodada, além da diminuição das tarifas, foi integrar às regras do Gatt setores antes excluídos como agricultura e têxteis, além de introduzir novos setores como serviços, e medidas de investimentos e de propriedade intelectual" (Casella, 1998, p. 39).

** No mesmo sentido, ver Celli Junior (2007, p. 21).

Um marco relevante da Rodada Uruguai foi o estabelecimento do *single undertaking*, em substituição ao sistema do Gatt *à la carte*. Dessa forma, não havia mais a possibilidade de um membro aderir apenas a alguns acordos: somente poderiam ser membros do sistema multilateral de comércio os participantes que aderissem a todos os acordos, como um "pacote" indissociável. Assim, os membros passaram, obrigatoriamente, a aceitar os pontos negociados (Thorstensen, 1999).

Do ponto de vista nacional, a **liberalização comercial**, proveniente da negociação da Rodada Uruguai, ocorreu em um momento especial da história política brasileira, com a valorização do papel do mercado internacional e a percepção da mudança de paradigma da tradição do intervencionismo estatal.* Além disso, o período de negociações perpassou a entrada em vigor da Constituição Federal (CF) de 1988 no Brasil e todas as mudanças dela decorrentes.

De acordo com Celso Lafer (1998, p. 42-43):

> *Esta situação levou a uma percepção mais clara de que o modelo de substituição de importações, implantado com sucesso no Brasil desde 1930, mas em crise a partir dos anos 1980, tinha esgotado as suas virtualidades. Daí a convicção, que começou a generalizar-se, de que não há, nas condições atuais do mundo, permeado pela "lógica da globalização", desenvolvimento possível em isolamento autárquico. Por isso a aceitação da Rodada Uruguai, como linha política de inserção internacional do país. Em consequência, foi-se criando, junto aos formadores da opinião pública, um consenso de que para um país como o Brasil – que é um pequeno global trader com uma*

---

* Conforme explica Lafer (1998), a situação colocou na defensiva no plano ideológico, no espectro da opinião pública brasileira, as "famílias políticas" identificadas com a tese de uma "economia fechada".

> *diversificada pauta de exportações destinadas a mercados geograficamente distintos –, era importante participar da criação de um ampliado e rule-oriented sistema multilateral de comércio – inclusive porque o unilateralismo mercantilista da "razão de Estado" econômica só é possível para as economias que têm, no plano mundial, uma presença preponderante.*

Assim, o modelo do Gatt, desenhado em 1947, não mais se adequava às necessidades identificadas na Rodada Uruguai, o que culminou na elaboração de um novo conjunto de regras e na criação da OMC.

4.4 O Gatt 1994 e a criação da OMC

A Rodada Uruguai, conforme observamos, historicamente acabou representando um novo paradigma na agenda negociadora, com a mudança do foco das negociações comerciais multilaterais, não apenas para a redução das barreiras ao comércio de mercadorias, mas também, ao mesmo tempo, para a negociação de regras de disciplinas diversas – desde o comércio de bens e serviços, passando pelos investimentos internacionais, pelas políticas industriais nacionais e, por fim, pelos direitos de propriedade intelectual.

Os principais resultados alcançados, substanciados no Acordo de Marraquexe, foram:

> *1) um corte médio nas tarifas de 37% e o aumento das linhas de produtos com tarifas consolidadas; 2) o aperfeiçoamento sobre salvaguardas e o aperfeiçoamento dos Códigos Sobre Subsídios e Medidas Antidumping; 3) a integração dos produtos agropecuários ao sistema multilateral de comércio e a redução das barreiras não tarifárias; 4) a incorporação dos produtos têxteis ao sistema*

multilateral de comércio, com a eliminação do Acordo Multifibras, de 1974, em 10 anos, a partir de 1995, obedecendo ao calendário previamente acordado; 5) o estabelecimento do Acordo Geral sobre o Comércio de Serviços (GATs), que se constitui o primeiro conjunto de normas que contempla esta matéria; 6) a garantia dos direitos de propriedade intelectual, através do Acordo sobre Direitos de Propriedade Intelectual Relacionados com o Comércio (TRIPs); 7) a instituição do Acordo sobre Medidas de Investimento Relacionadas ao Comércio (TRIMs); 8) o estabelecimento de um novo Sistema de Solução de Controvérsias; 9) a definição de um Mecanismo de Revisão de Política Comercial dos países-membros; e 10) a criação da Organização Mundial do Comércio, que iniciou suas atividades em 1º de janeiro de 1995. (Barral, 2002a, p. 15)

A OMC, criada em 1º de janeiro de 1995, passou a englobar o Gatt 1947, assim como os resultados das sete rodadas de negociações multilaterais de liberalização comercial e todos os acordos negociados na Rodada Uruguai, concluída em 1994. O que até então era um "acordo geral" passou a ser formalmente uma **organização permanente**, com personalidade jurídica própria, apesar de ter conservado boa parte da estrutura do Gatt. Barral (2007b) resume o assunto no Quadro 4.2, a seguir.

Quadro 4.2 – Principais diferenças entre o Gatt e a OMC

Gatt	OMC
Acordo provisório, sem personalidade jurídica.	Organização permanente, com personalidade jurídica e forte poder sancionatório.
Tem partes contratantes.	Tem membros.

(continua)

(Quadro 4.2 – conclusão)

Gatt	OMC
Órgão de Solução de Controvérsias pouco eficaz.	Órgão de Solução de Controvérsias mais efetivo e menos sujeito a bloqueios.
As normas se restringiam ao comércio de mercadorias.	Abarca não somente o comércio de mercadorias, mas também o de serviços e o de direitos de propriedade intelectual, bem como medidas comerciais relacionadas a investimentos.
Abrangia acordos plurilaterais.	Os acordos são praticamente todos multilaterais, assinados integralmente por todos os membros (exceto os Acordos sobre Aeronaves Civis e sobre Contratação Pública, que são acordos de adesão voluntária – plurilaterais).

Fonte: Adaptado de Barral, 2007b, p. 36.

A OMC passou a ser responsável pela facilitação, pela implementação e pela administração dos objetivos dos acordos obtidos na Rodada Uruguai, assim como pela supervisão dos acordos regionais e sua compatibilização com as regras do Gatt.

Com a criação da OMC, os membros passaram a administrar o Entendimento sobre Regras e Procedimentos Relativos à Solução de Controvérsias (*Understanding on Rules and Procedures Governing the Settlement of Disputes*) e o Mecanismo de Revisão de Políticas Comerciais (*Trade Policy Review Mechanism*).

O compromisso alcançado na nona rodada, realizada em Doha, foi importante para mitigar o ambiente de impasse criado pelo não lançamento da Rodada do Milênio em 1999, momento no qual países desenvolvidos e PEDs não alcançaram a concordância sobre os temas que deveriam compor a agenda da rodada. Dessa forma, a Rodada Doha passou a ser redefinida ao colocar o tema *desenvolvimento* como elemento central da agenda (Oliveira; Thorstensen, 2011, p. 9).

4.5 A Rodada Doha

A Rodada Doha foi a primeira a ser conduzida após o início das atividades da OMC. A rodada teve início em novembro de 2001, durante uma conferência ministerial realizada no Catar, e passou a ter diversos encontros em diversas conferências ministeriais, que ocorreram em localidades distintas, por exemplo, em Cancun, em setembro de 2003; em Hong Kong, em dezembro de 2005; e em Genebra, em julho de 2006 (Bigman, 2006), chegando a um grande período de impasse após 2008.*

Conforme contextualizam Oliveira e Thorstensen, a Rodada Doha foi lançada em "uma conjuntura em que os traumas dos ataques terroristas aos Estados Unidos estavam muito presentes e era incerto o desempenho da economia mundial. O mundo pressionava pela emissão de sinais positivos pela OMC". Isso significa que a ideia era tentar produzir o máximo de externalidades positivas, considerando que o malogro das negociações poderia trazer um mau presságio para o comércio internacional.

---

* No mesmo sentido: "Com o impasse da rodada, desde 2008, vários cenários parecem possíveis. O primeiro é a continuação das negociações a espera de outra oportunidade, em algum período que não coincida com os momentos eleitorais nas grandes potências comerciais. O segundo é a suspensão das negociações e, após uma pausa, relançar outra rodada com abertura do mandato para novos temas e, provavelmente, sobre outras bases negociadoras, uma vez que a possibilidade de acordo entre 150 países ou mais se torna cada vez mais improvável. O terceiro é chegar a um acordo em certo número de temas que já estão mais avançados, como facilitação de comércio e pontos da Agenda de Desenvolvimento, como comércio livre de cota e de tarifa para os PMDRs [países de menor desenvolvimento relativo], além da Iniciativa de Ajuda ao Comércio" (Oliveira; Thorstensen, 2011, p. 11).

A Rodada Doha tem sido considerada a mais complexa e difícil, mas isso se deve a diversos fatores: temas mais sensíveis passaram a ser discutidos e, ao mesmo tempo, os membros que antes não sabiam se posicionar de forma estratégica nas negociações passaram a entender melhor as regras do jogo do comércio internacional.

Como exemplo, podemos mencionar que temas sensíveis como os que envolvem o **comércio agrícola*** vinham sendo evitados em todas as demais rodadas anteriores, mas precisavam de enfrentamento na Rodada Doha.

---

* "O tema agrícola é levado ao centro das negociações da rodada, significando novo passo no processo de liberalização do setor, dado os parcos resultados alcançados na Rodada Uruguai. Também na *built-in* agenda encontrava-se o tema de *serviços*. Paralelamente, a rodada incluiu novo esforço de liberalização de bens não agrícolas, item tradicional das rodadas passadas e de interesse dos PDs com vista aos mercados em expansão dos PEDs. Para contrabalançar os novos avanços nas negociações agrícolas, a União Europeia (UE) incluiu temas de seu interesse, como investimentos, concorrência e transparência em compras governamentais, que acabaram sendo excluídos da rodada por insistência dos membros da Associação de Nações do Sudeste Asiático (Asean), que viam na criação de novas regras uma diminuição do espaço para políticas industriais. Também foram incluídas novas etapas na negociação para regras de comércio, como defesa comercial e acordos regionais. Em paralelo, foi estabelecida a revisão de regras do mecanismo de solução de controvérsias, considerado por todos como a 'joia da coroa' da organização. Especial atenção foi dada ao tema *desenvolvimento*, que passou a constar de forma específica em cada um dos itens do mandato de negociação" (Oliveira; Thorstensen, 2011, p. 10).

Com a criação do Acordo sobre Agricultura* (AARU) da Rodada Uruguai**, a agricultura passou a fazer parte das pautas de negociação dos membros da OMC. Assim, o tema assumiu grande importância para a economia de diversos membros do sistema multilateral do comércio.

Contudo, apesar da pouca evolução na obtenção de um consenso, reconhecemos que a Rodada Doha, até o momento, foi a que conseguiu adentrar de forma mais profunda as propostas que versam sobre a eliminação dos subsídios à exportação e a redução dos subsídios domésticos para os produtos agrícolas.***

Passou a ser evidente a oscilação entre as políticas liberais e as políticas protecionistas, em razão dos variados grupos de interesse. Somam-se a esses fatores o aumento do número de membros da OMC

---

*   O Acordo sobre Agricultura foi o produto de um consenso possível, na época das negociações, com forte influência das posições dos países desenvolvidos, apesar da decepção dos PEDs. Esse acordo possibilitou, pela primeira vez, que os membros da OMC se comprometessem a reduzir seus subsídios às exportações e à produção interna (apoio doméstico), assim como promoveu o acesso aos mercados.

** A importância do comércio internacional de produtos agrícolas é histórica e, ao mesmo tempo, imensurável. O tema é sensível tanto para os PEDs quanto para os países desenvolvidos, os quais encontram na agricultura uma produção essencial para suas economias. O acordo obtido na Rodada Uruguai trabalhou com o "possível", e a implementação do AARU ainda segue com dificuldades, considerando todos os elementos valorativos que permeiam o tema e as dificuldades em razão das medidas protecionistas utilizadas no setor.

*** Não podemos deixar de mencionar o impacto recente da criação da Lei Agrícola (*Farm Bill*) dos EUA, aprovada em 2014. A nova lei pode provocar impactos negativos para o mercado internacional, pela redução de preços e pelo fomento ao aumento ou à suspensão da produção norte-americana (CNA Brasil, 2014).

e o fortalecimento do papel dos países do grupo BRICs* no comércio e na economia mundial. Conforme pondera Bigman (2006, p. 6):

> *Esses fatores também ampliaram as dificuldades de se alcançar um acordo unânime entre uma coalizão de países muito maior e diversa, que, inevitavelmente, possui frequentemente flagrantes e incompatíveis conflitos de interesses e preocupações. Diante disso, os obstáculos de se atingir um acordo unânime que ofereça ganhos a todos, como requerido segundo as regras do Gatt, eram, desde o início, quase intransponíveis.* [tradução nossa]

Após um grande período de negociações, a rodada entrou em um grande impasse a partir de 2008, quando o então diretor-geral da OMC, Pascal Lamy (no período entre 2005 e 2013), apresentou um pacote de compromissos. O quadro atual de impasse da rodada foi ilustrado da seguinte forma por Oliveira e Thorstensen (2011, p. 11):

> *Na verdade, provavelmente, a razão mais significativa que possa explicar o impasse tenha sido a alteração do processo decisório da organização. Nas rodadas passadas, Estados Unidos e UE acertavam suas posições e depois compunham o acordo com os demais países via*

---

* O conceito dos BRICs é atribuído ao economista-chefe da Goldman Sachs, Jim O'Neil (2001, p. 3): "*We show that our latest forecasts for 2001 and 2002 suggest a healthier outlook in some of the larger emerging market economies compared to the G7. We are currently forecasting 1.7% world GDP growth in 2002 with Brazil, Russia, India and China (BRICs) each set to grow again by more than the G7. [...] It is time for the world to build better global economic BRICs*". Assim, BRICs é a sigla utilizada desde então para se referir aos países Brasil, Rússia, Índia, China e África do Sul, considerados países emergentes. Atualmente, esses países atuam por meio de alianças, como um agrupamento informal, fortalecendo suas posições, mas sem os compromissos decorrentes de um bloco econômico.

concessões. O processo decisório se centrava no antigo Quad, composto por Estados Unidos, UE, Japão e Canadá. A geometria decisória foi alterada com a emergência de diversos PEDs, tornando o processo negociador mais complexo. Com o sucesso do G20 agrícola, Brasil, Índia e China foram lançados para o centro das decisões, onde passaram a defender os interesses dos PEDs, tornando o processo negociador muito mais difícil, dada a multiplicidade de interesses em jogo.

Por fim, Bigman (2006, p. 6) destaca que não devemos vislumbrar um cenário apocalíptico diante dos resultados apresentados, mas existe a necessidade de examinarmos o processo de negociação para "tirar lições com a experiência dessa rodada e afinar a sistematização das negociações através de ajustes que reflitam as mudanças da estrutura e do equilíbrio de poder no comércio mundial".

Síntese

Conforme tratamos neste capítulo, todas as rodadas de negociação internacional refletem o amadurecimento do Sistema Multilateral de Comércio, desenhado desde o encontro de Bretton Woods em 1944, próximo ao final da Segunda Guerra Mundial. As propostas mais tímidas promoveram a interdependência dos signatários do Gatt 1947, culminando com a criação da OMC, cujas atividades se iniciaram em 1995.

O sistema de rodadas de negociação tem sido adotado desde o início, chegando aos desafios atuais observados na Rodada Doha, que passou a conferir uma nova dinâmica a esse processo, especialmente quando relacionado ao comércio agrícola. As discussões são complexas e de difícil consenso sobre o tema, devido à multiplicidade de posicionamentos dos membros da OMC.

Questões para revisão

1) Quando ocorreu a Conferência de Bretton Woods e qual é o seu significado?

2) Sobre as rodadas de negociação internacional, assinale verdadeiro (V) ou falso (F):
   a. ( ) A reformulação do sistema monetário internacional era uma medida essencial à época da Conferência de Bretton Woods.
   b. ( ) Uma das consequências da criação da OMC foi a eliminação do denominado "Gatt *à la carte*".

3) Sobre a Conferência de Bretton Woods, assinale a alternativa correta:
   a. Foi idealizada na década de 1970, como decorrência da Crise do Petróleo.
   b. Teve como consequência imediata a criação da Organização Internacional de Comércio (OIC).
   c. Estabeleceu diretrizes sobre a eliminação das armas de destruição em massa e outras regras aplicáveis em casos de conflitos armados.
   d. Resultou na criação do Fundo Monetário Internacional (FMI).

4) O *single undertaking* foi resultado de qual rodada de negociação internacional? Por que esse instrumento é importante?

5) Sobre a OMC, assinale a alternativa correta:
   a. A OMC foi criada na Rodada Tóquio, com a anuência dos grandes atores internacionais, especialmente EUA e Europa.

b. A OMC é uma organização internacional criada com a finalidade de financiar os países desgastados economicamente com as duas grandes Guerras Mundiais.

c. Com a criação da OMC, os membros passaram a administrar o Entendimento sobre Regras e Procedimentos Relativos à Solução de Controvérsias e o Mecanismo de Revisão de Políticas Comerciais.

d. Foram excluídos da OMC os direitos de propriedade intelectual e as medidas comerciais relacionadas aos investimentos.

Questões para reflexão

1) É possível imaginar o fim da OMC no mundo globalizado?
2) Diante da Rodada Doha, é possível haver o consenso sobre acordos de novos temas na OMC?

Para saber mais

No endereço eletrônico indicado a seguir, confira notícia do *site* da BBC Brasil, que, em dezembro de 2013, abordou a questão do futuro da OMC e a Rodada Doha.

MONTENEGRO, C. Reunião em Bali e decisiva sobre futuro da OMC e Rodada Doha. **BBC Brasil**, Genebra, 3 dez. 2013. Disponível em: <http://www.bbc.com/portuguese/noticias/2013/12/131203_omc_bali_cm_dg>. Acesso em: 9 fev. 2017.

Consultando a legislação

BRASIL. Decreto Legislativo n. 30, de 15 de dezembro de 1994. Aprova a Ata Final da Rodada Uruguai de Negociações Comerciais Multilaterais do Gatt, as listas de concessões do Brasil na área tarifária (Lista III) e no setor de serviços e o texto do Acordo Plurilateral sobre Carne Bovina. **Diário Oficial da União**, Poder Executivo, Brasília, DF, 19 dez. 1994. Disponível em: <https://www.planalto.gov.br/ccivil_03/Constituicao/Congresso/DLG/DLG-30-1994.htm>. Acesso em: 9 fev. 2017.

BRASIL. Decreto n. 1.355, de 30 de dezembro de 1994. Promulga a Ata Final que Incorpora os Resultados da Rodada Uruguai de Negociações Comerciais Multilaterais do GATT. **Diário Oficial da União**, Poder Executivo, Brasília, DF, 31 dez 1994. Disponível em: <https://www.planalto.gov.br/ccivil_03/decreto/antigos/d1355.htm>. Acesso em: 9 fev. 2017.

_____. Lei n. 9.019, de 30 de março de 1995. Modificada pelo artigo 53 da Medida Provisória n. 2.113, de 2001. Dispõe sobre a aplicação dos direitos previstos no Acordo Antidumping e no Acordo de Subsídios e Direitos Compensatórios. **Diário Oficial da União**, Poder Legislativo, Brasília, DF, 31 mar. 1995. Disponível em: <http://www.planalto.gov.br/ccivil_03/leis/L9019.htm>. Acesso em: 9 fev. 2017.

V

Princípios essenciais do livre comércio no sistema multilateral

Conteúdos do capítulo:

- » Princípio da não discriminação.
- » Princípio da nação mais favorecida.
- » Princípio do tratamento nacional.
- » Princípio da transparência ou da previsibilidade
- » Princípio da concorrência leal.
- » Princípio da proibição ou da eliminação das restrições quantitativas.
- » Tratamento especial e diferenciado para países em desenvolvimento.
- » Exceções, outras regras básicas e lista de concessões.
- » Princípio da redução geral e progressiva dos direitos aduaneiros.
- » Princípio da nação mais favorecida e desalinhamentos cambiais.

5.1 Introdução

O Gatt (General Agreement on Trade in Service) 1947 foi criado, primeiramente, como um conjunto de normas direcionadas à redução das tarifas alfandegárias no comércio internacional (Barral, 2002a). Ainda que a criação de uma organização internacional (OI) não tenha ocorrido nos termos da Organização Internacional de Comércio (OIC), o Gatt 1947 servia como um amplo foro de negociações, o que indicava um de seus principais pilares, o **princípio da não discriminação**. Com o decorrer do tempo, outros princípios e valores passaram a ser considerados essenciais para o fortalecimento do sistema multilateral do comércio.

Portanto, apesar de existirem algumas divergências doutrinárias no que diz respeito à inclusão de outros princípios aplicados ao comércio internacional, neste capítulo estudaremos aqueles princípios que ainda na atualidade são considerados essenciais ao livre comércio.

Assim, conforme entendimento majoritário da doutrina, os seguintes princípios costumam ser considerados como essenciais ao livre comércio multilateral*:

a. Princípio da não discriminação, consubstanciado em dois: (i) princípio da nação mais favorecida e (ii) princípio do tratamento nacional.

b. Princípio da transparência ou da previsibilidade.

c. Princípio da concorrência leal.

d. Princípio da proibição ou da eliminação das restrições quantitativas.

e. Princípio do tratamento especial e diferenciado para países em desenvolvimento.

---

* Nesse sentido, ver WTO (2017c), Thorstensen (2003) e Barral (2002b, 2007a, 2007b).

Veremos, na sequência, cada um desses princípios de forma detalhada, seguindo a orientação da doutrina majoritária sobre o tema.

5.2 Princípio da não discriminação

O **princípio da não discriminação** está consubstanciado em outros dois princípios complementares, quais sejam, o princípio da nação mais favorecida (NMF) e o princípio do tratamento nacional (PTN). Conforme veremos a seguir, trata-se de princípios complementares e essenciais para o bom funcionamento do sistema multilateral de comércio.

5.2.1 Princípio da nação mais favorecida

No Gatt 1947, o propósito da Cláusula NMF foi o de promover a redução gradativa das restrições tarifárias, diminuindo, consequentemente, as barreiras alfandegárias e as medidas de proteção aos mercados. O NMF é proveniente da Cláusula NMF, que se encontra no art. I do Gatt, o qual prevê (WTO, 1947a, tradução nossa):

> 1. Qualquer vantagem, favor, imunidade ou privilégio concedido por uma parte contratante em relação a um produto originário de ou destinado a qualquer outro país, será imediata e incondicionalmente estendido ao produto similar, originário do território de cada uma das outras partes contratantes ou ao mesmo destinado. Este dispositivo se refere aos direitos aduaneiros e encargos de toda a natureza que

> gravem a importação ou a exportação ou a elas se relacionem, aos que recaiam sobre as transferências internacionais de fundos para pagamento de importações e exportações, digam respeito ao método de arrecadação desses direitos e encargos ou ao conjunto de regulamentos ou formalidades estabelecidos em conexão com a importação e exportação, bem como aos assuntos incluídos nos §§ 2 e 4 do Art. III.

O princípio da NMF basicamente determina a concessão do mesmo tratamento tarifário a todas as partes contratantes.* Em complemento, quaisquer vantagens ou privilégios que estiverem relacionados às importações e/ou às exportações e que venham a ser concedidos por uma parte contratante a outra deverão ser "imediata e incondicionalmente" estendidos, tal como disposto no artigo que acabamos de citar**.

Thorstensen, Ramos e Muller (2011, p. 4) complementam o entendimento sobre esse princípio, destacando dois de seus benefícios:

---

* Nesse sentido, ver o Relatório do Órgão de Apelação da OMC no litígio *Canada: Certain Measures Affecting the Automotive Industry (Canada – Autos)*; Demandante: Japão e Comunidades Europeias; WT/DS139/AB/R e WT/DS142/AB/R, para. 84. "O objeto e a finalidade do Artigo I:1 oferece suporte a nossa interpretação. Que o objeto e finalidade é a proibição de discriminação entre produtos similares originários ou destinados a países diferentes. A proibição da discriminação no Artigo I:1 também serve como um incentivo para as concessões, reciprocamente, negociadas para serem estendidas a todos os outros membros, na base NMF" (tradução livre). Original: *"The object and purpose of Article I:1 supports our interpretation. That object and purpose is to prohibit discrimination among like products originating in or destined for different countries. The prohibition of discrimination in Article I:1 also serves as an incentive for concessions, negotiated reciprocally, to be extended to all other Members on an MFN basis"*. (WTO, 2017a).

** No mesmo sentido, ver Thorstensen, Ramos e Muller (2011, p. 3).

a) Em primeiro lugar, ele garante que nenhum país terá uma vantagem comercial em suas relações com outra parte contratante, o que poderia resultar em tensões e em desvio de comércio. Trata-se de uma garantia ampla, que engloba qualquer tipo de benefício que possa ser concedido por uma parte contratante a outra. O objetivo é evitar uma alocação arbitrária dos fluxos de comércio entre partes contratantes, que poderia prejudicar os benefícios trazidos pela concorrência no comércio internacional.

b) Em segundo lugar, visa a proteger a estabilidade do sistema. Uma vez que o produtor sabe que ele irá enfrentar a mesma barreira tarifária ao exportar para um determinado país, independentemente de onde ele exporte, ele será capaz de decidir o melhor local para produzir, sem levar em consideração as tarifas aplicadas. O princípio também traz previsibilidade e promove um ambiente propício para os exportadores escolherem o local que oferece as melhores vantagens comparativas. Nesse sentido, o princípio NMF é um dos principais pilares do sistema multilateral de comércio, estabelecido após a Segunda Guerra Mundial, em resposta à turbulência econômica dos anos 1930, fortalecida por medidas protecionistas e arbitrárias implementadas na época.

John Jackson (1997, p. 155) procurou desmistificar, didaticamente, a suposta confusão que poderia advir da expressão *mais favorecida*, uma vez que tal expressão poderia sugerir aos inadvertidos um tratamento especial e mais favorável a uma das partes, o que, na verdade, não condiz com o sentido objetivado pelo princípio da NMF.

A Cláusula NMF sugere o contrário de um tratamento privilegiado, uma vez que o princípio diz respeito à necessidade de um **tratamento igualitário**, exceto, justamente, à parte que já é a mais favorecida.* Trata-se, assim, de uma extensão de privilégios, dado que requer que as partes contratantes estendam um privilégio, relativo à exportação ou à importação de produtos, que fora garantido a qualquer outro país contratante, aos demais Estados.**

Essa cláusula pode ser justificada por argumentos de caráter econômico e político. Os **argumentos econômicos** também anunciam vários pressupostos de política econômica favoráveis a essa cláusula, considerando que a "não discriminação" favorece o livre comércio.

Em termos mais simples, Jackson (1997) explica: quando governos aplicam restrições uniformes ao comércio, isto é, sem considerar a origem das mercadorias, o sistema de alocação e produção de bens de mercado terá um efeito máximo. O autor explica, por exemplo, que "carne de cordeiro não será enviada para o outro lado do mundo, quando mercados próximos podem facilmente absorvê-la" (Jackson, 1997, p. 158-159, tradução nossa). Da mesma forma, a propagação de políticas liberais, provocadas pela Cláusula NMF, acaba intensificando – de forma direta ou indireta – a abertura comercial, o que, de fato, é um efeito multiplicador dos efeitos dessa cláusula (Jackson, 1997).

---

* Nesse sentido, ver Relatório do Órgão de Apelação no litígio *Canada: Certain Measures Affecting the Automotive Industry (Canada – Autos)*; Demandante: Japão e Comunidades Europeias; WT/DS139/AB/R e WT/DS142/AB/R, para. 84 (nota 2).

** Como escreve Jackson (1997, p. 155, tradução nossa): "a obrigação MNF induz que cada parte contratante conceda a todas as outras partes contratantes, o tratamento mais favorável que concede a qualquer país no que diz respeito às importações e exportações de produtos" (tradução livre). Original: *"the MFN obligation calls for each contracting party to grant to every other contracting party the most favorable treatment that it grants to any country with respect to imports and exports of products"*.

De uma forma mais ampla, também existe a compreensão de que a Cláusula NMF evidencia regras gerais aplicáveis com o potencial de minimizar os custos de produção normativa (*costs of rule formation*), diante da notável dificuldade de negociação de diversos acordos bilaterais que atenderiam à mesma finalidade (Jackson, 1997).

Quando muitas partes estão envolvidas – ou, como no caso da OMC, muitos membros –, regras gerais comumente são traduzidas como estrategicamente "melhores", no sentido de se aplicar o "dilema dos prisioneiros"*, evitando assim ações potencialmente destrutivas e restringido comportamentos exploratórios e/ou abusivos. Em adição, a Cláusula NMF tem o condão de auxiliar a redução dos custos de transação.

No que diz respeito aos **argumentos políticos,** Jackson (1997) entende que, sem a Cláusula NMF, os governos podem formar agrupamentos discriminatórios que seriam capazes de produzir atritos e disputas. Isso ocorre porque os países que eventualmente estariam fora desses acordos poderiam se ressentir. Nesse contexto, a Cláusula NMF também teria a função de reduzir as tensões entre as nações e, da mesma forma, inibiria tentativas dos Estados de se valer de políticas *ad hoc* com potencial de se tornarem molas propulsoras de novos conflitos.

5.2.2 Princípio do tratamento nacional

O **princípio do tratamento nacional** (PTN) proíbe a discriminação de tratamento entre produtos nacionais e importados e se encontra disciplinado no art. III do Gatt, que dispõe, *inter alia*:

---

* O chamado *dilema dos prisioneiros* é tratado na **teoria dos jogos** como uma situação de equilíbrio entre jogadores: a estratégia de cada um deles é a melhor resposta para a estratégia do outro. Sobre a teoria dos jogos, ver Viscusi, Vernon e Harrington (1995, p. 100-102) e Jackson (1997, p. 159).

1) As partes contratantes reconhecem que os impostos e outros tributos internos, assim como leis, regulamentos e exigências relacionadas com a venda, oferta para venda, compra, transporte, distribuição ou utilização de produtos no mercado interno, e as regulamentações sobre medidas quantitativas internas que exijam a mistura, a transformação ou utilização de produtos, em quantidade e proporções especificadas, **não devem ser aplicados a produtos importados ou nacionais, de modo a proteger a produção nacional.**

2) Os produtos do território de qualquer parte contratante, importados por outra parte contratante, **não estão sujeitos, direta ou indiretamente, a impostos ou outros tributos internos de qualquer espécie superiores aos que incidem, direta ou indiretamente, sobre produtos nacionais.** Além disso, nenhuma parte contratante aplicará, de outro modo, impostos ou outros encargos internos a produtos nacionais ou importados, contrariamente aos princípios estabelecidos no Parágrafo 1.

3) Relativamente a qualquer imposto interno existente, incompatível com o que dispõe o Parágrafo 2, mas expressamente autorizado por um acordo comercial, em vigor a 10 de abril de 1947, no qual se estabelece o congelamento do direito de importação que recai sobre um produto à parte contratante que aplica o imposto, será lícito protelar a aplicação dos dispositivos do Parágrafo 2 a tal imposto, até que possa obter dispensadas obrigações desse acordo comercial, de modo a lhe ser permitido aumentar tal direito na medida necessária para compensar a supressão da proteção assegurada pelo imposto.

4) Os produtos de território de uma parte contratante que entrem no território de outra parte contratante **não usufruirão tratamento menos favorável que o concedido a produtos similares de origem nacional**, no que diz respeito às leis, regulamentos e exigências relacionadas com a venda, oferta para venda, compra, transporte, distribuição e utilização no mercado interno. Os dispositivos deste parágrafo não impedirão a aplicação de tarifas de transporte internas diferenciais, desde que se baseiem exclusivamente na operação econômica dos meios de transporte e não na nacionalidade do produto.

5) Nenhuma parte contratante estabelecerá ou manterá qualquer regulamentação quantitativa interna que se relacione com a mistura, transformação ou utilização de produtos em quantidades ou proporções determinadas e que exija, direta ou indiretamente, o fornecimento pelas fontes produtoras nacionais, de quantidade ou proporção determinada de um produto enquadrado na regulamentação. Além disso, nenhuma parte contratante aplicará de outro modo, regulamentações quantitativas internas, de forma a contrariar os princípios estabelecidos no Parágrafo 1.

6) Os dispositivos do Parágrafo 5 não se aplicarão a qualquer regulamentação quantitativa interna em vigor, no território de qualquer parte contratante, a 1° de julho de 1939, a 10 de abril de 1947, ou a 24 de março de 1948, à escolha da parte contratante, contanto que qualquer regulamentação dessa natureza, contrária ao que dispõe o Parágrafo 5, não seja modificada em detrimento de importações e seja tratada como se fosse um direito aduaneiro, para efeito de negociação.

7) Nenhuma regulamentação quantitativa interna que se relacione com a mistura, transformação ou utilização de produtos em quantidades ou proporções determinadas será aplicada, de modo a repartir qualquer quantidade, ou proporção dessa natureza entre fontes estrangeiras de suprimento.

8)

   a) As disposições deste Artigo não se aplicarão às leis, regulamentos ou exigências que se refiram a aquisições, por órgãos governamentais de produtos comprados para atender às necessidades dos poderes públicos e não se destinam à revenda, no comércio, ou à produção de bens para venda no comércio.

   b) As disposições deste Artigo não impedirão o pagamento de subsídios exclusivamente a produtores nacionais, compreendidos os pagamentos a produtores nacionais com recursos provenientes da arrecadação dos impostos ou tributos internos aplicados de conformidade com os dispositivos deste Artigo e de subsídios concedidos sob a forma de compra de produtos nacionais pelos poderes públicos.

9) As partes contratantes reconhecem que as medidas internas para controle de preços máximos, embora guardem conformidade com outros dispositivos deste artigo, podem ocasionar prejuízos aos interesses das partes contratantes que fornecem os produtos importados. As partes contratantes que tomarem tais medidas levarão em conta os interesses das partes contratantes exportadoras, com o fim de evitar o mais possível esses efeitos perniciosos.

10) Os dispositivos deste Artigo não impedirão qualquer parte contratante de estabelecer ou manter regulamentações quantitativas internas relativas à exibição de filmes cinematográficos e de atender às exigências do Artigo IV. (WTO, 1947a, grifo nosso, tradução nossa)

Hoekman e Kostecki (2002) destacam que o PTN tem sido frequentemente invocado nos casos que são levados ao Órgão de Solução de Controvérsias (OSC) do Gatt/OMC. Trata-se de uma regra de caráter amplo, visto que é uma obrigação, ou seja, o tratamento do produto estrangeiro deve ser idêntico ao tratamento do produto doméstico; conforme os autores, "todas as diretrizes precisam ser aplicadas de maneira não discriminatória" (Hoekman; Kostecki, 2002, p. 31, tradução nossa). Portanto, no contexto de sua aplicação, não há relevância de se configurar o dano ao exportador, pois apenas a existência da discriminação configura a violação.*

Sendo este um princípio basilar e reiteradamente invocado, é notável a sua consolidação na jurisprudência do Gatt e, posteriormente, na Organização Mundial do Comércio (OMC). O PTN sustenta a

---

* "A obrigação se aplica independentemente de um compromisso tarifário específico e abrange impostos e outras políticas: todas as políticas devem ser aplicadas de forma não discriminatória aos produtos nacionais e estrangeiros similares. Também é irrelevante se uma política prejudica um exportador. O que importa é a discriminação" (tradução livre). Original: *"The obligation applies whether or not a specific tariff commitment was made, and covers taxes and other policies: all policies must be applied in a nondiscriminatory fashion to like domestic and foreign products. It is also irrelevant whether a policy hurts an exporter. What matter is discrimination"* (Hoekman; Kostechi, 2002, p. 31).

própria base do sistema multilateral de comércio, ao combater a nascente de todas as práticas protecionistas.*

As **práticas protecionistas** podem assumir diversas roupagens e, de fato, na prática, os países se tornaram muito sofisticados ao aplicar condutas protecionistas, visto que procuram imprimir alguma legitimidade a essa prática. Contudo, ao se criarem barreiras artificiais, ou maior burocracia, por exemplo, para se importar um produto, com a real intenção de privilegiar a produção nacional, existe claramente uma violação ao PTN.

Conforme se extrai da leitura do art. III, Parágrafo 4, do Gatt, os produtos importados "não usufruirão tratamento menos favorável que

---

* Nesse sentido, ver Para. 112. *"Because the second sentence of Article III:2 provides for a separate and distinctive consideration of the protective aspect of a measure in examining its application to a broader category of products that are not 'like products' as contemplated by the first sentence, we agree with the Panel that the first sentence of Article III:2 must be construed narrowly so as not to condemn measures that its strict terms are not meant to condemn"*; Para. 113. *"How narrowly is a matter that should be determined separately for each tax measure in each case. We agree with the practice under the Gatt 1947 of determining whether imported and domestic products are 'like' on a case-by-case basis"*; Para. 114. *"No one approach to exercising judgment will be appropriate for all cases. The criteria in Border Tax Adjustments should be examined, but there can be no one precise and absolute definition of what is 'like'. The concept of 'likeness' is a relative one that evokes the image of an accordion. The accordion of 'likeness' stretches and squeezes in different places as different provisions of the WTO Agreement are applied. The width of the accordion in any one of those places must be determined by the particular provision in which the term 'like' is encountered as well as by the context and the circumstances that prevail in any given case to which that provision may apply"* Relatório do Painel da OMC no caso *Japan: Taxes on Alcoholic Beverages (Japan – Alcoholic Beverages II)*; Demandantes: Comunidades Europeias, Canadá e EUA; WT/DS8/AB/R, paras. 112-114 (WTO, 2017b).

o concedido a produtos similares de origem nacional" (WTO, 1947a, tradução nossa). Portanto, o PTN depende da **similaridade** entre os produtos nacional e importado.

É justamente na definição da *similaridade* que se encontra boa parte da problemática que envolve a aplicação do PTN. Como exemplo da complexidade desse tema, vale observarmos as investigações sobre *dumping*: os parâmetros de definição do produto similar (*like product*) utilizado nas investigações de *dumping* são muito vagos, não existindo critérios objetivos que tratem da similaridade.

> De acordo com o parágrafo 114 do Relatório do Painel da OMC no caso Korea: Taxes on Alcoholic Beverages (Demandante: EUA e Comunidades Europeias; WT/DS75/AB/R):
>
>> *A expressão "diretamente competitivo ou substituível' descreve um tipo particular de relação entre dois produtos, um importado e o outro doméstico. Resulta da formulação do termo que a essência dessa relação é que os produtos estão em concorrência. Tanto isto resulta da palavra "concorrencial" que significa "caracterizado pela concorrência", como da palavra "substituível", que significa "suscetível de ser substituído". O contexto da relação competitiva é necessariamente o mercado, uma vez que este é o fórum onde os consumidores escolhem entre diferentes produtos. A concorrência no mercado é um processo dinâmico e em evolução. Por conseguinte, a redação da expressão "diretamente concorrente ou substituível" implica que a relação de concorrência entre produtos não deve ser analisada exclusivamente em função das preferências atuais dos consumidores. Em nossa opinião, a palavra "substituível" indica que pode existir a relação necessária entre produtos que, num dado momento, não são considerados pelos consumidores*

como substitutos, mas que, no entanto, podem ser substituídos entre si. (WTO, 1999, tradução livre)*

O parágrafo 115 desse Relatório ainda continua:

Assim, segundo o sentido comum do termo, os produtos são competitivos ou substituíveis quando são intercambiáveis ou se oferecem, como observou o Painel, 'formas alternativas de satisfazer uma necessidade ou gosto particular'. Em particular, em um mercado onde existem barreiras regulamentares ao comércio ou à concorrência, pode haver uma procura latente. (WTO, 1999, tradução livre).**

---

* Original: "The term 'directly competitive or substitutable' describes a particular type of relationship between two products, one imported and the other domestic. It is evident from the wording of the term that the essence of that relationship is that the products are in competition. This much is clear both from the word 'competitive' which means 'characterized by competition', and from the word 'substitutable' which means 'able to be substituted'. The context of the competitive relationship is necessarily the marketplace since this is the forum where consumers choose between different products. Competition in the market-place is a dynamic, evolving process. Accordingly, the wording of the term 'directly competitive or substitutable' implies that the competitive relationship between products is not to be analyzed exclusively by reference to current consumer preferences. In our view, the word 'substitutable' indicates that the requisite relationship may exist between products that are not, at a given moment, considered by consumers to be substitutes but which are, nonetheless, capable of being substituted for one another".

** Original: "Thus, according to the ordinary meaning of the term, products are competitive or substitutable when they are interchangeable or if they offer, as the Panel noted, 'alternative ways of satisfying a particular need or taste'. Particularly in a market where there are regulatory barriers to trade or to competition, there may well be latent demand".

A inexistência de parâmetros claros sobre a similaridade abre espaço para a criação de medidas protecionistas, ao se utilizar de forma deturpada a suposta falta de similaridade e se instigarem diversas discussões entre os países que, em alguns casos, terminam em litígios levados ao OSC.

No que diz respeito à sofisticação das violações ao PTN, temos como exemplos clássicos aqueles casos de protecionismos "velados", ou seja, diferentemente das barreiras tarifárias, existem práticas protecionistas decorrentes das barreiras técnicas ao comércio – que impõem determinadas exigências técnicas aos produtos com a finalidade de criar barreiras à entrada, ou com critérios pouco ou nada transparentes –*, assim como a utilização de forma distorcida das

---

* Como escreve Prazeres (2003, p. 86): "Barreiras técnicas ao comércio dão-se basicamente em dois planos: ou referem-se ao conteúdo do produto ou ao processo de verificação de conformidade deste produto em relação a determinadas exigências técnicas". O mesmo autor continua, dizendo que: "Barreiras técnicas ao comércio internacional podem ser entendidas como restrições ao fluxo dos intercâmbios internacionais com base em exigências relativas a características do bem a ser importado. Tais exigências podem tanto se referir ao conteúdo do produto, quanto aos testes que comprovem que um produto segue as especificações a ele impostas. [...] nem todas as barreiras técnicas ao comércio internacional são indevidas ou são de cunho protecionista. Muitas delas se fazem necessárias para a obtenção de objetivos legítimos, como a saúde de uma população" (Prazeres, 2003, p. 88). Por outro lado, segundo o Instituto Nacional de Metrologia, Qualidade e Tecnologia (Inmetro, 2014, p. 10). "As barreiras técnicas às exportações são barreiras comerciais não tarifárias derivadas da utilização de normas ou regulamentos técnicos não transparentes ou que não se baseiem em normas internacionalmente relevantes ou, ainda, decorrentes da adoção de procedimentos de avaliação de conformidade não transparentes e/ou demasiadamente dispendiosos, bem como de inspeções excessivamente rigorosas ou demoradas e estejam em desconformidade com as regras e os princípios dispostos no Acordo TBT da OMC".

barreiras sanitárias e fitossanitárias – medidas para proteger a saúde e a vida humana, vegetal e animal.

Apesar da aparência neutra, as **exigências técnicas** para a importação funcionam como um mecanismo protecionista. Em uma análise mais rigorosa, essas medidas se traduzem, na verdade, em violações ao PTN, especialmente quando os países não exigem as mesmas especificações de seus próprios produtos nacionais, mas apenas dos produtos estrangeiros (Prazeres, 2007).

Por essa razão, passa a ser pujante a necessidade de transparência – outro princípio essencial – em relação às regras relacionadas ao comércio*, a fim de mitigar a possibilidade de violação do PTN em virtude de barreiras não tarifárias nas práticas comerciais, que são mais difíceis de se seguir e, por vezes, de se identificar.

5.3 Princípio da transparência ou da previsibilidade

O **princípio da transparência** também é uma importante regra a ser seguida no comércio internacional. Não podemos nos esquecer de que os operadores do comércio exterior necessitam da **previsibilidade das regras** para ter o devido acesso aos mercados – tanto de exportações quanto de importações. Para isso, são essenciais a **transparência** e a **previsibilidade** das regras, até mesmo para garantir a realização prática dos compromissos assumidos.

---

* Thorstensen (2003, p. 33) relaciona o PTN ao princípio da transparência.

Dessa forma, esse princípio está previsto no art. X do Gatt (WTO, 1947a):

> 1) As leis, regulamentos, decisões judiciárias e administrativas de aplicação geral, adotados por qualquer parte contratante e que visem à classificação ou avaliação dos produtos para fins aduaneiros, às tarifas de alfândegas, taxas e outras despesas, ou às prescrições, restrições ou interdições de importação ou de exportação, ou a transferência de pagamentos que lhes digam respeito, ou que se refiram à sua venda, sua distribuição, seu transporte ou seu seguro, ou à sua estadia em entreposto, sua inspeção, sua exposição, sua transformação, sua mistura ou outras utilizações, **serão prontamente publicados de maneira a permitir aos governos ou aos comerciantes deles tomar conhecimento**. Os acordos em vigor entre o governo ou um órgão governamental de qualquer parte contratante e o governo ou um órgão governamental de uma outra parte contratante que afetem a política econômica internacional serão igualmente publicados. **O presente Parágrafo não obrigará uma parte contratante a revelar informações de ordem confidencial que constituam obstáculo à aplicação das leis ou que, por outro lado, sejam contrários ao interesse público ou tragam prejuízo aos interesses comerciais legítimos de empresas públicas ou particulares**.
> 2) Nenhuma medida de ordem geral, que possa tomar uma parte contratante e que tenha por consequência uma elevação do nível de um direito alfandegário ou de outra taxa imposta à importação em virtude de usos estabelecidos e uniformes, ou da qual resume uma prescrição, uma restrição ou

uma interdição novas ou agravadas em matéria de importação ou de transferência de fundos relativos a uma importação, deverá ser posta em vigor antes de ter sido publicada oficialmente.

3)

a) Cada parte contratante manterá ou aplicará de maneira uniforme, imparcial e equitativa todos os regulamentos, leis, decisões judiciárias e administrativas da categoria visada no Parágrafo 1 do presente artigo.

b) Cada parte contratante manterá ou instituirá, logo que possível, tribunais judiciários, administrativos ou de arbitragem, ou instâncias que tenham por fim especialmente reexaminar e retificar prontamente as medidas administrativas relacionadas com as questões aduaneiras. Esses tribunais ou instâncias serão independentes dos organismos encarregados de aplicação das medidas administrativas e suas decisões serão executadas por esses organismos, cuja prática administrativa dirigirão igualmente, a menos que seja interposta apelação a uma jurisdição superior nos prazos previstos para as apelações interpostas pelos importadores, ressalvada a possibilidade da administração central de tal organismo tomar medidas com o fim de obter uma revisão da questão em uma outra ação, se houver base para supor que a decisão é incompatível com os princípios fixados pela lei ou com a realidade dos fatos.

c) Disposição alguma da alínea (b) do presente parágrafo exigirá a eliminação ou substituição dos processos em vigor no território de uma parte contratante no dia da assinatura do presente acordo, que prevejam uma revisão imparcial das decisões administrativas, ainda mesmo que esses procedimentos não sejam plena ou

> oficialmente independentes dos organismos encarregados da aplicação das medidas administrativas. Qualquer parte contratante que aplicar tais processos deverá, quando solicitada, comunicar às partes contratantes todas as informações pertinentes que as habilitem a decidir se esses processos estão de acordo com a prescrição da presente alínea. [grifo nosso, tradução nossa]

A transparência objetivada nas relações internacionais é proveniente, da mesma forma, de um princípio clássico em relação aos contratos e acordos (nacionais ou internacionais): o ***pacta sunt servanda***. Trata-se de uma expressão em latim que indica que os acordos devem ser respeitados e cumpridos.

Sobre a questão de leis, regulamentos, decisões jurídicas e administrativas de aplicação, referidos no art. X, item 1, do Gatt (ver página 116), o Relatório da OMC do Painel no caso European Communities: Measures Affecting the Importation of Certain Poultry Products (Demandante: Brasil; WT/DS69/AB/R) diz o seguinte em seu parágrafo 111:

> *O artigo X.1 do Gatt 1994 deixa claro que o artigo X não trata de transações específicas, mas de regras de aplicação geral. Está claro para nós que as regras comunitárias relativas ao licenciamento de importação estabelecidas no Regulamento 1.431/94 são regras de aplicação geral. [...].* (WTO, 1998, tradução livre)*

---

* Original: "Article X:1 of the Gatt 1994 makes it clear that Article X does not deal with specific transactions, but rather with rules 'of general application'. It is clear to us that the EC rules pertaining to import licensing set out in Regulation 1431/94 are rules 'of general application'. [...]".

O parágrafo 113 desse mesmo relatório finaliza:

> *Embora seja verdade que, como sustenta o Brasil, qualquer medida de alcance geral sempre terá que ser aplicada em casos específicos, no entanto, o tratamento específico concedido a cada remessa não pode ser considerado uma medida de alcance geral O Painel citou a seguinte passagem do relatório do painel nos Estados Unidos: Restrições às Importações de Algodão e Vestuário de Fibra Sem Fio: O simples fato de a restrição em questão ser uma ordem administrativa não nos impede de concluir que a restrição era uma medida de aplicação geral. O facto de se tratar de uma medida específica por país exclui igualmente a possibilidade por se tratar de uma medida de alcance geral. Se, por exemplo, a restrição fosse dirigida a uma empresa específica ou aplicada a uma remessa específica, ela não teria qualificado como medida de aplicação geral. Contudo, na medida em que a restrição afeta um número não identificado de operadores econômicos, incluindo produtores nacionais e estrangeiros, consideramos que se trata de uma medida de alcance geral. Concordamos com o Painel que, 'inversamente, os certificados emitidos para uma empresa específica ou aplicados a uma remessa específica não podem ser considerados*

> *uma medida de alcance geral' na acepção do artigo X.* (WTO, 1998, tradução livre)*

No Direito Internacional Público (DIP), é extremamente importante que as relações entre os Estados sejam pautadas pela **boa-fé**, e, via de consequência, o *pacta sunt servanda* traduz essa finalidade nas negociações que ocorrem no contexto multilateral. A propósito, como bem recordam Caparroz e Lenza (2012, p. 115), a própria **Convenção de Viena sobre o Direito dos Tratados** (ratificada pelo Brasil em 2009) estabelece que "todo tratado em vigor obriga as partes e deve ser por elas cumprido de boa-fé".

Ao refletir sobre o significado da **transparência** como obrigação de comportamento, Celso Lafer (1998, p. 27-28) pontua que a "segurança de expectativas" é fundamental para o "Estado de Direito" e para o *rule of law*:

---

* Original: "Although it is true, as Brazil contends, that any measure of general application will always have to be applied in specific cases, nevertheless, the particular treatment accorded to each individual shipment cannot be considered a measure 'of general application' within the meaning of Article X. The Panel cited the following passage from the panel report in United States: Restrictions on Imports of Cotton and Man-made Fibre Underwear: The mere fact that the restraint at issue was an administrative order does not prevent us from concluding that the restraint was a measure of general application. Nor does the fact that it was a country-specific measure exclude the possibility of it being a measure of general application. If, for instance, the restraint was addressed to a specific company or applied to a specific shipment, it would not have qualified as a measure of general application. However, to the extent that the restraint affects an unidentified number of economic operators, including domestic and foreign producers, we find it to be a measure of general application. We agree with the Panel that 'conversely, licenses issued to a specific company or applied to a specific shipment cannot be considered to be a measure 'of general application' within the meaning of Article X".

A publicidade expõe erga omnes *políticas públicas jurídicas à luz de uma visível e, assim, não restrita ou secreta avaliação de sua razoabilidade. Reforça assim uma perspectiva democrática de ordem econômica internacional, uma vez que numa democracia o público, por ser do interesse de todos, é concebido ao mesmo tempo como sendo aquilo que é comum e visível.*

A transparência, como obrigação de comportamento de desvendar, deriva do fato que o segredo ex parte principis *jaz no âmago do poder, tal como indicado por Canetti em sua análise de elementos do poder. Através de normas de transparência, a OMC busca precisamente restringir em assuntos econômico-comerciais por ela disciplinados o unilateralismo da política de poder maquiavélico-hobbesiana. A publicidade é assim uma* confidence building measure. *Busca a contenção da "razão-de-Estado" que é inerente ao "poder invisível" encoberto nas* arcana imperii.

Conforme vimos, o art. X:1 do Gatt (WTO, 1947a) prenuncia que cada membro deve prontamente publicar seus regulamentos, leis, decisões judiciais e regras administrativas que afetem o comércio exterior, assim como os acordos que tenham potencial de afetar as regras do comércio internacional devem ser publicados. A publicação também deve ocorrer adequadamente, ou seja, "de maneira a permitir aos governos ou respectivos comerciantes deles tomar conhecimento" (WTO, 1947a, tradução nossa).

A **confidencialidade**, quando necessária, é assegurada, pois o próprio art. X:1 do Gatt estabelece que uma parte contratante não será obrigada a revelar dados confidenciais que tenham potencial de criar entraves à aplicação das leis ou "que sejam contrários ao interesse público ou tragam prejuízo aos interesses comerciais legítimos de empresas públicas ou particulares" (WTO, 1947a, tradução nossa).

Portanto, o princípio da transparência, ou da previsibilidade, acaba por favorecer a **convergência de expectativas** e busca coibir regras que não são claras ou que promovem o desvio de condutas e o enfraquecimento dos ideais do sistema multilateral de comércio.

A obrigatoriedade de pré-publicação e de discussão prévia de normas que alterem procedimentos visa aumentar a participação na elaboração das normas, ajustando eventuais inconsistências ou motivando ajustes que facilitem sua adequação prática, e fomentam sua efetividade.

É importante, por fim, destacarmos que a transparência das regras contribui para a redução dos custos das transações, favorecendo elementos essenciais do comércio internacional.*

5.4 Princípio da concorrência leal

A ideia fixada por este princípio é a de que o sistema multilateral de comércio não busca apenas a abertura comercial, mas, especialmente, um comércio internacional que seja justo.

Porém, como podemos identificar um sistema de comércio internacional com a concorrência leal? Basicamente, identificando **iguais oportunidades** (i.e. sem a aplicação de barreiras artificiais de comércio) e a **coibição das práticas desleais de comércio** (como a prática de *dumping* e subsídios).

---

* No mesmo sentido, ver Prazeres (2007, p. 54).

O Gatt buscava garantir a concorrência leal, especialmente por meio dos arts. VI* e XVI (WTO, 1947a), mas sua implementação ocorreu, de fato, com os Acordos *Antidumping*** e a definição do

---

* O art. XVI:6 do Gatt estabelece: "(a) Nenhuma parte contratante perceberá direitos *antidumping* ou direitos de compensação à importação de um produto do território de uma outra *parte contratante*, a menos que ela determine que os efeitos do *dumping* ou da subvenção, segundo o caso, é tal que cause ou ameace causar um prejuízo importante a uma produção nacional estabelecida, ou que retarde sensivelmente a criação de um ramo da produção nacional. (b) As partes contratantes poderão, por derrogação das prescrições da alínea (a) do presente parágrafo, autorizar uma parte contratante a perceber um direito *antidumping* ou um direito compensador à importação de qualquer produto, a fim de compensar um *dumping* ou uma subvenção que cause ou ameace causar um prejuízo importante a um ramo da produção no território de uma parte contratante que exporta o produto em causa destinado ao território da parte contratante importadora. **As partes contratantes, por derrogação das prescrições da alínea (a) do presente parágrafo, autorizarão a percepção de um direito compensador nos casos em que elas constatem que uma subvenção cause ou ameace causar um prejuízo importante a uma produção de uma outra parte contratante que exporte o produto em questão para o território da parte importadora**" (WTO, 1947a, grifo nosso, tradução nossa).

** Sobre Acordos *Antidumping*, veja-se: Agreement on Implementation of Article VI of the General Agreement on Tariffs and Trade 1994. "O título oficial deste acordo é Acordo sobre a Implementação do Artigo 6o do Acordo Geral sobre Tarifas e Comércio 1994. Entretanto, este acordo é consistentemente denominado Acordo Antidumping (Antidumping Agreement - ADA)" (UNCTAD, 2003, p. 5).

Acordo de Subsídios e medidas compensatórias*, uma vez que ambos estabeleceram medidas cabíveis para o combate de referidas práticas desleais de comércio.

Considerando que as capacidades econômica e industrial são muito distintas entre os membros da OMC, é desafiante estabelecer regras que coloquem todos os atores internacionais em uma situação isonômica. Dessa maneira, o princípio da concorrência leal procura equilibrar tal situação, considerando que as práticas desleais de comércio, evidentemente protecionistas, podem causar danos diversos e afetar negativamente a concorrência internacional.

Nesse contexto, a criação da OMC efetivamente foi um grande marco, visto que, apesar da previsão pelo Gatt de regras que buscavam coibir as práticas que causam distorções ao comércio, as medidas compensatórias não estavam devidamente regulamentadas. Assim, por meio da celebração de acordos específicos (i.e. *dumping* e subsídios) e com a possibilidade da aplicação de medidas compensatórias, passou a ser mais factível a neutralização dos efeitos negativos produzidos em razão de tais práticas desleais.

De forma complementar, foi salutar a criação de um OSC na OMC, de forma a propiciar um foro adequado para analisar e propor as

---

* "Uma legislação de subsídios é um dos recursos de que dispõe a indústria doméstica de um país para se proteger das chamadas *práticas desleais* ao exercício do comércio, sendo hoje matéria obrigatória na legislação comercial de quase todos os países da comunidade internacional, tendo sido implementada nos países desenvolvidos. Há dois tipos de práticas comerciais desleais. A primeira é a utilização de preços com *dumping*, ou seja, a colocação de mercadoria em outro país a preço inferior ao praticado no mercado doméstico do país exportador. A segunda modalidade é aplicação de subsídios à produção ou à exportação, tornando irreal o preço final da mercadoria destinada ao mercado externo." (Gabriel, 1999, p. 261-262)

medidas compensatórias cabíveis para coibir, efetivamente, as práticas desleais e protecionistas.*

5.5 Princípio da proibição ou da eliminação das restrições quantitativas

O princípio da proibição ou da eliminação das restrições quantitativas está previsto no art. XI do GATT (WTO, 1947a, tradução nossa), o qual dispõe:

> 1) Nenhuma parte contratante **instituirá ou manterá**, para a importação de um produto originário do território de outra parte contratante, ou para a exportação ou venda para exportação de um produto destinado ao território de outra parte contratante, proibições ou restrições a não ser direitos alfandegários, impostos ou outras taxas, quer a sua aplicação seja feita por meio de contingentes, de licenças de importação ou exportação, quer por outro qualquer processo.

---

* Ver, no mesmo sentido, Caparroz e Lenza (2012, p. 118-119).

2) As disposições do Parágrafo 1 do presente artigo **não se estenderão** aos casos seguintes:

a) **proibições ou restrições aplicadas temporariamente à exportação para prevenir ou remediar uma situação crítica**, devido a uma penúria de produtos alimentares ou de outros produtos essenciais para a parte contratante exportadora;

b) proibições ou restrições à importação e à exportação **necessárias à aplicação de normas ou regulamentações** referentes à classificação, controle da qualidade ou venda de produtos destinados ao comércio internacional;

c) restrições à importação de qualquer **produto agrícola** ou de pescaria, seja qual for a forma de importação desses produtos, quando forem necessárias à aplicação de medidas governamentais que tenham por efeito:

    i) **restringir a quantidade do produto nacional similar** a ser posta à venda ou produzida, ou na falta de produção nacional importante do produto similar, a quantidade de um produto nacional que o produto importado possa substituir diretamente;

    ii) reabsorver um **excedente temporário do produto nacional similar** ou, na falta de produção nacional importante do produto similar, de um produto nacional que o produto importado possa substituir diretamente, colocando esse excedente à disposição de certos grupos de consumidores do país gratuitamente ou a preços inferiores aos correntes no mercado; ou

    iii) **restringir a quantidade a ser produzida de qualquer produto de origem animal** cuja produção depende diretamente, na totalidade ou na maior parte, do produto importado, se a produção nacional deste último for relativamente desprezível.

> Qualquer parte contratante que aplicar restrições à importação de um produto de acordo com as disposições da presente alínea (c) do presente parágrafo tornará público o total do volume ou do valor do produto cuja importação for autorizada para um período ulterior determinado assim como qualquer modificação sobrevinda nesse volume ou nesse valor. Além disso, as restrições aplicadas conforme o item (i) supra não deverão ser tais que reduzam o total das importações em relação ao da produção nacional, em comparação com a proporção que se poderia razoavelmente antecipar entre ambas na ausência das ditas restrições. Para determinar essa proporção, a parte contratante levará devidamente em conta a que existia no correr de um período de referência anterior e todos os fatores especiais que tenham podido ou possam afetar o comércio desse produto. [grifo nosso]

Contudo esse princípio não é absoluto, uma vez que são admitidas restrições quantitativas em algumas hipóteses, resumidas por Caparroz e Lenza (2012, p. 116-117) da seguinte forma:

> *a) quanto aplicadas temporariamente às exportações para prevenir ou minorar situações críticas, como o desabastecimento de produtos;*
>
> *b) em caso de aplicação de normas ou regulamentos referentes à classificação, controle de qualidade ou venda de mercadorias destinadas ao exterior;*
>
> *c) importação de produtos agrícolas e similares, como procedimento regulatório para o mercado de produtos nacionais similares, com carência de produção ou, ao revés, quando da necessidade de absorção temporária de eventuais excedentes.*

O Gatt 1947 mostrava sua preocupação com a imposição de **limites tarifários**, pois essa era a forma tradicional de os países buscarem proteger suas indústrias nacionais. Em regra, isso ocorria por meio da imposição de tarifas e impostos. Portanto, buscando evitar essa prática, "concordou-se que toda a proteção possível deveria ser aquela garantida por tarifas – que, por sua vez, eram limitadas e cuja aplicação era mais facilmente fiscalizada" (Prazeres, 2007, p. 53). Esse processo passou a ser chamado de *tariffication* e vislumbrava-se que ele facilitaria as negociações futuras e fomentaria a eliminação das barreiras ao comércio.

Com a sofisticação das medidas protecionistas, quando falamos em **restrições quantitativas**, o foco parece ter se deslocado para as **medidas não tarifárias**, as quais, conforme vimos em capítulo anterior, não se constituem em cotas, mas seus efeitos são semelhantes, ao restringir de modo artificial a oferta no mercado importador ou limitar o ingresso de produtos.*

5.6 Tratamento especial e diferenciado para países em desenvolvimento

O princípio do tratamento especial e diferenciado para países em desenvolvimento está contido no art. XXVIII, Parte IV, do Gatt 1994 (WTO, 1947b). Referido princípio merece o nosso destaque, em razão de ter relevante atuação na promoção do desenvolvimento:**

---

* No mesmo sentido, ver Prazeres (2007, p. 53).
** Saldanha (2012, p. 15) escreve: "Há que se considerar, entretanto, que a insuficiente regulamentação diante da necessidade de gerar obrigações diferenciadas aos atores do sistema multilateral de comércio transforma-se em obstáculo e não em engrenagem".

Artigo XXXVI

1) As partes contratantes,

[...]

    c) constatando que **existe um desnível acentuado entre os padrões de vida dos países menos desenvolvidos e dos demais países;**

    d) reconhecendo que a ação individual e coletiva torna-se indispensável para promover o desenvolvimento econômico das partes contratantes menos desenvolvidas e para assegurar a rápida elevação dos padrões de vida desses países;

concordam com o que se segue:

[...]

5) A expansão rápida das economias das partes contratantes menos desenvolvidas será facilitada pela diversificação da estrutura de suas economias, bem como evitando a dependência excessiva na exportação de produtos primários. É por essa razão que se torna necessário assegurar da forma mais ampla possível e sob condições favoráveis, um maior acesso aos mercados para os produtos processados e manufaturados, cuja exportação apresenta ou possa vir a apresentar um especial interesse para as partes contratantes menos desenvolvidas.

[...]

8) **As partes contratantes desenvolvidas não esperam obter reciprocidade com relação aos compromissos assumidos em negociações comerciais destinadas a reduzir ou suprimir tarifas ou remover, barreiras ao comércio das partes contratantes menos desenvolvidas.**

[...]

Artigo XXXVII

1) As partes contratantes desenvolvidas deverão, na maior extensão possível – salvo se impedidas, por razões imperiosas, inclusive eventualmente de ordem jurídica – tornar efetivas as disposições seguintes:

    a) **conceder alta prioridade à redução e à eliminação das barreiras que se opõem ao comércio dos produtos cuja exportação apresenta ou possa vir a apresentar interesse especial para as partes contratantes menos desenvolvidas**, incluindo os direitos aduaneiros e outras restrições que diferenciam de maneira injustificável os produtos em sua forma primária e em sua forma elaborada;

    b) **se abster de criar ou agravar os direitos aduaneiros ou barreiras não tarifárias à importação de produtos cuja exportação apresenta ou possa vir a apresentar um interesse particular para as partes contratantes menos desenvolvidas;**

[...]

Artigo XXXVIII

1) As partes contratantes colaborarão coletivamente dentro da estrutura do presente acordo ou em qualquer outro foro da forma mais adequada, a fim de promover a realização dos objetivos enunciados no artigo XXXVI.

2) **Em particular, as partes contratantes deverão**:

    a) quando for o caso, empreender ação, inclusive através de acordos internacionais, para **assegurar condições melhores e aceitáveis de acesso aos mercados internacionais para os produtos primários que apresentem um interesse particular para as partes contratantes pouco desenvolvidas** e de elaborar medidas destinadas a equilibrar e melhorar as condições do mercado mundial para estes produtos, inclusive medidas destinadas a obter preços estáveis, equitativos e remuneradores para as exportações desses produtos:

> [...]
> c) colaborar na análise dos planos e políticas de desenvolvimento das partes contratantes menos desenvolvidas consideradas individualmente e examinar as relações existentes entre comércio e ajuda, **objetivando elaborar medidas concretas que promovam o desenvolvimento do potencial de exportação e que facilitem o acesso aos mercados de exportação** para os produtos das indústrias desta forma criadas e, por este intermédio, procurar colaboração adequada dos governos e das organizações internacionais, especialmente das que têm competência nos assuntos de **assistência financeira para o desenvolvimento econômico**, objetivando empreender estudos sistemáticos das relações existentes entre comércio e ajuda no caso das partes contratantes menos desenvolvidas, consideradas individualmente para obter uma análise clara do potencial de exportação, das perspectivas de mercado e de qualquer ação que possa ser necessária; [...]. (WTO, 1947b; grifo nosso, tradução nossa)

Saldanha (2012, p. 17) explica que a fixação "de regras que assegurem um equilíbrio justo entre custos e benefícios de um sistema de comércio aberto e flexibilidade apropriada aos países em desenvolvimento de uma forma legítima e sustentável" é um instrumento criado para ampliar liberdades e, consequentemente, destinado à eliminação de privações. Trata-se de contexto muito próximo ao conceito de Sen (2000), uma vez que a ideia é a de criar condições de participação mais efetiva e justa de todos os países que estão inseridos no sistema multilateral de comércio.

Portanto, o princípio do tratamento especial e diferenciado para países em desenvolvimento é um mecanismo criado para buscar o **equilíbrio**, considerando os diferentes níveis de desenvolvimento dos membros. Esse princípio coaduna-se com a promoção de um comércio justo, assim como com a construção de capacidades – algo sempre refletido do ponto de vista do desenvolvimento –, a boa governança e as regras isonômicas.*

Para uma melhor compreensão desse princípio, devemos considerar que o **comércio justo** – o chamado *fair trade* – também se baseia no princípio da igualdade, considerando que o processo de globalização não ocasionou ganhos decorrentes da abertura comercial de forma igualitária, ou para todos os membros da OMC. Portanto, os países que mais obtiveram externalidades positivas decorrentes da abertura comercial foram os desenvolvidos.

A desigualdade evidenciada nas relações comerciais e o poder de barganha de parte dos membros reflete o poder econômico de alguns desses membros em diferentes níveis de desenvolvimento. Como a OMC reúne necessariamente membros com históricos econômicos distintos, definir um comércio internacional justo não é uma tarefa trivial.

O termo *justiça*, por si só, motivaria uma discussão infindável. A definição dos resultados que seriam justos é algo absolutamente particular, que varia entre os membros da OMC. Portanto, a avaliação do tratamento que deve ser dado para cada país depende muito de suas necessidades e de seus níveis de desenvolvimento, considerando que o arcabouço jurídico de cada membro reflete diretamente as políticas econômicas do país (Saldanha, 2012).

5.7 Exceções

José Cretella Neto (2003, p. 38) elucida que os princípios podem ser excepcionados em três circunstâncias:

---

* No mesmo sentido, ver Saldanha (2012, p. 17).

1. quando há a aplicação de medidas *antidumping*;
2. quando ocorre a fixação de subsídios ou de medidas compensatórias, com a busca de neutralização dos subsídios ou das restrições ao comércio internacional, de forma a caracterizar barreiras não tarifárias, explícitas ou implícitas; e
3. nas salvaguardas, que deveriam ser de caráter emergencial e temporário, isto é, destinadas a salvaguardar temporariamente indústrias nacionais.

Trata-se, portanto, de situações cuja excepcionalidade deve ser entendida, em alguns casos, pelo seu caráter emergencial, comprovado pelas regras estabelecidas pela própria OMC. A utilização de tais instrumentos excepcionais de forma indiscriminada pode enfraquecer os objetivos da OMC, assim como produzir demandas dentro do OSC.

De outro lado, a excepcionalidade também pode ser vista como uma forma de se equilibrarem situações concretas nas quais a OMC se veja compelida a "acomodar" demandas específicas de membros que, comprovadamente – ou seja, seguindo as regras dos acordos –, encaixem-se nas circunstâncias que indicamos anteriormente (ou seja, i. aplicação de medidas *antidumping*; ii. fixação de subsídios ou de medidas compensatórias; ou iii. casos de salvaguardas).

5.8 Outras regras básicas

Não podemos deixar de mencionar a existência de outras regras básicas essenciais à compreensão geral do sistema multilateral de comércio, consideradas elementos norteadores do comércio internacional.

5.8.1 Lista de concessões

No que se refere a este assunto, cada membro deve conferir aos demais tratamento não menos favorável do que o previsto nas listas de concessões anexadas ao acordo*, ou seja, essa regra passa a ter caráter principiológico ao ser fundamental para o acesso a mercados, ainda que, no caso, possa ser invocado o princípio da não discriminação.

É importante denotar que membros da OMC não têm uma obrigação de consolidar suas tarifas. Ora, então, por que o fazem? O membros são motivados a assim proceder em razão da própria lógica do sistema multilateral de comércio internacional. Entretanto, ao consolidarem as tarifas, os membros assumem a obrigação de "respeitar o limite tarifário máximo estabelecido em suas respectivas listas, em consonância com o princípio da consolidação de direitos" (Marinho, 2014, p. 52).

Assim, para os agentes privados que atuam no comércio internacional, essa consolidação passa a ser muito importante, pois reforça o princípio da transparência, ao mesmo tempo em que traz mais segurança ao comércio, uma vez que, conforme o **limite** acordado entre os membros, os produtos comercializados seguirão os parâmetros consolidados na lista de concessões tarifárias.

Vale observarmos que a doutrina não é assente quanto a ser este um princípio ou uma regra básica. Nesse sentido, outros autores também criaram denominações diversas. Tatiana Lacerda Prazeres(2007) por exemplo, refere-se à regra pela expressão

---

* Antes da Rodada Uruguai, os países desenvolvidos já haviam consolidado suas listas para a maioria dos produtos e somente podiam alterá-las mediante concessões às partes interessadas. Os países em desenvolvimento haviam consolidado apenas parte de suas listas e vieram a consolidá-las amplamente apenas na Rodada do Uruguai (Thorstensen, 1999).

obrigatoriedade do limite tarifário.* Independentemente de a lista de concessões ser considerada uma regra ou um princípio, devemos destacar a sua importância para o bom funcionamento do sistema multilateral de comércio.

5.8.2 Princípio da redução geral e progressiva dos direitos aduaneiros

O **princípio da redução geral e progressiva de direitos aduaneiros** está previsto no art. XXVIII do Gatt, o qual dispõe:

---

* Nesse sentido, Prazeres (2007, p. 51-52) escreve: "Atualmente, os parâmetros tarifários negociados na Rodada Uruguai encontram-se listados numa série de páginas de anexos ao Acordo sobre Comércio de Bens da OMC (Gatt 1994). O respeito a estes limites tarifários acordados no plano multilateral representa princípio sobre o qual a liberalização comercial promovida pela OMC se sustenta. O Artigo II do Gatt 1994 trata justamente de questões gerais desse calendário de obrigações em matéria tarifária. Atualmente, no âmbito da Rodada Doha, discute-se nova redução tarifária, o que ocorrerá por meio de uma fórmula, cuja composição tem sido objeto de disputa acirrada entre os membros da OMC. Na prática, divergências a respeito do cumprimento das obrigações definidas nos compromissos de cada membro se concentram não exatamente no respeito ao limite tarifário, mas na classificação aduaneira empregada pelo país importador. Ao invés de desrespeitar o limite tarifário em si, algo facilmente contestável, o país com interesse em dificultar certas importações tende a mudar a classificação aduaneira do produto em questão, de maneira a enquadrá-lo numa linha tarifária cujo limite seja mais alto, permitindo que haja incidência maior do imposto de importação".

1) No primeiro dia de cada período trienal, o primeiro período que começa em 1º de janeiro de 1958 (ou o primeiro dia de qualquer outro período que as partes contratantes podem fixar por voto de maioria de dois terços dos sufrágios expressados), qualquer parte contratante (determinada no presente artigo "a parte contratante requerente") poderá modificar ou retirar uma concessão contida na lista correspondente anexa ao presente acordo, após uma negociação e um acordo com qualquer parte contratante, com a qual esta concessão tiver sido negociada privativamente, bem como qualquer outra parte contratante cujo interesse como principal fornecedor for reconhecido pelas partes contratantes. Nestas duas categorias de partes contratantes, do mesmo modo que a parte contratante requerente, são denominadas no presente artigo "partes contratantes principalmente interessadas" e sob reserva de que a tenha consultado qualquer outra parte contratante cujo interesse substancial nesta concessão for reconhecido pelas partes contratantes.

2) No decorrer dessas negociações e neste acordo, que poderá admitir compensações sobre outros produtos, as partes contratantes interessadas esforçar-se-ão em manter as concessões outorgadas sobre uma base de reciprocidade e de vantagens mútuas a um nível não menos favorável do que aquele que resultava do presente acordo, antes das negociações.

[...]

4) As partes contratantes podem, a qualquer momento, em circunstâncias especiais, autorizar uma parte contratante a entrar em negociações, a fim de modificar ou retirar uma concessão contida na lista correspondente anexa ao presente Acordo, segundo o procedimento as condições seguintes:

a) Estas negociações, bem como quaisquer consultas sobre o assunto, serão conduzidas de conformidade com o disposto nos Parágrafos 1 e 2.

b) Se, no decorrer das negociações, ocorrer um acordo entre as partes contratantes principalmente interessadas, as disposições da alínea (b) do Parágrafo 3 serão aplicáveis.

c) Se um acordo entre as partes contratantes principalmente interessadas não ocorrer num prazo de 60 [sessenta] dias, a contar da data em que as negociações tenham sido autorizadas, ou em qualquer prazo mais longo que as partes contratantes possam ter fixado, a parte contratante requerente poderá trazer a questão perante as partes contratantes.

d) Uma vez a questão apresentada, as partes contratantes deverão examinar prontamente o assunto e encaminhar o seu parecer às partes contratantes principalmente interessadas, a fim de chegar a um acordo. Se um acordo ocorrer, as disposições da alínea (b) do Parágrafo 3 serão aplicáveis como se as partes contratantes principalmente interessadas tivessem chegado a um acordo. Se nenhum acordo ocorrer entre as partes contratantes principalmente interessadas, a parte contratante requerente terá a faculdade de modificar ou de retirar a concessão, a não ser que as partes contratantes determinem que a referida parte contratante não fez tudo que lhe era razoavelmente possível fazer para oferecer uma compensação suficiente. Se uma tal medida é adotada, qualquer parte contratante com a qual a concessão tiver sido negociada primitivamente qualquer parte contratante cujo interesse, como principal fornecedor, tiver sido reconhecido conforme a alínea (a) do Parágrafo 4 e qualquer parte contratante cujo interesse substancial tiver

> sido reconhecido conforme a alínea (a) do Parágrafo 4, terão a faculdade de modificar ou de retirar, num prazo de seis meses, a contar da aplicação daquela medida e 30 [trinta] dias após o recebimento pelas partes contratantes de um aviso prévio por escrito, das concessões substancialmente equivalentes que tiverem sido negociadas primitivamente com a parte contratante requerente.
>
> 5) Antes de 1º de janeiro de 1958, e antes do término de qualquer dos períodos mencionados no parágrafo primeiro, será permitida a qualquer parte contratante, mediante notificação encaminhada às partes contratantes, a reserva do direito, na vigência do próximo período, de modificar a lista correspondente, com a condição de se conformar com os procedimentos definidos nos Parágrafos 1 a 3. Se uma parte contratante usa dessa faculdade, será permitido a qualquer outra parte contratante modificar ou retirar qualquer concessão negociada primitivamente com a referida parte contratante, sob a condição de conformar aos mesmos procedimentos. [tradução nossa]

Caparroz e Lenza (2012, p. 116) entendem que essa regra básica consubstanciaria o "princípio da redução geral e progressiva de tarifas", já que teria como objetivo o aumento do intercâmbio comercial entre os membros, por meio da criação de uma base sólida nas negociações. A OMC previu a redução gradual de todas as barreiras, inclusive as não tarifárias, "de forma a sustentar uma progressiva liberalização das transações" (Caparroz; Lenza, 2012, p. 116).

Por fim, essa progressiva liberalização é adequada ao princípio do tratamento diferenciado para os países em desenvolvimento (i.e. a adoção pode ocorrer lentamente, considerando as dificuldades de adaptação), o que denota que todos os princípios e todas as regras básicas se comunicam e buscam a mesma finalidade: o estabelecimento de um sistema multilateral de comércio adequado às diferentes realidades de seus membros.

5.9 Tema recente: o princípio da nação mais favorecida e os desalinhamentos cambiais

Thorstensen, Ramos e Muller (2011, p. 2), diante do cenário brasileiro de desalinhamentos cambiais observados recentemente, alertaram em seu estudo que os desalinhamentos cambiais têm graves consequências para o sistema multilateral de comércio. Isso ocorre porque, quando são identificados desalinhamentos persistentes, princípios importantes do Gatt passam a ser afetados, tais como a Cláusula NMF, prevista no art. I do Gatt (WTO, 1947a). Nesse sentido, os autores explicam que:

> Os desalinhamentos (e possíveis manipulações) cambiais [...] trazem outra variável à equação, sem relação direta com fatores de concorrência. A taxa de câmbio de um país e sua variação a partir de um nível considerado de equilíbrio pode representar uma "vantagem ou privilégio" no comércio bilateral de determinados países, se comparados a outras taxas de câmbio apresentando diferentes níveis de desalinhamento. Isso ocorre devido aos afeitos dos desalinhamentos cambiais nas tarifas aplicadas por cada país. (Thorstensen; Ramos; Muller, 2011, p. 3-4)

Mais adiante, eles continuam o raciocínio, dizendo:

> Como cada país exportador está enfrentando um perfil tarifário distinto, pode-se argumentar sobre a eficácia do princípio NMF estabelecido pelo Artigo I do Gatt de que "qualquer vantagem, favor, imunidade ou privilégio concedido por uma parte contratante em relação a um produto originário de ou destinado a qualquer outro país, será imediata e incondicionalmente estendido ao

produtor similar, originário do território de cada uma das outras partes contratantes ou ao mesmo destinado". (Thorstensen; Ramos; Muller, 2011, p. 7-8)

Portanto, identificamos, *in casu*, uma **violação ao princípio**, mas não da regra *ipsis litteris*. Conforme os autores explicam no estudo que comentamos aqui, a questão é sistêmica e pode trazer incerteza e imprevisibilidade para a OMC, uma vez que desalinhamentos cambiais persistentes têm o condão de criar variações nas condições de acesso aos mercados, o que seria contrário aos objetivos desenhados pela OMC ao fixar o princípio NMF (Thorstensen; Ramos; Muller, 2011).

Síntese

Conforme vimos neste capítulo, de fato, o Gatt 1947 tinha como objetivo a redução das tarifas alfandegárias no comércio internacional, apresentando como "pedra fundamental" o denominado *princípio da não discriminação*, que estabelece, em sua gênese, a igualdade de tratamento entre os membros. O amadurecimento do sistema multilateral de comércio promoveu a adoção de outros princípios e valores que passaram a ser considerados também como essenciais, em uma sistemática que procura acomodar as particularidades do comércio global.

Assim, com base na doutrina majoritária e no próprio material disponibilizado oficialmente pela OMC em seu *site*, perpassamos por todos os princípios essenciais, compreendendo a consubstanciação de dois princípios no princípio da não discriminação – o princípio da nação mais favorecida e o princípio do tratamento nacional –, assim como apresentamos a importância da previsibilidade das regras e dos entendimentos por meio do princípio da transparência ou da previsibilidade. Em razão da necessária isonomia entre os membros de diferentes realidades econômicas, o princípio da concorrência leal mostra-se essencial, assim como o princípio da proibição ou da eliminação das restrições quantitativas, o qual reduz a possibilidade de ocorrência de práticas protecionistas no mercado que visem à distorção comercial.

Por fim, e não menos importante, esclarecemos a razão de existir o princípio do tratamento especial e diferenciado para países em desenvolvimento, o qual busca promover um tratamento diferenciado aos países que, em razão de suas fragilidades econômicas, ainda não alcançaram a maturidade necessária para competir com os grandes *players* do comércio internacional.

Questões para revisão

1) Como pode ser traduzido o princípio da não discriminação?

2) Assinale verdadeiro (V) ou falso (F) quanto ao critério de similaridade entre os produtos nacionais e importados para a aplicação do princípio do tratamento nacional pela OMC:
   ( ) Produto similar é aquele que tem preço semelhante em um determinado mercado.
   ( ) Produto similar necessariamente deve ser idêntico em sua funcionalidade, independentemente de outras características.
   ( ) Os parâmetros de definição do produto similar (*like product*) utilizado nas investigações de *dumping* costumam ser vagos.
   ( ) A similaridade é um fator determinante para a definição do produto em investigações de *dumping*.

3) Qual é a relação do princípio *pacta sunt servanda* com o princípio da transparência?

4) Sobre o princípio do tratamento especial e diferenciado para países em desenvolvimento, é correto afirmar:
   a. A OMC não aplica tratamento especial e diferenciado para países em desenvolvimento desde 1995, em razão do *single undertaking*.
   b. Países em desenvolvimento são apenas os que figuram como membros recentes da Organização.
   c. O princípio do tratamento especial e diferenciado para países em desenvolvimento permite que países nessas condições possam aplicar salvaguardas sem seguir o Acordo de Salvaguardas da OMC.
   d. O princípio do tratamento especial e diferenciado para países em desenvolvimento está contido no art. XXVIII, Parte IV, do Gatt 1994.

5) Assinale a alternativa correta em relação à OMC:
   a. Os princípios aplicados ao comércio internacional são excepcionados em caso de guerra.
   b. O princípio da nação mais favorecida e o princípio do tratamento nacional estão relacionados com o princípio da não discriminação.
   c. A OMC não admite que sejam criadas regras diferenciadas para países em desenvolvimento.
   d. As restrições quantitativas são permitidas conforme a necessidade econômica de cada membro.

Questões para reflexão

1) A existência de princípios traz maior certeza do compromisso da OMC em reduzir práticas protecionistas no mercado internacional. Você concorda com isso? Justifique.

2) O tratamento diferenciado para países em desenvolvimento ainda é essencial, diante das desigualdades econômicas e da maturidade de todos os membros competirem no comércio global de forma equitativa. Você concorda com isso? Justifique.

Para saber mais

No endereço eletrônico indicado, confira notícia sobre a inauguração, em 2014, da VIII Cúpula da Aliança do Pacífico.

R7 NOTICIAS. **Começa cúpula da Aliança do Pacífico centrada na redução de tarifas e produção conjunta.** 10 fev. 2014. Disponível em: <http://noticias.r7.com/internacional/comeca- cupula-da-alianca-do-pacifico-centrada-na-reducao-de-tarifas-10022014>. Acesso em: 9 fev. 2017.

Consultando a legislação

BRASIL. Decreto Legislativo n. 30, de 15 de dezembro de 1994. Aprova a Ata Final da Rodada Uruguai de Negociações Comerciais Multilaterais do Gatt, as listas de concessões do Brasil na área tarifária (Lista III) e no setor de serviços e o texto do Acordo Plurilateral sobre Carne Bovina. **Diário Oficial da União**, Poder Executivo, Brasília, DF, 19 dez. 1994. Disponível em: <https://www.

planalto.gov.br/ccivil_03/Constituicao/Congresso/DLG/DLG-30-1994.htm>. Acesso em: 9 fev. 2017.

BRASIL. Decreto n. 1.355, de 30 de dezembro de 1994. Promulga a Ata Final que Incorpora os Resultados da Rodada Uruguai de Negociações Comerciais Multilaterais do GATT. **Diário Oficial da União**, Poder Executivo, Brasília, DF, 31 dez 1994. Disponível em: <https://www.planalto.gov.br/ccivil_03/decreto/antigos/d1355.htm>. Acesso em: 9 fev. 2017.

_____. Lei n. 9.019, de 30 de março de 1995, modificada pelo artigo 53 da Medida Provisória n. 2.113, de 2001. Dispõe sobre a aplicação dos direitos previstos no Acordo Antidumping e no Acordo de Subsídios e Direitos Compensatórios. **Diário Oficial da União**, Poder Legislativo, Brasília, DF, 31 mar. 1995. Disponível em: <http://www.planalto.gov.br/ccivil_03/leis/L9019.htm>. Acesso em: 9 fev. 2017.

VI

Conteúdos do capítulo:

» Introdução sobre os acordos de integração regional na América Latina.
» Fases da integração econômica.
» Os acordos de integração regional e a OMC.
» Problemas práticos e de interpretação.
» As discussões atuais e a perspectiva brasileira.

6.1 Introdução

Os acordos de integração regional, no formato que ainda são identificados na atualidade, passaram a ser historicamente registrados no século XVI como um meio de redução dos entraves entre Estados e regiões (Oliveira, 2002). No século XX, entre a Primeira e a Segunda Guerra Mundial, observamos uma alteração do modelo de cooperação comercial, antes de estrutura multilateral e/ou bilateral, para a adoção do sistema de regionalização do comércio internacional (Oliveira, 2002).

É possível identificarmos o regionalismo em duas fases distintas (Corrêa, 2001):

1. o **primeiro regionalismo**, durante a década de 1970, com destaque ao modelo das Comunidades Europeias (CE), o único que realmente avançou; e
2. o **segundo regionalismo**, com o movimento de aumento do número de acordos regionais, especialmente a partir da década de 1980.

O tema é bastante relevante no contexto do comércio internacional porque, dentro dos **acordos regionais**, a "discriminação" é um elemento constante. Vale dizer que os acordos de integração regional, em geral, concedem preferências comerciais entre os países signatários do acordo, mas não há preferências estendidas aos países que não fazem parte do acordo (Corrêa, 2001), o que pode ocasionar tensões no comércio internacional, considerando os compromissos assumidos e os princípios basilares do sistema multilateral de comércio.

6.2 Introdução sobre os acordos de integração regional na América Latina

As relações econômicas, comerciais e políticas entre os países da América Latina, especialmente no século XXI, são marcadas por **relações de interdependência**. A partir da década de 1990, os países latino-americanos passaram a utilizar a integração regional como uma ferramenta para o crescimento econômico.*

Dessa forma, destacamos, a partir da década de 1990, a **liberalização comercial**, denominada pela Comissão Econômica para a América Latina e o Caribe (Cepal) de *regionalismo aberto*** (Salazar-Xirinachs; Robert, 2002, p. 305). Com isso, os países da América Latina procuraram se fortalecer no sistema multilateral de comércio, defendendo a negociação de uma nova geração de acordos e, concomitantemente, iniciando o processo de negociações de acordos bilaterais*** e regionais.

Nesse sentido, apesar de muitas economias de países em desenvolvimento (PEDs) da América Latina terem características bastante delicadas, suas políticas econômicas estão mais abertas para

---

* Nesse sentido, ver Domingues (2012).

** Nesse sentido, vejamos o que escreve Corazza (2006, p. 146): "o 'regionalismo aberto' inspira-se em pontos importantes da visão estruturalista da Cepal dos anos 1950 e, por outro, nas teorias do novo regionalismo, de matiz neoclássica. O novo regionalismo não vê a integração regional como um obstáculo, mas como uma etapa no processo de liberalização, pois a integração regional é mais viável que a proposta utópica da plena liberdade comercial. Os acordos regionais, embora limitem o multilateralismo, merecem ser apoiados como a segunda melhor opção. O 'regionalismo aberto' vê o mercado comum latino-americano como meio de superar o modelo de industrialização através da substituição de importações, de diversificar a estrutura produtiva e de diminuir a vulnerabilidade externa".

*** Nesse sentido, como escrevem Lopes e Carvalho (2010, p. 652, grifo nosso): "Os **acordos bilaterais de comércio**, que podem incluir mais de dois países quando um de seus membros ou ambos forem blocos econômicos (acordos plurilaterais de comércio), são uma forma possível dos acordos preferenciais de comércio (APCs). A natureza discriminatória dos APCs diverge de um dos pilares do sistema multilateral de comércio – a cláusula de nação mais favorecida (NMF), regra que obriga um membro da OMC a estender a todos os demais a concessão que fizer a um deles".

o comércio global. Da mesma forma, a interdependência entre os Estados tem favorecido mecanismos de coordenação entre chefes de Estado e de governo, ou entre ministros, com o objetivo de adotar diretrizes, ou posições comuns, em determinadas questões.*

6.3 Fases da integração econômica

Para compreendermos os tipos de acordos de integração regional, devemos realizar uma breve elucidação quanto às fases de integração econômica que cada acordo regional pode apresentar. O "desenho" que cada acordo passa a adotar depende muito dos objetivos das partes envolvidas, e, não raras vezes, acordos com denominações muito próximas têm objetivos distintos.

Diante das diferentes formas e tipos de acordos, talvez possamos considerar a denominação **acordos preferenciais de comércio** como a mais abrangente, por abarcar, em um único conceito, todos os acordos que, de alguma forma, estabelecem preferências entre os países signatários. Assim, há posicionamentos no sentido de que o conceito tradicional de **acordos regionais** passou a ser insuficiente, diante de diversos acordos bilaterais existentes atualmente, incluindo aqueles entre partes que, historicamente, não teriam nenhuma ligação cultural.

É interessante observarmos que parte dos países que utilizam acordos preferenciais de comércio costuma justificá-los, diante dos questionamentos acerca de sua compatibilidade com os acordos

---

* Retomados pelos EUA no final dos anos 1980, os acordos bilaterais de comércio se tornaram uma tendência mundial, explicada como reação às dificuldades experimentadas por diferentes tipos de países para fazer valer seus interesses em negociações no âmbito do multilateralismo defendido pelo Gatt e pela OMC (Lopes; Carvalho, 2010, p. 644).

multilaterais, como fomentadores de progressos na discussão de temas sensíveis no sistema multilateral. Nesse contexto, defendemos que esses acordos poderiam reduzir os entraves e, até mesmo, funcionar como "laboratórios" para testar algumas medidas consideradas arriscadas no contexto multilateral (Lopes; Carvalho, 2010).

Os graus de integração foram tradicionalmente destrinchados por Bela Balassa (1966, citado por Celli Junior, 2007), de acordo com o seu ponto de vista sobre a integração econômica, mas há autores que destacam que seria "mais apropriado falar-se em categorias ou modelos analíticos do que em graus, formas ou etapas de integração econômica" (Celli Junior, 2007, p. 34).

Entre o modelo simples de cooperação e o modelo mais complexo, que é o modelo comunitário adotado pela Comunidade Europeia (CE), existem várias fases de integração que podem ser escolhidas pelos Estados cuja intenção seja criar um acordo regional. O que nos importa observar é que, em cada nível de integração, há uma renúncia das competências que são inerentes à soberania nacional.*

Muitos modelos de integração entendem que é necessário liberalizar o comércio recíproco e os fatores de produção, antes de ocorrer a harmonização das políticas econômicas, tal como ocorreu no modelo do Mercado Comum do Sul (Mercosul) que, na prática, enfrentou

---

* Celli Junior (2007, p. 31-32) escreve que: "Nesse sentido, a união aduaneira conduz à abdicação de certas prerrogativas de soberania, para facilitar ou viabilizar tal política comum, e à adoção de instrumentos comerciais mais aperfeiçoados que, em certos casos, limitam a independência dos Estados em seus domínios. A liberdade de comércio gerada por essa categoria de integração provoca a necessidade de atuação em outros campos paralelos, como o monetário, o fiscal e o de transportes, dentre outros. Assim, é imprescindível que ocorra certa harmonização de políticas nacionais, pois, do contrário, o processo de formação da união aduaneira poderá estagnar-se em decorrência da diversidade dos regimes nacionais".

uma série de desafios ao partir para a liberalização, buscando, ao mesmo tempo, a harmonização das políticas econômicas nacionais.

O art. XXIV do Gatt (WTO, 1947b, tradução nossa) traz o conceito de **zona de livre comércio**, afirmando que "se entenderá por zona de livre comércio, um grupo de dois ou mais territórios aduaneiros entre os quais se eliminam os direitos de aduana e as demais regulamentações comerciais restritivas". Esse mesmo artigo determina que o procedimento de concessão de preferências ocorrerá com respeito ao que for essencial para os intercâmbios comerciais dos produtos originários dos territórios constitutivos de tal zona de livre comércio.*

As **uniões aduaneiras** são abarcadas pelo art. XXIX do Gatt (WTO, 1947b), sendo consideradas como todo território ao qual se aplicar uma tarifa distinta ou outras regulamentações comerciais

---

*   Em um estudo sobre esse dispositivo, assim entendeu Maristela Basso (1997, p. 29): "Desta maneira, se estabelece, por meio de tratados internacionais, a livre circulação das mercadorias sem barreiras ou restrições quantitativas ou aduaneiras [...] porém, para que os produtos possam circular independentemente de pagamento de tarifas de importação, deverá ficar comprovado – através de certificados de origem – que a maior parte da mão de obra e das matérias primas provém efetivamente de um dos países de livre comércio". Em complemento, Celli Junior (2007, p. 30-31) escreve: "Configura, pois, a zona de livre comércio um acordo jurídico comercial que deve abranger o essencial do comércio. Os Estados participantes obrigam-se a, gradual e progressivamente, suprimir os entraves aduaneiros e outras restrições quantitativas existentes, empregando, para tanto, o mecanismo de desgravamentos negociados ou de desgravamentos automáticos, segundo um calendário predeterminado. O tratado que cria a zona de livre comércio estabelece, assim, as condições, os prazos e os mecanismos do processo de liberalização comercial, sua estrutura institucional – geralmente composta de órgãos intergovernamentais –, bem como um sistema de solução de controvérsias".

distintas a uma parte substancial de seu comércio com os demais territórios.

A união aduaneira vai um passo além no processo de integração ao ser comparada com a zona de livre comércio, uma vez que também incorpora a livre circulação de bens, tanto dos Estados que fazem parte dela quanto dos importados de terceiros países, desde que estejam devidamente legalizados internamente.* Com isso, a união aduaneira põe fim à imposição dos **certificados de origem**, para que os produtos possam circular dentro do bloco.

Nesse sentido, torna-se mais claro compreendermos que a união aduaneira obriga as partes a harmonizarem as regras e os instrumentos de comércio (Thorstensen, 1999). Apesar de representar um grau "abaixo" do processo de integração regional que é buscado no **mercado comum** – o qual incorpora, além dos elementos da união aduaneira, outros de cunho mais profundo, como o movimento livre dos fatores de produção (Salazar-Xirinachs; Robert, 2002) –,

---

* Nesse sentido, Salazar-Xirinachs e Robert (2002, p. 45) escrevem: "De acordo com análises tradicionais das etapas de integração econômica, uma união aduaneira envolve não só a remoção de barreiras tarifárias e não tarifárias ao comércio para importações de membros do sindicato, mas também a igualação de tarifas entre membros sobre importações de não membros. Uma união aduaneira geralmente implica um grau de integração mais elevado do que uma área de livre comércio, na qual os membros eliminam as tarifas e as quotas de importações, mas mantêm suas tarifas e quotas contra os não-membros" (tradução livre). Original: "*According to traditional analyses of the stages of economic integration, a customs union involves not only the removal of tariff and nontariff barriers to trade for imports from the union's members, but also the equalization of tariffs among members on imports from nonmembers. A custom union usually entails a higher degree of integration than a free trade area, in which members abolish tariffs and quotas on imports from each other but maintain their tariffs and quotas against nonmembers*".

trata-se de um acordo mais complexo do que os tratados de livre comércio.

6.4 Os acordos de integração regional e a OMC

A relação entre os acordos de integração regional e as regras multilaterais de comércio sempre foi objeto de especial atenção, principalmente considerando o crescimento exponencial dos acordos regionais a partir da década de 1990.* O Gatt 1947 abordou claramente os acordos regionais em seu art. XXIV (WTO, 1947b), tema também enfrentado no art. V do Acordo Geral sobre o Comércio de Serviços (Gats, do inglês *General Agreement on Trade in Services*) (WTO, 1947a).

Os acordos regionais e as preferências que deles decorrem são considerados exceções ao art. I do Gatt (WTO, 1947a) e, consequentemente, ao princípio da nação mais favorecida (NMF). Da mesma forma, extraímos da leitura do art. XXIV que haverá uma compatibilização de cada novo acordo regional dentro dos princípios e das regras do sistema multilateral.

O exame dos acordos regionais à luz do sistema fixado pelas regras da Organização Mundial do Comércio (OMC) deveria ocorrer por meio de **grupos de trabalho *ad hoc***. Entretanto, na prática, os grupos não funcionaram de forma satisfatória. Por meio da criação da OMC, e buscando alternativas para solucionar esse entrave, em fevereiro de 1996 passou a funcionar o **Comitê de Acordos Regionais de Comércio** (Carc), dentro da própria organização, para avaliar os acordos de integração regional e seus impactos.

---

* A esse respeito, ver Domingues (2012).

Conforme podemos extrair da jurisprudência assente, o art. XXIV do Gatt é considerado uma exceção à Cláusula da NMF, uma vez que afasta o princípio da não discriminação, possibilitando a criação de acordos regionais: zonas de livre comércio, uniões aduaneiras ou sistemas mais complexos, como é o caso do **mercado comum**. Ao mesmo tempo, o Gatt 1947 entende que as zonas de livre comércio e as uniões aduaneiras, estabelecidas por meio de acordos regionais, representam um complemento ao livre comércio mundial.

Diante da complexa rede de interações entre os Estados, e com a estratégia adotada por muitos de estreitar relações fora do sistema multilateral, na prática, a OMC tem se deparado com o crescimento desenfreado de acordos regionais de comércio (ARCs), que seriam claramente discriminatórios ao comércio, caso não se tratasse de uma exceção estabelecida no art. XXIV. Diz-se que seriam discriminatórios, uma vez que concedem vantagens apenas aos seus membros, em detrimento ao disposto pela Cláusula da NMF.

Como houve muito atraso nas negociações da Rodada Uruguai, e considerando que o sistema multilateral ainda apresenta deficiências de credibilidade, a doutrina sobre o tema aponta que muitos países procuram, por meio dos acordos regionais – sob as suas diversas formas –, facilitações de comércio que não seriam possíveis no contexto das negociações multilaterais.

A compatibilidade de cada acordo, independentemente da forma adotada, ainda não está muito definida do ponto de vista de seus efeitos para o comércio multilateral, mas, de todo modo, continuam salvaguardados os direitos conferidos aos membros no parágrafo 12 do *Entendimento sobre solução de controvérsias* (ESC), que assim estabelece:

> *Poderá recorrer-se às disposições dos Artigos XXII e XXIII do Gatt de 1994, desenvolvidas e aplicadas em virtude do Entendimento sobre solução de controvérsias,*

com respeito a qualquer questão derivada da aplicação das disposições do Artigo XXIV referentes a uniões aduaneira, zonas de livre comércio ou acordos provisórios tendentes ao estabelecimento de uma união aduaneira ou de uma zona de livre comércio. (Unctad, 2003, p. 49)

É importante salientarmos que a situação jurídica de um membro não sofre alterações pelo fato de este passar a fazer parte de uma zona de livre comércio. No entanto, não é clara a situação jurídica dos membros da OMC que se convertem em parte de uma união aduaneira.

6.5 Problemas práticos e de interpretação

A principal dúvida com relação ao art. XXIV decorre da compreensão do seu **sentido**, ou seja, da sua **interpretação**. Um ponto, por exemplo, diz respeito a se o próprio art. deve ou não ser considerado exclusivamente como uma exceção à obrigação da NMF (Artigo 1 do Gatt; WTO, 1947a) para a concretização de cada tipo de acordo.

Considerando uma interpretação sistemática do arcabouço jurídico da OMC, as preferências devem existir apenas para possibilitar a concretização dos objetivos dos acordos; caso contrário, pode ser identificada uma violação. Sobre esse assunto, o Órgão de Apelação (OA), no caso *Turquia: têxteis*, declarou, em seu parágrafo 58, que

> *dito artigo [Artigo XXIV] pode justificar a adoção de uma medida de incompatibilidade com outras disposições determinadas do Gatt. Sem embargo, quando se trata do estabelecimento de uma união aduaneira, esta "defesa" só é possível quando são satisfeitas duas condições.*

> *Em primeiro lugar, a parte que a invoca deve demonstrar que a medida impugnada tenha sido introduzida pela ocasião do estabelecimento de uma união aduaneira que cumpre a sua totalidade de prescrições [...] em segundo lugar, essa parte deve demonstrar que se não lhe fosse permitida a introdução da medida impugnada seria impedido o estabelecimento dessa união aduaneira. Cabe por último assinalar que para poder invocar como defesa o Artigo XXIV é preciso que se cumpram ambas condições.*
> (OMC, 1999, p. 19)

Outros problemas decorrem da interpretação do Artigo XXIV. Nesse sentido, ainda pairam dúvidas sobre a extensão da expressão "as demais regulamentações comerciais", utilizada no Parágrafo 5 do Artigo XXIV do Gatt (WTO, 1947b). Da mesma forma, no que se refere ao Artigo V do Gats (WTO, 1947a), há um problema importante no que diz respeito ao alcance da extensão dos acordos (OMC, 2002).

Algumas terminologias utilizadas no Artigo XXIV do Gatt (WTO, 1947b) permanecem polêmicas. Nesse sentido, e sem pretender exaurir o tema, vejamos como exemplo o parágrafo 1, (a), do Artigo V do Gats (WTO, 1947a), o qual estabelece que um acordo de integração econômica deve ter "uma cobertura setorial substancial" do comércio de serviços entre as partes. Essa cláusula apresenta uma nota que afirma que tal expressão deve ser entendida "em termos de números de setores, volume de comércio afetado e modos de fornecimento" (WTO, 1947a, tradução nossa). Ou seja, a falta de clareza de algumas terminologias acaba abrindo espaço para que os membros da OMC se sintam confortáveis e legitimados para fixar outros acordos fora do sistema multilateral – acordos que, bem ou mal, coexistirão com as regras da OMC.

6.6 Discussões atuais

No passado mais recente, especificamente nas relações comerciais realizadas nos últimos dez anos, é fácil observarmos o aumento do número de acordos bilaterais de comércio. De fato, os acordos bilaterais passaram a ser utilizados com certa frequência desde a década de 1990, conforme já assinalamos, mas a questão que atualmente pede maior atenção diz respeito à dificuldade de se concluir sobre a compatibilidade de cada acordo em relação ao sistema multilateral de comércio.*

Thorstensen et al. (2013) nos explica que os entraves da Rodada Doha, assim como a falta de atualização das regras do comércio internacional, intensificaram os novos **acordos preferenciais de comércio** (APCs), os quais estabeleceram regras comerciais mais atualizadas e que, não raro, extrapolam o escopo das matérias já reguladas pela OMC. Nesse sentido, a autora questiona, com propriedade, se as dificuldades da Rodada Doha, bem como a proliferação desenfreada de APCs, não enfraqueceriam o sistema multilateral, privilegiando um **sistema preferencial** (Thorstensen et al., 2013).

---

* Thorstensen et al. (2013, p. 4) escrevem que: "No início dos anos 1990, havia 70 APCs em vigor. A proliferação de acordos se intensificou nos anos seguintes. Em 2013, 546 APCs haviam sido notificados ao Gatt/OMC, contra apenas 123 notificações durante toda a era Gatt. Desses 546, 356 estão em vigor. Do total de acordos notificados ao Gatt/OMC, 390 foram notificados sob o Artigo XXIV, 38 sob a Cláusula de Habilitação, ou seja, sob a Decisão sobre Tratamento Diferenciado e Mais Favorecido para os Países em Desenvolvimento de 1979, e 118 sob o Artigo V do Gats)".

Com base nos acordos preferenciais em vigor, identificamos iniciativas voltadas para a consolidação e o aprofundamento dos APCs existentes, assim como para a construção de novos acordos. A perspectiva é a de crescimento do comércio entre os signatários do acordo, devido à eliminação de tarifas, mas, como efeito contrário, também podem ser sentidas reduções dos fluxos de comércio entre esses países e terceiros que não gozam dos benefícios dos APCs (i.e. *trade creation* e *trade diversion* – criação de comércio e desvio de comércio). Talvez o aspecto mais relevante resida na possibilidade de os APCs prejudicarem o multilateralismo, de fato, ao mitigar a posição que a OMC já havia consolidado como fórum central de criação de novas regras de comércio (Thorstensen et al., 2013).

6.7 Perspectiva brasileira

No que diz respeito à política adotada pelo Brasil após a criação do Mercosul, na década de 1990, há certo isolamento do nosso país ante a possibilidade de negociação de outros acordos, considerando-se que, claramente, a política externa brasileira priorizou a **negociação multilateral**.

Nesse sentido, a posição brasileira adotada nos últimos anos esteve sujeita a muitas críticas, visto que, mesmo no âmbito do Mercosul, os avanços foram pouco representativos, e foi celebrada uma pequena quantidade de APCs, que pouco refletiram nos números das exportações nacionais. Portanto, ainda não ocorreu uma verdadeira inserção comercial brasileira por meio de APCs.

Da mesma forma, observamos que a estratégia do governo brasileiro se voltou às negociações da Rodada Doha, especialmente à frente da coordenação do G20 Agrícola e, em 2008, traduziu-se, nas propostas ao Pacote Lamy.* Com o impasse da Rodada Doha, os esforços promovidos nas negociações pelo envolvimento brasileiro não se traduziram em avanços significativos para o país. Para se ter uma ideia disso, atualmente o Brasil figura atrás de outras economias que investiram mais em ARCs (Thorstensen et al., 2013).

Apesar de todas as críticas aos ARCs ou aos chamados APCs – que abarcam nos conceitos todos os tipos de acordos –, reconhecemos que esse modelo é o que mais atende de maneira satisfatória às necessidades do comércio internacional contemporâneo.** Nesse

---

* O então diretor-geral da OMC, Pascal Lamy, apresentou para um grupo reduzido de ministros, que compunha o denominado *G7* (composto por Austrália, Brasil, China, Estados Unidos, Índia, Japão e União Europeia), um pacote de compromissos sobre temas que permaneciam abertos nos textos sobre agricultura e produtos não agrícolas (Nama, do inglês Non-Agricultural Market Access). Os sete países não ficaram satisfeitos com os tópicos do "pacote" de Lamy. Para saber mais sobre o tema, ver BID (2008).

** Nesse sentido, Barbosa e Thorstensen (2014, p. 2) escrevem: "O novo contexto, pautado por cadeias globais de valor, demanda uma integração mais profunda e a eliminação de todas as barreiras ao comércio, não só de barreiras tarifárias, antidumping e regras de origem, mas especialmente barreiras não tarifárias. A proliferação de novos acordos resulta em uma extensa rede regulatória, que afeta a dinâmica do comércio global, incorporando alguns países e excluindo outros. Muitas das regras presentes nesses acordos tratam de barreiras atrás das fronteiras (*behind the boarders barriers*), quais sejam, questões regulatórias referentes a serviços, propriedade intelectual, padrões e regulamentos técnicos, coordenação de padrões privados, padrões de sustentabilidade e de clima, padrões sociais e de direitos humanos, sobretudo profundo entendimento sobre coerência regulatória, dentre outros, cuja discriminação entre o parceiro preferencial e os demais parceiros, ao elevar custos de conformidade, destrói a competitividade existente. Há tendência de que essas regras sejam estendidas a todos os parceiros, independentemente de sua participação no acordo as originou. Mesmo aqueles que não participam desses APCs acabarão afetados pelas novas regras de comércio negociadas na esfera preferencial, e posteriormente multilateralizada devido ao poder econômico dos seus defensores".

sentido, o único acordo regional intentado de forma mais abrangente pelo Brasil foi o Mercosul, que também não evoluiu da forma esperada.

Portanto, na perspectiva brasileira, a participação de forma tardia nos processos de integração regional coloca o país em uma posição vulnerável no "jogo de xadrez" do comércio internacional, sendo importante mencionarmos outro aspecto interno que também é desafiante: a internalização de todos os acordos que o país possa negociar e dos quais possa ser signatário.*

Síntese

A proliferação dos ARCs, ou de acordos de integração regional, passou a ser um desafio para o sistema multilateral de comércio, regulamentado pelo Gatt 1947 e, posteriormente, pela OMC, que, em seu Artigo XXIV, conferiu a possibilidade de ARCs serem firmados e compatibilizados no âmbito do multilateralismo.

Os problemas que norteiam a tensão entre compatibilizar os diversos acordos, independentemente do formato, da abrangência ou da

---

* Como escreve Mazzuoli (2007, p. 57): "O problema surge quando há, em um caso concreto, um conflito entre normas internacionais e normas internas. Tal problema poderá ser resolvido estudando-se a colisão entre dualismo (ou pluralismo) e monismo, quando então se poderá responder às indagações: se as relações entre o Direito Internacional e o Direito interno são reguladas por normas jurídicas, tais normas são internacionais ou internas? Caso ambos os ordenamentos disciplinem de maneira diferente a mesma situação jurídica, qual deles deve prevalecer? Um tratado internacional já ratificado se aplica imediatamente no âmbito interno ou depende de outras condições colocadas pelo Direito interno para essa aplicação?".

denominação adotados, advêm da falta de transparência e dos poucos avanços ocorridos na OMC.

Vale frisar que não identificamos concretamente bons resultados na OMC quanto a temas prementes, os quais ainda estão em pauta na complexa Rodada Doha. Da mesma forma, os acordos regionais que estão desenhados como APCs emergiram como alternativas para fortalecer posições negociadoras dos PEDs, gerando com isso uma perspectiva maior de participação dos membros da OMC em outros setores, nos quais esses atores internacionais ainda não tinham participação ativa.

Nesse sentido, a existência dos acordos pode favorecer, pelo menos, a redução da assimetria que existe no sistema multilateral de comércio – criado e conduzido pelos membros que tinham notável poder econômico e posições negociadores mais maduras –, que não foi sanada pela chamada *Cláusula de Habilitação*, criada com base no princípio do tratamento diferenciado e mais favorável aos países em desenvolvimento.

Assim, o Brasil precisará se fortalecer fora do ambiente multilateral, uma vez que o nosso país adotou uma estratégia de quase isolamento diante do *boom* que verificamos com a criação de inúmeros APCs, bem como perdeu a oportunidade de estreitar relações com parte dos seus potenciais parceiros comerciais. Por fim, a situação atual mostra que a compatibilização das regras fixadas nos APCs com as regras da OMC certamente voltará a ser discutida no contexto do comércio internacional.

Questões para revisão

1) No contexto da América Latina, o que significa o "regionalismo aberto"? Explique.

2) Assinale a alternativa correta sobre os acordos regionais:
   a. Acordos regionais são aqueles nos quais países que estão localizados em um mesmo continente criam regras comuns, independentemente de sua natureza.
   b. Considera-se que o Mercosul é um mercado comum, com base nas regras de comércio internacional.
   c. As preferências comerciais estabelecidas em um acordo regional não podem ser mais benéficas do que aquelas estabelecidas dentro da OMC.
   d. Como exceções ao Gatt, os acordos regionais concedem preferências entre os Estados que fazem parte deles, sem violar os princípios gerais de comércio.

3) O que é uma *zona de livre comércio* e como funcionam os procedimentos de concessão de preferências?

4) Sobre a relação dos Acordos Regionais com a OMC, assinale verdadeiro (V) ou falso (F):
   ( ) Os acordo regionais motivaram a criação do sistema multilateral de comércio.
   ( ) A OMC exige que os acordos regionais apliquem o princípio do tratamento nacional a todos os membros da OMC.
   ( ) Entende-se por *zona de livre comércio* um grupo de dois ou mais territórios aduaneiros entre os quais são eliminados os direitos de aduana e as demais regulamentações comerciais restritivas.
   ( ) Os acordos regionais e as preferências que deles decorrem são considerados exceções ao Artigo I do Gatt.

5) Assinale a alternativa correta:
   a. Os acordos bilaterais passaram a ser utilizados com certa frequência desde a década de 1990, mas a OMC entende que todos são compatíveis com o sistema multilateral de comércio.
   b. As dificuldades da Rodada Doha intensificaram os novos acordos preferenciais de comércio, no formato de acordos regionais, que estabeleceram regras comerciais mais atualizadas.
   c. A proliferação desenfreada de APCs não enfraquece o sistema multilateral, mesmo privilegiando um sistema preferencial.
   d. A OMC está apta a analisar detalhadamente a construção de novos acordos, diante da facilidade de compatibilizar o sistema preferencial dos acordos regionais com as regras multilaterais.

Questões para reflexão

1) Seria necessário ampliar a análise dos acordos regionais na OMC para não enfraquecer o sistema multilateral de comércio?

2) Diante do aumento no número dos acordos regionais, sobreviverá o sistema multilateral desenvolvido dentro do Gatt 1947 e, posteriormente, da OMC?

Para saber mais

Em 2015, Brasil e Colômbia firmaram uma série de acordos bilaterais a fim de estreitar a relação entre os dois países. Veja notícia da época no endereço eletrônico indicado a seguir.

COSTAS, R. Brasil e Colombia assinam acordos para impulsionar relação. **BBC Brasil**, 9 out. 2015. Disponível em: <http://www.bbc.com/portuguese/noticias/2015/10/151009_brasil_colombia_acordos_rc>. Acesso em: 9 fev. 2017.

Consultando a legislação

BRASIL. Decreto Legislativo n. 30, de 15 de dezembro de 1994. Aprova a Ata Final da Rodada Uruguai de Negociações Comerciais Multilaterais do Gatt, as listas de concessões do Brasil na área tarifária (Lista III) e no setor de serviços e o texto do Acordo Plurilateral sobre Carne Bovina. **Diário Oficial da União**, Poder Legislativo, Brasília, DF, 19 dez. 1994. Disponível em: <https://www.planalto.gov.br/ccivil_03/Constituicao/Congresso/DLG/DLG-30-1994.htm>. Acesso em: 9 fev. 2017.

_____. Decreto n. 350, de 21 de novembro de 1991. Promulga o Tratado para a Constituição de um Mercado Comum entre a República Argentina, a República Federativa do Brasil, a República do Paraguai e a República Oriental do Uruguai (Tratado Mercosul). **Diário Oficial da União**, Poder Executivo, Brasília, DF, 21 nov. 1991. Disponível em: <https://www.planalto.gov.br/ccivil_03/decreto/1990-1994/D0350.htm>. Acesso em: 9 fev. 2017.

_____. Decreto n. 1.355, de 30 de dezembro de 1994. Promulga a Ata Final que Incorpora os Resultados da Rodada Uruguai de Negociações Comerciais Multilaterais do GATT. **Diário Oficial da União**, Poder Executivo, Brasília, DF, 31 dez 1994. Disponível em:

<https://www.planalto.gov.br/ccivil_03/decreto/antigos/d1355.htm>. Acesso em: 9 fev. 2017.

BRASIL. Lei n. 9.019, de 30 de março de 1995. Modificada pelo artigo 53 da Medida Provisória n. 2.113, de 2001. Dispõe sobre a aplicação dos direitos previstos no Acordo Antidumping e no Acordo de Subsídios e Direitos Compensatórios. **Diário Oficial da União**, Poder Legislativo, Brasília, DF, 31 mar. 1995. Disponível em: <http://www.planalto.gov.br/ccivil_03/leis/L9019.htm>. Acesso em: 9 fev. 2017.

VII

Mecanismos de solução de controvérsias no sistema multilateral da OMC

Conteúdos do capítulo:

» Do Gatt 1947 à OMC.
» Procedimentos de solução de controvérsias da OMC: competência e particularidades.
» Consultas e painéis.
» Órgão de Apelação.
» Aplicação de remédios: medidas compensatórias e suspensão de concessões.

7.1 Introdução

A criação de um mecanismo de solução de controvérsias foi prevista no acordo constitutivo da Organização Mundial do Comércio (OMC). As características do sistema foram delineadas na Rodada Uruguai e consolidadas no *Entendimento sobre solução de controvérsias* (ESC),

o qual modificou os Artigos XXII e XXIII do Gatt (WTO, 1947b).*
Assim, cabe ao **Órgão de Solução de Controvérsias** (OSC)** a aplicação das normas definidas para essa finalidade.

O OSC desempenha funções diversas, como***:

a. autorização para a criação dos painéis;
b. adoção do relatório dos painéis e do Órgão de Apelação (OA);
c. supervisão da execução das recomendações sugeridas pelos painéis e pelo OA; e
d. autorização das medidas de suspensão de concessões comerciais.

Assim, no presente capítulo, estudaremos os aspectos básicos dos mecanismos de solução de controvérsias, assim como apresentaremos as principais estruturas e métodos incorporados pelo OSC.

---

* No mesmo sentido, ver Hoekman e Kostecki (2002, p. 75-78) e Lowenfeld (2003, p. 152-160).

** A doutrina nacional adota a tradução Órgão de Solução de Controvérsias (OSC) para a expressão *Dispute Settlement Bodyé* (DSB).

*** Artigo 2.1: "o DSB terá a autoridade para estabelecer os painéis, adotar os relatórios do painel do Órgão de Apelação, manter a supervisão da implementação das decisões e recomendações, e autorizar a suspensão das concessões e das outras obrigações sobre os acordos abrangidos. [...] Além do DSB, dos painéis e do Órgão de Apelação, há uma série de outras instituições e pessoas envolvidas nos esforços da OMC para resolver as controvérsias entre seus Membros. Essas instituições e pessoas incluem árbitros de acordo com os Artigos 21.3, 22.6 ou 25 do DSU, o Órgão de Monitoramento Têxtil previsto no ATC, o Grupo Permanente de Peritos previsto no Acordo SCM, peritos e grupos de peritos para revisão conforme o Artigo 13 do DSU e o Artigo 11.2 do Acordo SPS, presidente do DSB e Diretor-Geral da OMC. Além disso, o Secretariado da OMC e o Secretariado do Órgão de Apelação desempenham papéis importantes no fornecimento de apoio administrativo e legal aos painéis e ao Órgão de Apelação, respectivamente (Unctad, 2003, p. 53-54).

7.2 Do Gatt 1947 à OMC

Conforme já assinalamos, o período marcado entre a assinatura do Gatt 1947 e a criação da OMC testemunhou um amadurecimento do sistema multilateral de comércio. Com a nova sistemática, procurou-se mitigar os vícios que atingiam o antigo sistema, caracterizado por uma excessiva fragmentação.

Da mesma forma, com a nova sistemática, buscou-se a redução da morosidade procedimental, a qual ainda é uma preocupação para o comércio internacional, assim como o descumprimento das recomendações e das decisões dos painéis.

Em suma, com o fim da Rodada Uruguai, realizou-se uma transição do sistema do Gatt, que era preponderantemente diplomático – isto é, permeado pelas negociações entre as partes – para um sistema mais maduro e organizado, com regras jurídicas bem definidas, que foram consolidadas na OMC.

Mesmo com a elaboração do ESC, permanece um ambiente que estimula a realização de consultas, no prazo prefixado, procurando-se evitar assim o estabelecimento do painel; ou seja, ainda que exista oficialmente um procedimento de resolução de conflitos, ainda são encorajadas as negociações diretas entre os membros.

Sendo assim, o ESC não exclui a tradição diplomática, que promove a negociação direta entre os membros. No entanto, somam-se a essa prática (diplomática/negociadora) os novos instrumentos jurisdicionais, com procedimentos bem delineados. As decisões passaram a ser obrigatórias entre os litigantes, fato que deu força ao sistema multilateral de comércio como um todo.

Nesse contexto, conforme indica Celso Lafer (1998, p. 123), por meio do ESC e do OSC, ocorreu um "adensamento de juridicidade", sem eliminar a diplomacia do procedimento de solução de controvérsias.

7.3 Procedimento de solução de controvérsias da OMC: competência e particularidades

A **competência** do Sistema de Solução de Controvérsias está indicada no Artigo 1 do ESC da OMC (WTO, 1947a; Unctad, 2003). Conforme extraímos do primeiro parágrafo do ESC, este deve ser aplicado em consultas ou disputas que estejam relacionadas diretamente aos acordos que se encontram no Anexo 1 do Acordo (ESC).

Nesse contexto, é importante destacarmos que o ESC não foi elaborado apenas para aplicar sanções às violações, mas como um instrumento destinado a dirimir conflitos comerciais, que não precisam necessariamente chegar à formação de um painel. Trata-se, em síntese, um mecanismo voltado para cuidar do equilíbrio das relações comerciais entre os membros.

O OSC permite a solução de controvérsias da seguinte forma (Unctad, 2003, p. 51):

a. por meio de consultas (Artigo 4);
b. por meio de bons ofícios, conciliação e mediação (Artigo 5);
c. por meio de julgamento vinculante – painéis *ad hoc*; e
d. por meio do OA (Artigos 6 a 20) ou arbitragem (Artigo 25).

O ESC impõe que os membros comprovem o interesse de agir quando formulam um pedido de formação de painel, mas, ao mesmo tempo, indica que, antes da apresentação da reclamação, deve ser avaliada a utilidade dessa atuação com base nos procedimentos estabelecidos.

O Artigo 10 do OSC ressalva que:

> 1) Os interesses das partes em controvérsia e os dos demais Membros decorrentes do acordo abrangido ao qual se refira a controvérsia deverão ser integralmente levados em consideração no correr dos trabalhos dos painéis.

> 2) Todo membro que tenha interesse concreto em um assunto submetido a um painel e que tenha notificado esse interesse ao OSC (denominado no presente Entendimento "terceiro") terá oportunidade de ser ouvido pelo painel e de apresentar-lhe comunicações escritas. Estas comunicações serão também fornecidas às partes em controvérsia e constarão do relatório do painel.
> 3) Os terceiros receberão as comunicações das partes em controvérsia apresentadas ao painel em sua primeira reunião.
> 4) Se um terceiro considerar que uma medida já tratada por um painel anula ou prejudica benefícios a ele advindos de qualquer acordo abrangido, o referido Membro poderá recorrer aos procedimentos normais de solução de controvérsias definidos no presente Entendimento. Tal controvérsia deverá, onde possível, ser submetida ao painel que tenha inicialmente tratado do assunto.

Conforme extraímos da leitura desse artigo, não apenas as partes, mas também os demais membros que tenham interesse no tema a ser discutido no painel, terão oportunidade de manifestação. Para garantir essa participação, o interesse deve ser notificado ao OSC por meio de comunicações escritas. Isso confere maior transparência, da mesma forma que permite trazer ao debate questões exógenas que poderiam ser afetadas diante de uma análise com base apenas nos argumentos dos membros envolvidos diretamente no litígio.

Da mesma forma, cabe destacarmos, até mesmo por se tratar de uma particularidade, que o Artigo 3 do ESC da OMC (Unctad, 2003) esclarece que o sistema foi criado não apenas para assegurar os direitos e/ou as obrigações dos membros, mas também para oferecer a melhor interpretação sobre as disposições. Essa questão ganha especial relevância quando observamos os termos abertos utilizados nas normas.

Nesse contexto, devemos interpretar as disposições da OMC de forma a coaduná-las aos usos e costumes do Direito Internacional Público (DIP), mesmo porque a OMC foi estabelecida por meio de um tratado de DIP. De forma coerente, todos os esclarecimentos normativos devem se conformar com os próprios princípios do comércio internacional.

O Sistema de Solução de Controvérsias da OMC foi delineado nos moldes de um tribunal arbitral. Por meio do OSC, podem ser criados painéis em casos que envolvam demandas não solucionadas entre as partes. A doutrina costuma apontar as particularidades do OSC, visto que sua natureza jurídica é bem peculiar*, pois engloba um conjunto de procedimentos que combinam negociação, diplomacia, arbitragem, sem contar com um sistema jurídico processual definido especialmente para essa finalidade.

Os painéis podem ser compostos por três ou cinco especialistas, todos de países diferentes. Entretanto, esses especialistas devem ser aceitos pelas partes. Por meio dessa composição, passa a ser elaborado um relatório, que enfrentará a demanda específica do caso. É importante observar que serão analisadas de forma obrigatória as provas apresentadas, em uma análise eminentemente técnica de toda questão.**

As etapas que serão realizadas englobam as seguintes fases:

a. **fase de consulta**, que, em resumo, traduz-se na tentativa de acordo, por 60 (sessenta) dias, com ou sem mediação da própria OMC. Se não houver entendimento, passa-se à

---

* No mesmo sentido, ver Baptista (2007, p. 72).
** Sobre o tema, ver WTO (2017f).

b. **fase de criação de um painel**, que tem um prazo de 45 (quarenta e cinco) dias para indicar os especialistas e um prazo de 6 (seis) meses para a conclusão final.*

Desse modo, veremos a seguir cada uma dessas fases, assim como as particularidades pertinentes a cada uma delas.

---

* Caparroz e Lenza (2012, p. 142) escrevem que: "Como os prazos são extremamente importantes para a satisfatória aplicação do modelo, o acordo prevê em detalhes as etapas do processo, que se inicia com as manifestações escritas das partes envolvidas. Em seguida, será marcada a primeira audiência, na qual os países apresentarão o caso aos membros do painel. Será, então, agendada uma segunda audiência para a apresentação de refutações e contra-argumentos. Mediante solicitação de um dos interessados, ou sob sua própria iniciativa, questões de natureza técnica poderão ser objeto de perícia, mediante contratação de profissionais especializados, se assim decidir o grupo especial encarregado do caso, que também poderá encaminhar consultas a organizações internacionais especializadas na matéria. Os componentes do painel elaborarão, a seguir, um primeiro relatório com a descrição dos fatos e argumentos apresentados (sem conclusões), que será entregue às partes, para manifestação, no prazo de duas semanas. Após receber as respostas, os especialistas redigirão o relatório provisório, com as conclusões pertinentes, que também será encaminhado aos interessados para, no prazo de uma semana, solicitarem pedido de revisão, se assim entenderem conveniente. A fase de revisão poderá durar até duas semanas, com reuniões entre as partes, e, ao término desse prazo, o painel apresentará o relatório final, para ciência dos interessados e, três semanas depois, divulgação entre todos os membros da OMC. [...] Das medidas propostas pelo painel cabe recurso ao Órgão de Apelação, que deve versar sobre matéria de direito como interpretação de dispositivos, vedados, portanto, o reexame de fatos, as evidências ou a apreciação de novas circunstâncias".

7.3.1 Consultas

Conforme observamos de toda a estrutura desenhada, o OSC tem preferência por soluções realizadas em consenso pelas partes. Sendo assim, todos os casos levados à análise iniciam por consultas entre as partes (demandante/demandada) na controvérsia. No decurso do período de consultas, os membros devem buscar uma solução, participando sempre com boa-fé. Essa tentativa deve ser amigável, para evitar que a controvérsia seja encaminhada para um painel.*

Os pedidos de consultas devem ser notificados ao OSC e aos Conselhos e Comitês (Artigo 4.4 do ESC da OMC; Unctad, 2003), assim como devem ser apresentados por escrito, com motivações claras, identificação do problema e embasamento jurídico. Nessa fase, o procedimento deve ser confidencial, com a participação restrita dos membros envolvidos ou daqueles que obtiverem permissão para participar.

De acordo com estudo da Unctad (2003, p. 7-8):

> *As consultas podem ser solicitadas de acordo com o Artigo XXII do Gatt 1994 ou seus dispositivos correspondentes em outros acordos abrangidos; ou de acordo com o*

---

* Como consta no estudo da Unctad (2003, p. 6): "Solucionar controvérsias através de consultas é obviamente mais econômico e satisfatório para as relações comerciais a longo prazo com a outra parte da controvérsia do que recorrer a um painel. As consultas permitem às partes em litígio entender melhor a situação dos fatos e os argumentos jurídicos discutidos na controvérsia. Referido entendimento visa permitir, consequentemente, solucionar a questão sem demais procedimentos e, caso não o faça, possibilitará à parte conhecer mais sobre os fatos e os argumentos jurídicos que a outra parte possivelmente utilizará quando a controvérsia for examinada. A esse respeito, as consultas devem servir como um mecanismo informal de discussão anterior ao julgamento. O seu principal objetivo e propósito, entretanto, é solucionar a controvérsia amigavelmente".

Artigo XXIII do Gatt 1994 ou seus dispositivos correspondentes em outros acordos abrangidos. O membro que solicita as consultas pode escolher quaisquer desses tipos de consulta. Só existe uma, apesar de significante, diferença entre eles. Somente no contexto das consultas, consoante o Artigo XXII, ou dispositivos correspondentes, um membro que não esteja envolvido nas consultas pode ter sua participação permitida (Artigo 4.11 do DSU). Um membro que considere que tenha um interesse comercial substancial pode notificar os membros em consulta e o DSB sobre seu interesse dentro de 10 [dez] dias após a data de circulação do pedido de consultas. Desde que a parte demandada na controvérsia concorde que a alegação de interesse substancial esteja bem fundamentada, esse membro deverá participar das consultas. Se as consultas são conduzidas conforme o Artigo XXIII, ou dispositivos correspondentes, não é possível para outros membros participar das consultas.

O prazo para dirimir o conflito por meio de consultas é de 60 (sessenta) dias, contados a partir do recebimento do pedido da consulta. Quando não há solução dentro desse prazo, a parte demandante pode solicitar o estabelecimento de um painel. Vale frisarmos que algumas demandas envolvem países em desenvolvimento (PEDs); nesses casos, o Artigo 12.10 do ESC da OMC (Unctad, 2003) estabelece que as partes poderão estender o período de 60 (sessenta) dias.

Em situações nas quais há o envolvimento de membros de menor desenvolvimento relativo, o dirctor-geral da OMC ou o presidente do OSC podem auxiliar as partes a solucionar a controvérsia, oferecendo bons ofícios, conciliação e mediação (Artigo 5 do ESC da OMC; Unctad, 2003). Da mesma forma, o diretor-geral da OMC ou o presidente do OSC podem consultar fontes diversas para tentar dirimir a questão (Unctad, 2003).

7.3.2 Painéis

Os **painéis** são formados por três especialistas – excepcionalmente, cinco – i.e. diplomatas, oficiais de governo, acadêmicos ou advogados praticantes na área do comércio internacional* – que não são nacionais dos membros envolvidos na controvérsia.** Cabe aos painéis avaliar, objetivamente, as questões de fato e de direito que permeiam a controvérsia.

Nos casos em que a controvérsia envolve um PED e um país desenvolvido (PD), o Artigo 8.10 do ESC da OMC (Unctad, 2003) estabelece que o PED poderá solicitar a inclusão de um painelista de nacionalidade de um PED, o que denota a intenção de se conceder um tratamento diferenciado aos PEDs.

O painel estará vinculado aos seus termos de referência. É por essa razão que o pedido deve ser determinado: quando o pedido não está bem delineado, pode ser necessário um exame para identificar o pleito abrangido nos termos de referência do painel. Há um prazo de 20 (vinte) dias, contados do estabelecimento do painel, para as partes acordarem os termos de referência (Artigo 7.1 do ESC da OMC; Unctad, 2003), ainda que na prática isso seja raro. Estabelecido o painel, a medida será avaliada à luz dos dispositivos pertinentes na legislação da OMC, lembrando que a suposta violação será indicada pelos termos de referência do painel.

---

* Os membros do painel devem ser selecionados considerando sua independência e formação diversificada (Artigo 8.3 do ESC da OMC; Unctad, 2003).

** Em alguns casos, as partes concordaram em ter um painelista que fosse nacional de uma das partes (Unctad, 2003, p. 12).

Assim, o painel avaliará, de forma objetiva (Artigo 11 do ESC da OMC; Unctad, 2003), o tema submetido, conforme os fatos e a conformidade dos acordos para, então, formular respostas para o OSC, que proporá recomendações ou emitirá uma decisão (Unctad, 2003). Sendo assim, a jurisprudência caminha no sentido de que os painéis não necessitem examinar todas as alegações da demandante.

Por fim, vale destacarmos que painel tem **poder discricionário**. Contudo, o OA recomenda que os painéis sejam cautelosos na aplicação do **princípio da economia processual**.*

7.3.3 O relatório do painel

As conclusões do painel são consubstanciadas na redação de um **relatório**, estruturado da seguinte forma (Unctad, 2003):

a. seção introdutória (i.e aspectos procedimentais da controvérsia);

b. seção sobre aspectos fáticos da controvérsia;

c. seção sobre as alegações das partes;

d. seções com o resumo dos argumentos das partes e das terceiras partes;

e. seção sobre a revisão intermediária;

---

* O *princípio da economia processual* traduz-se, basicamente, na alternativa menos onerosamente economicamente para regular a tramitação de um processo. Ver Fulgencio (2007, p. 504) e Cook (2015). O caso WTO. *Appellate Body Report, Argentina – Footwear* (EC), em seu parágrafo 84, demonstrou que os painéis e o OA têm levado em consideração o princípio da economia processual em diferentes contextos para solucionar várias questões procedimentais envolvendo diversas partes.

f. seção contendo as constatações do painel; e

g. conclusões.*

Não é frequente, mas, em alguns casos, as partes acordam uma solução para a controvérsia, mesmo quando a questão está sendo analisada – i.e. quando o painel ainda não chegou a uma conclusão. Nos casos em que as partes solucionam a controvérsia antes do painel, passa a ser necessário que o relatório do painel contenha a descrição do caso e a menção ao acordo.

Em se tratando de controvérsia envolvendo PED, o relatório do painel deve indicar quais foram os dispositivos que realizaram o tratamento diferenciado e mais favorável para países-membros em desenvolvimento (princípio geral do comércio internacional) que tenham sido indicados pelo membro em questão (Unctad, 2003).

Outro ponto de grande importância diz respeito ao fato de que as decisões do painel não são vinculantes, uma vez que apenas adquirem essa característica se forem adotadas pelo OSC (Artigo 16.4 do ESC da OMC; Unctad, 2003). É nesse momento que as recomendações e as conclusões passam a ser vinculantes. A adoção do relatório ocorre por consenso negativo, o que é difícil de se prever nos casos concretos, diante da parte "ganhadora". Portanto, podemos dizer que sua adoção é "quase automática" (Unctad, 2003, p. 32).

---

* O estudo da Unctad (2003, p. 31) indica que: "Um relatório de painel deve, no mínimo, dispor sobre as constatações de fato, a aplicabilidade dos dispositivos pertinentes e a fundamentação básica em quaisquer conclusões e recomendações que faça. Em poucos casos até hoje as partes questionaram um relatório de painel perante o Órgão de Apelação devido à falta de fundamentação em conclusões e recomendações do painel [...]".

7.3.4 O Órgão de Apelação

Uma das grandes inovações do ESC, ocorrida em 1994, foi a criação do Órgão de Apelação (OA). Trata-se, em suma, de uma **segunda instância** dentro da OMC. Dessa forma, a possibilidade de revisão passou a ser algo *sui generis* no que se refere aos casos litigiosos que envolvem comércio internacional: qualquer parte (ou todas elas) tem a prerrogativa de **apelar da decisão**.

O Artigo 17.13 do ESC da OMC (Unctad, 2003) determina que o OA deve ser composto por sete pessoas (membros do próprio OA). A nomeação ocorre para um mandato de quatro anos, que é renovável por uma única vez.

Os membros do OA não podem aceitar instruções de fontes externas, assim como não podem aceitar empregos ou desempenhar atividades profissionais que sejam incompatíveis com os deveres e as responsabilidades assumidos.

O Artigo 17.4 do ESC da OMC (Unctad, 2003) impõe que apenas as partes envolvidas possam recorrer do relatório do painel. Os terceiros interessados, ou seja, aqueles que já tiverem notificado seu interesse na controvérsia no prazo processual correto – i.e. no estabelecimento do painel – até podem participar da apelação, mas não apelar diretamente. Sendo assim, suas participações ficam limitadas às petições escritas e pela oportunidade de oitiva pelo OA.

As partes demandantes passam a ser denominadas ***participantes*** durante a apelação. Não é raro ocorrer a apresentação de recurso pelas duas partes. Nessas situações, as partes são, ao mesmo tempo, **apelante** e **apelado**. Com relação às terceiras partes, devemos esclarecer que são chamadas de ***terceiros participantes***.

Quanto à **matéria**, as apelações são limitadas às questões de direito ou questões que envolvem interpretações legais que já foram abordadas no relatório do painel. Sendo assim, com base nos termos da apelação, o OA pode manter, modificar ou reverter as conclusões do painel.*

7.3.5 Aplicação de remédios: medidas compensatórias e suspensão de concessões

Quando, com base na decisão, as medidas de conformidade não forem cumpridas no período razoável estabelecido do Artigo 21.3 do ESC da OMC (Unctad, 2003), o membro que venceu a demanda pode pleitear uma compensação ou uma autorização para suspender concessões ou outras obrigações do membro demandado.

Trata-se de medidas provisórias diante da situação posta, ou diante da dificuldade de se implementarem recomendações e decisões do OSC no prazo do Artigo 21.3 do ESC da OMC (Unctad, 2003).

Nos termos do Artigo 22.2 do ESC da OMC (Unctad, 2003), o membro demandado tem a obrigação de negociar com o membro demandante, em razão da falta de implementação das recomendações em um prazo razoável. Nesse sentido, vale destacarmos a exigência de acordo sobre a compensação nos termos da Cláusula NMF, que foi enfrentada pelo OA no caso *European Communities: Poultry*, no qual o órgão observou que: "Não vemos nada no Artigo XXVIII que sugira que a compensação negociada no seu âmbito pudesse isentar do cumprimento do princípio de não discriminação inscrito nos Artigos I e XIII do Gatt de 1994" (Unctad, 2003, p. 26).

---

* Vide: "Procedimentos Processuais para Revisão de Apelação" (WTO, 2017b).

Por fim, nos termos do Artigo 22.4 do ESC da OMC (Unctad, 2003): "o nível de suspensão de concessões ou outras obrigações autorizado pelo DSB deverá ser equivalente ao nível de anulação e prejuízo".*

Síntese

Sem dúvida alguma, nas últimas duas décadas, o Sistema de Solução de Controvérsias da OMC atingiu um grau de maturidade bastante destacado, assim como um fortalecimento institucional, especialmente com a consolidação de sua jurisprudência. O fato de o OSC indicar claramente alternativas para uma solução negociada indica que o sistema, de fato, privilegia o ambiente negocial em vez do ambiente litigioso.

---

* No caso *European Communities: Bananas III*, "os árbitros afirmaram que a equivalência pode apenas ser estabelecida após comparar o valor monetário da suspensão de concessões proposta com o nível de anulação ou prejuízo sofrido pelo Membro Demandante. Os árbitros raciocinaram no sentido de que: "Obviamente [...] [equivalência] significa a correspondência, identidade ou equilíbrio entre dois níveis relacionados, ou seja, entre o nível de concessões a ser suspenso, de um lado, e o nível de anulação ou prejuízo, de outro. O nível anterior, qual seja a suspensão de concessões proposta, é clara a respeito do montante total (US$ 520 milhões) sugeridos pelos Estados Unidos, bem como em termos da cobertura de produtos pretendida. No entanto, o mesmo grau de clareza é inexistente com relação ao último, qual seja o nível de anulação ou prejuízo sofrido. É impossível assegurar a correspondência ou identidade entre dois níveis se um deles não está claramente definido. Portanto, como pré-requisito para assegurar a equivalência entre dois níveis em questão nós temos que determinar a equivalência entre os dois níveis em questão, nós temos que determinar o nível de anulação ou prejuízo" (Unctad, 2003, p. 34-35).

Entretanto, a credibilidade do OA depende de algo que é muito difícil de ser garantido pelo próprio sistema, tal como foi elaborado: a implementação rápida das recomendações e das decisões do OSC. Ou seja, passa a ser premente que os membros, de forma espontânea, ajustem imediatamente, ou adotem com rapidez, as medidas e as obrigações que o OA entender como necessárias à luz do Acordo da OMC.*

A solução da compensação em caso de descumprimento deve ser temporária, estando restrita sua utilização aos casos nos quais não for possível outra alternativa. Sendo assim, a suspensão de concessões ou de outras obrigações deve ser uma medida de último caso. Assim, em regra, os membros apenas recorrem à arbitragem quando não existem outras alternativas para um acordo nos termos do Artigo 21.3 do ESC da OMC (Unctad, 2003).

Questões para revisão

1) Quais são as principais funções do OSC da OMC?
2) O que é a *fase de consulta* estabelecida no OSC?
3) Sobre os painéis na OMC, é correto afirmar:
   a. Existe um número máximo de especialistas, mas não há número mínimo determinado pelas regras da OMC.
   b. Os painéis podem ser formados independentemente da fase de consultas.

---

* "O Artigo 3.7 do DSU dispõe que, na falta de solução satisfatória para ambos os lados, o objetivo primordial do mecanismo de solução de controvérsias: ... *será, de maneira geral, o de conseguir a supressão das medidas de que se trata, caso se verifique que estas são incompatíveis com as disposições de quaisquer acordos abrangidos.*" (Unctad, 2003, p. 6)

c. O painel tem poder discricionário.

   d. As decisões do painel são vinculantes.

4) Sobre o Órgão de Apelação (OA), é correto afirmar:

   a. O OA deve ser composto por sete pessoas, com nomeação para mandato de quatro anos, renovável uma única vez.

   b. Os membros do OA podem aceitar instruções de fontes externas.

   c. Os membros do OA podem aceitar empregos ou desempenhar atividades profissionais, independentemente de serem incompatíveis com as responsabilidades assumidas.

   d. Qualquer membro da OMC pode recorrer do relatório do painel.

5) Sobre os terceiros interessados, assinale verdadeiro (V) ou falso (F):

   ( ) Os terceiros interessados podem participar em qualquer tempo processual, uma vez que não há prazo fixado nas regras da OMC nem procedimentos prévios.

   ( ) Os terceiros interessados não precisam notificar seu interesse na controvérsia.

   ( ) No estabelecimento do painel, terceiros interessados podem participar da apelação, mas não podem apelar diretamente.

   ( ) A participação de terceiros interessados não se limita às petições escritas e à oportunidade de oitiva pelo OA, uma vez que podem participar da apelação em todas as fases.

Questões para reflexão

1) O Órgão de Apelação tem papel relevante na construção da OMC, uma vez que avalia tecnicamente aspectos que necessitam de clareza na redação do ESC. Você concorda com isso? Justifique.

2) As apelações são limitadas às questões de direito ou a questões que envolvem interpretações legais abordadas no relatório do painel. Essa limitação faz sentido? Por quê?

Para saber mais

No endereço eletrônico que segue, confira nota do Ministério das Relações Exteriores que divulga a utilização do Sistema de Solução de Controvérsias da OMC pelo Brasil para tentar solucinar uma questão de exportação.

BRASIL. Ministério das Relações Exteriores. **Contencioso na OMC entre Brasil e Indonésia sobre restrições à exportação de carne bovina brasileira àquele país**: pedido de consultas. 4 abr. 2016. Disponível em: <http://www.itamaraty.gov.br/pt-BR/notas-a-imprensa/13718-contencioso-na-omc-entre-brasil-e-indonesia-sobre-restricoes-a-exportacao-de-carne-bovina-brasileira-aquele-pais-pedido-de-consultas>. Acesso em: 9 fev. 2017.

Consultando a legislação

BRASIL. Decreto Legislativo n. 30, de 15 de dezembro de 1994. Aprova a Ata Final da Rodada Uruguai de Negociações Comerciais Multilaterais do Gatt, as listas de concessões do Brasil na área tarifária (Lista III) e no setor de serviços e o texto do Acordo Plurilateral sobre Carne Bovina. **Diário Oficial da União**, Poder Legislativo, Brasília, DF, 19 dez. 1994. Disponível em: <https://www.planalto.gov.br/ccivil_03/Constituicao/Congresso/DLG/DLG-30-1994.htm>. Acesso em: 9 fev. 2017.

_____. Decreto n. 1.355, de 30 de dezembro de 1994. Promulga a Ata Final que Incorpora os Resultados da Rodada Uruguai de Negociações Comerciais Multilaterais do GATT. **Diário Oficial da União**, Poder Executivo, Brasília, DF, 31 dez 1994 . Disponível em: <https://www.planalto.gov.br/ccivil_03/decreto/antigos/d1355.htm>. Acesso em: 9 fev. 2017.

VIII

Deficiências do sistema Gatt/OMC

Conteúdos do capítulo:

» Repensando o sistema multilateral.
» A estrutura da tomada de decisões e a situação dos países de menor desenvolvimento relativo.
» A transparência.
» A participação de organizações não governamentais (ONGs).
» A ausência de um sistema eficiente de execução.
» Outras questões institucionais.

8.1 Introdução

Apesar de todos os notáveis avanços de abertura no comércio internacional, desde o Gatt 1947 até a criação da Organização Mundial do Comércio (OMC), existe uma série de elementos que indicam certas deficiências do sistema multilateral. Tais deficiências devem ser reavaliadas para que avanços ocorram.

Dessa forma, considerando o contexto atual e os mais de 20 anos da OMC, apresentamos algumas das críticas centrais a esse sistema, assim como apontamos as inconsistências identificadas na prática e os preceitos e regras que não costumam ser questionados, mas cujos efeitos afetam o sistema Gatt/OMC e que, portanto, devem ser repensados.

8.2 Repensando o sistema multilateral

O contexto da última década indica que o sistema multilateral de comércio precisa ser reavaliado para que não perca força diante de tantos acordos regionais de comércio (ARCs). A **regra do consenso**, por exemplo, costuma ser considerada "sagrada" na OMC. Com a Organização, as decisões em consenso passaram a ser obrigatórias, ou seja, ao mesmo tempo, motivam entraves relevantes nas negociações.

Nesse sentido, vale lembrarmos o que ocorreu na Rodada Doha e todos os problemas decorrentes da ausência de consenso em temas sensíveis. Entretanto, existem diversas abordagens que poderiam funcionar bem no sistema multilateral, sobre as quais devemos refletir. Da mesma forma, a regra do consenso passou a ser desafiante em um contexto no qual as posições negociadoras se fortaleceram, com a redução da assimetria entre os membros da OMC.*

De outro lado, há um desafio importante que decorre do fato de a OMC ser uma organização entre governos. Em um contexto globalizado, com diversos atores importantes, essa passa a ser uma questão relevante, especialmente quando consideramos que entidades não governamentais não têm um papel definido nas negociações.

Ainda, cumpre-nos destacar toda a problemática que emerge dos debates, bastante recorrentes, em razão da **defesa da soberania nacional** de cada membro, uma vez que, dentro da OMC, os membros são bastante determinados em relação à preservação da soberania nacional ou do Estado-nação.

Evidentemente, esse não é um tema discutido apenas na OMC, mas, como observamos, foi e ainda é bastante recorrente no Brasil. Antes da assinatura do Tratado de Assunção (1991) foi possível identificar opiniões críticas sobre a criação do Mercosul**, considerando, especialmente, que no Brasil a questão da soberania é muitas vezes levada para uma interpretação rígida do Direito Constitucional

---

*   Como escreve Thorstensen (1999, p. 46), "a história do Gatt, e agora da OMC, permite visualizar a formação de grupos de interesses variados que agrupam, na maioria das vezes, países desenvolvidos contra países em desenvolvimento, mas também de grupos que agregam membros de diversos níveis de desenvolvimento, porém que são exportadores de certos produtos em comum, como é o caso de produtos agrícolas. Muitas vezes, a posição de bloqueio sistemático de um membro é usada como poder de barganha para a obtenção de apoio em pontos diversos, mas de grande interesse para o membro reticente. O dia a dia da instituição não é regido por uma geometria fixa de defesa de interesses entre membros desenvolvidos e em desenvolvimento, nem de exportadores e importadores de determinados produtos, mas através de uma geometria variável, que é ditada por interesses comuns sobre pontos específicos da agenda".

** Nesse sentido, ver Lafer (1982).

tradicional, que costuma ser bastante conservador quanto a esse tema.

De fato, tal como aponta a melhor doutrina internacional, a palavra *soberania* apresenta alguns significados ultrapassados (Jackson, 2001). A questão política envolvida não é trivial e enfrenta a **alocação de poder**. Isso demanda repensarmos o termo e, consequentemente, motiva determinadas quebras de paradigmas de vital importância para o sistema multilateral de comércio.*

A lista de questões que merecem ser repensadas aumenta quando a reflexão passa para o ***single undertaking***, adotado integramente na OMC e que se traduz em um "pacote" único que deve ser aceito pelos membros, sem exceções. O *single undertaking*, indubitavelmente, trouxe uma série de benefícios para o fortalecimento do sistema multilateral, mas, em algumas circunstâncias, existem abordagens que não seriam adequadas para um *single package* (Jackson, 2001), ou pelo menos a prática tem mostrado que alguns temas dificilmente avançarão diante dessa obrigação.

Temos também questões prática, enfrentadas pela OMC para se repensarem os efeitos da **Cláusula NMF** (nação mais favorecida), que já estudamos neste livro. Trata-se de um princípio basilar do sistema multilateral de comércio, com força motriz e que se traduz em diversas vantagens. Entretanto, isso implica várias dificuldades ao comércio global, conforme já vimos nos capítulos anteriores.

Em um contexto prático, seria bastante difícil eliminarmos esse princípio, que foi uma das molas propulsoras do comércio

---

* Outro "mantra" – conforme denominado por Jackson – frequentemente utilizado é o de que **a organização é dirigida por seus membros**. Isso significaria que os membros não desejam conceder poderes à secretaria, aos oficiais ou ao diretor-geral. Com frequência, uma organização totalmente dirigida por seus membros é contraprodutiva e ineficiente (Jackson, 2001, p. 71-72).

internacional e da criação da OMC, ainda mais quando avaliamos sistematicamente sua aplicação, a qual reflete muito mais externalidades positivas do que negativas.

Por fim, ainda que o tema não se esgote, cabe destacarmos as discussões sobre a necessidade dos **deliverables***; isto é, no período que antecede os debates sobre uma nova rodada de negociações, os diplomatas e/ou representares passaram a se preocupar com o **tempo de duração da rodada**. Essa preocupação merece destaque quando observamos que algumas rodadas chegaram a completar dez anos ou mais. Portanto, parece-nos pertinente refletir sobre o lapso temporal para a efetividade das medidas e das regras.

Assim, na prática, passou a ser debatida a necessidade de conclusão e implementação de certos temas levados para as discussões, considerando todos os benefícios com potencial de serem "entregues" mais cedo.**

8.3 A estrutura da tomada de decisões e a situação dos países de menor desenvolvimento relativo

É importante avaliarmos a estrutura da tomada de decisões da OMC de acordo com o contexto atual do comércio internacional. Nesse

---

* Segundo a Unctad (2000, p. 36): "*i.e. those agreements which could be undertaking at the launching process itself*". Tradução livre: "os acordos que poderiam ser empreendidos no próprio processo de lançamento".

** De acordo com Jackson (2001, p. 72-73), "[n]a verdade, *deliverables* possuem vantagens, assim como os demais itens. Por outro lado, eles tendem a impulsionar os estadistas a sacrificar fortes pontos institucionais, em troca de vantagens políticas".

sentido, existem preocupações reais no que se refere à atual estrutura desenvolvida durante a Rodada Uruguai.

Foi na Rodada Uruguai que a OMC tomou forma e as alterações consideradas apropriadas passaram a ser implementadas. No entanto, uma das iniciativas adaptadas pelos negociadores foi a restrição e a implementação de mecanismos de **freios e contrapesos** (*checks and balances*) no processo, principalmente no que se refere à tomada de decisões.

Em um sentido mais objetivo, os negociadores acabaram impondo essa adaptação ao exigirem que as decisões fossem tomadas de acordo com a regra do consenso.* Contudo, decorridas décadas, observamos que tais restrições podem resultar na falta de efetividade concreta do processo de tomada de decisões.**

No que diz respeito aos **países de menor desenvolvimento relativo** (PMDs), vale a leitura do Preâmbulo do Acordo Geral sobre o Comércio de Serviços (Gats, do inglês *General Agreement on Trade in Services*) o Anexo 1B do Gatt, que destaca o seguinte:

> *Desejando facilitar a participação crescente dos países em desenvolvimento no comércio de serviços e a expansão de suas exportações de serviços inclusive*, inter alia, *mediante o fortalecimento da capacidade nacional de seus serviços e sua eficiência e competitividade;*
>
> *Levando em consideração particular a séria dificuldade dos **países de menor desenvolvimento relativo** em vista de sua situação econômica especial e suas necessidades comerciais, financeiras e de desenvolvimento.*
> (WTO, 1947b, grifo nosso, tradução nossa)

---

* Por maiorias qualificadas e por meio de alguns tipos de procedimentos.

** Essa é uma das questões – e um dos dilemas – que requerem um exame mais detido (Jackson, 2001, p. 74).

Entretanto, não há, nos acordos da OMC, uma conceituação sobre os PMDs, o que poderia abrir margem à possibilidade de tratamento especial a membros que não deveriam recebê-lo, por não se enquadrarem perfeitamente nesse conceito. Nesse sentido, encontramos na doutrina sugestões para que se realize uma reclassificação dos países em pelo menos três ou quatro grupos, os quais receberiam tratamento de acordo com a sua real capacidade econômica e posição negociadora.*

Trata-se de uma tarefa difícil separar entre os países em desenvolvimento (PEDs) os países que seriam PMDs. Podemos afirmar que, como membros, estes também são ativos no Sistema de Solução de

---

* "*In turning back to the WTO, one can see how political actors form groups to construct as much as to express their reality. Perhaps the most fundamental division is the master tripartite classification between 'developed', 'developing', and 'least developed' members. But that has not prevent repeated struggles between countries over the validity of certain members associating themselves to particular groups. The category of developing country has become a notable bone of contention. [...] In recent years, in the context of the Doha Round, the US has tried again to argue that countries such as China, India and Brazil represent 'advanced developing countries' as a result of their changing economic status and that, due to this distinction, they need to assume 'greater responsibilities'*". Tradução livre: "Voltando à OMC, pode-se ver como os atores políticos formam grupos para construir tanto quanto para expressar sua realidade. Talvez a divisão mais fundamental seja a classificação maior tripartite entre membros 'desenvolvidos', 'em desenvolvimento' e 'menos desenvolvidos'. Mas isso não impediu lutas repetidas entre países sobre a validade de certos membros se associarem a grupos particulares. A categoria de país em desenvolvimento tornou-se um notável tema de discórdia [...] Nos últimos anos, no contexto da Rodada de Doha, os EUA tentaram novamente argumentar que países como a China, a Índia e o Brasil representam 'países em desenvolvimento avançados' como resultado de suas mudanças de status econômico e que, devido a essa distinção, eles precisam assumir 'maiores responsabilidades'" (Eagleton-Pierce, 2013, p. 65).

Controvérsias da OMC. Isso evidencia, de forma positiva, que atualmente existe a diversificação dos atores do comércio mundial, com o aumento da confiança nos mecanismos e nos instrumentos disponibilizados pela OMC (Cretella Neto, 2003). Por outro lado, essa participação de membros com diferentes graus de maturidade exige adequação, considerando a realidade de cada país.

8.4 A transparência

A **transparência** é apontada por muitos estudiosos do sistema multilateral como uma questão sensível do sistema Gatt/OMC. A questão que se coloca é a de que, na política comercial, a transparência é uma ferramenta, ou seja, trata-se de um instrumento que, apesar de não ser coercitivo, é essencial para melhorar as atividades do sistema de comércio internacional.

Uma das finalidades da transparência é, sem dúvida, a **estabilidade sistêmica**. Ou seja, de uma forma global, o sistema comercial se baseia na **reciprocidade**, o que requer confiança entre os atores envolvidos, algo que não é simples de se obter, muito menos de se garantir.

Portanto, existe um objetivo imediato da transparência, o qual consiste em reduzir a assimetria de informação, que é umas das falhas de mercado que a teoria econômica visa combater. Tal situação promove um desequilíbrio de poder, sendo que a redução da assimetria projeta ganhos dentro da OMC, em razão de proporcionar um melhor ambiente institucional. É nesse sentido que também adquire importância a regra da nação mais favorecida (Wolfe, 2013).

Da mesma forma, é importante frisarmos que a transparência também pode reduzir os potenciais conflitos entre os membros da

OMC.* Para que funcione de modo a mitigar as assimetrias e, da mesma forma, reduzir conflitos, a transparência deve ocorrer nos âmbitos nacional e internacional.

O **direito à informação** (*right to know policies*) se refere às políticas originárias do Gatt sobre informação (1947), que deveriam ser somadas à regulação por meio de normas de *disclosure* (i.e. transparência), traduzidas nos mecanismos de monitoramento e vigilância introduzidos na Rodada Tóquio (1949) e aprimorados na Rodada Uruguai.

> *A transparência deve ocorrer com a interação dos membros, pois é apenas com a abertura das opiniões que podemos obter uma melhora dos procedimentos da OMC (Wolfe, 2013).*

Por fim, indicamos a necessidade de **mecanismos de e-government**, os quais estão relacionados à garantia de acesso ao público em geral, facilitada, na última década, pelo surgimento da internet (Wolfe, 2013).

A transparência tem uma relação direta com a **disponibilidade de informação**, sendo um objetivo geral no contexto de busca do desenvolvimento econômico e do próprio sistema multilateral. Assim, a transparência deve ocorrer com a interação dos membros, pois é apenas com a abertura das opiniões que podemos obter uma melhora dos procedimentos da OMC (Wolfe, 2013).

Entretanto, a transparência na sistemática estabelecida pela OMC ainda apresenta deficiências, pois, apesar da grande quantidade

---

* Nesse sentido, Wolfe (2013. p. 5) escreve: "*Creating opportunities to discuss new measures in advance can reduce the potential for conflict between States* [...]". Tradução livre: "Criar oportunidades para discutir antecipadamente novas medidas pode reduzir o potencial de conflito entre Estados".

de informações disponibilizadas, somente parte delas é publicada com uma linguagem menos técnica para uma compreensão global.* Vemos que, no âmbito da OMC, a **notificação** passou a ser o instrumento mais importante para consubstanciar o direito à informação. A notificação representa a reunião de informações detalhadas sobre o sistema de comércio, assim como das políticas comerciais dos membros. No entanto, a notificação *ex post* pode ser problemática no contexto de tempestividade essencial no comércio internacional (Wolfe, 2013).

Cabe-nos, como explicado no início, destacar que a notificação, apesar de ser uma obrigação legal, tem cumprimento voluntário, isto é, não tem penalidades coercitivas. Nesse sentido, vale mencionamos um estudo que indica seis motivos pelos quais os governos não aperfeiçoam suas notificações (Wolfe, 2013):

1. **incapacidade burocrática** – o caso de muitos PEDs;
2. **incapacidade de linguagem** – no caso de PEDs e membros que não têm línguas oficiais na OMC;
3. **recusa em se considerar a informação como um bem público** – i.e. governos não valorizam as informações ou as supervalorizam no sentido errado;
4. **ausência de notificações conscientes** – como estratégia para afastar críticas, por exemplo;
5. **falta de confiança**; e
6. **inaptidão de enquadramento da questão nos termos da OMC** – especialmente em questões envolvendo subsídios verdes ou sem definição sedimentada.

---

* Por exemplo, os *Trade Policy Review Reports* são escritos por membros em uma linguagem técnica, ainda que sejam escritas breves observações para o público em geral (Wolfe, 2013, p. 15).

Diante de todos os fatores que acabamos de indicar, como o objetivo final da transparência consiste em reduzir a assimetria de informação entre governos (e entre Estados), deveria ser projetado um **sistema de vigilância** dentro da OMC para monitorar, ao menos, as obrigações oficiais.

8.5 A participação de organizações não governamentais

Existem posições diferentes sobre a **participação das organizações não governamentais** (ONGs) na OMC. Com exceção das manifestações de *amicus curiae** dentro do Sistema de Solução de Controvérsias, as ONGs não têm poder de manifestação direta nos encontros da OMC.

Essa participação é vista de forma positiva, uma vez que algumas ONGs estão engajadas, de forma intensa e direta, em acordos relacionados a temas mais específicos na OMC – tal como o meio ambiente. Nesses casos, as ONGs poderiam, por exemplo, auxiliar os trabalhos com informações qualitativas. Assim, há autores que entendem que os mecanismos de transparência se tornam fragilizados quando se abre espaço apenas para as informações trazidas pelos Estados, sendo mais produtivo e eficiente aproveitar as informações trazidas por terceiros interessados.**

---

* *Amicus curiae* são os denominados "amigo da corte" e podem ser ONGs e terceiros interessados no litígio que se encontra perante o OSC da OMC. O *amicus curiae* pode, seguindo as regras da OMC, apresentar elementos que auxiliem na compreensão do caso, mesmo não sendo parte desse caso. Para saber mais sobre o tema, ver Rocha (2008).

** Nesse sentido, ver Wolfe (2013, p. 15).

De outro lado, também existem **opiniões contrárias**, com a compreensão de que a interferência do público poderia colocar em desvantagem os PEDs. Isso ocorre porque a participação das ONGs geralmente é financiada pelos países desenvolvidos (PDs). Nesse sentido, algumas ONGs recebem financiamentos dos PDs, como é o caso do *National Steel Institute*, que defende interesses específicos de um setor econômico (Amaral Junior et al., 2005). Contudo, há situações em que os interesses podem ser legítimos*, sendo difícil, na prática, avaliar se existem mais benefícios do que problemas decorrentes dessa participação.

No que se refere ao *Entendimento sobre Solução de Controvérsias* (ESC), vale comentarmos que esse instrumento é omisso no que diz respeito ao *amicus curiae briefs*. Assim, em cada caso concreto, fica a critério do painel e do Órgão de Apelação (OA) a decisão sobre a admissibilidade da participação.

Alguns exemplos demonstram que a participação é vantajosa, tal como o caso das patentes envolvendo Brasil e Estados Unidos: nesse caso, foi salutar a participação das ONGs para se chegar a um acordo na fase de consultas (Amaral Junior et al., 2005).

8.6 A ausência de um sistema eficiente de execução

No que tange à **execução das decisões**, apesar de o ESC representar uma evolução, ao ser comparado com Gatt 1947, ainda existem pontos que necessitam de ajustes para o fortalecimento institucional da OMC.

---

* Ver o exemplo da *Oxfam International* (2017); Amaral Junior et al. (2005, p. 388-389).

O Acordo de Marraquexe, assinado em abril de 1994 (que criou a OMC, a qual iniciou suas atividades oficialmente em 1º janeiro de 1995), e o ESC não adotaram o termo *sanção* para designar as consequências jurídicas de uma violação, mas o Artigo 22 do ESC da OMC (Unctad, 2003) oferece ao demandante vitorioso, caso a decisão condenatória não seja executada, a possibilidade de buscar, por meio do Órgão de Solução de Controvérsias (OSC), a autorização para suspender a aplicação de concessões ou de outras obrigações.*

Entretanto, cabe-nos observar que ainda não existe um mecanismo que assegure a execução das decisões ou que garanta o ressarcimento dos danos. Isso acaba beneficiando os PDs, por algumas razões específicas. A primeira delas se refere aos **remédios**: "os remédios previstos, quando aplicados pelos países desenvolvidos ao comércio com as nações em desenvolvimento, tendem a ser mais eficazes e exercem maior pressão, devido à importância do seu mercado consumidor" (Amaral Junior, 2006, p. 242-243).

A segunda razão demonstra que a balança pende para um dos lados e reflete como o **poder econômico** influencia as práticas da OMC: muitas vezes, as sanções deixam de ser impostas pelos PEDs, para não prejudicar o seu relacionamento com os PDs. Isso ocorre porque as nações em desenvolvimento apresentam maior dependência econômica em relação aos países desenvolvidos (Amaral Junior, 2006).

---

* De acordo com Amaral Junior (2006, p. 237-238): "O ESC representou, nesse particular, evolução notável no tocante à disciplina vigente no Gatt. Vieram à baila procedimentos que facilitam a execução das decisões. [...] Convém lembrar que o nível de suspensão autorizado pelo ESC deve ser equivalente ao montante dos danos sofridos pelo demandante. Este expediente é prospectivo, não alcançando a reparação dos danos anteriores à decisão que declarou incompatível uma medida comercial perante os tratados da OMC".

A terceira razão se refere aos **problemas de implementação**. Nesse sentido, destacamos que muitos PDs também deixam de executar as recomendações das decisões da OMC pela ausência de instrumentos de coerção. Assim, a execução das decisões passa a ser muito difícil, considerando as posições dos membros da OMC e suas diferentes capacidades como atores comerciais.

8.7 Outras questões institucionais

Em 2005, o Conselho Consultivo da OMC elaborou um relatório, no qual se propôs a analisar o Sistema OMC, identificando suas falhas e oferecendo soluções. Nesse sentido, resumimos a seguir algumas conclusões e recomendações indicadas no relatório que ainda devem ser enfrentadas (WTO, 2004, p. 79-83):

1. ***Papel da OMC*** – O Conselho Consultivo entende que o papel desempenhado pela OMC ainda é mal compreendido, não havendo plena assimilação dos benefícios e das limitações do sistema.

2. ***Expansão dos acordos regionais e/ou acordos preferenciais de comércio*** – Não existem argumentos econômicos suficientes que indiquem a compatibilidade dos acordos com a sistemática da OMC, assim como se corre o risco da Cláusula NMF (princípio básico da OMC) tornar-se excepcional*. Assim, os acordos preferenciais de comércio [APCs]

---

* "Os governos precisam mostrar comedimento ou correrão o risco de causar mais danos ao sistema multilateral de comércio. O primeiro exame sob qualquer nova iniciativa deveria envolver a melhora significativa no comércio e as perspectivas de desenvolvimento, bem como a não lesão dos interesses daqueles que não compreendem a iniciativa" (WTO, 2004, p. 80-81).

precisam ser objeto de uma revisão e de uma análise eficaz no âmbito da OMC.

3. **Os efeitos da Rodada Doha** – Passa a ser salutar uma agenda com compromissos dos membros desenvolvidos de estabelecer uma data em que todas as suas tarifas sejam reduzidas a zero.

7. **A condição de observador** – A OMC é uma organização internacional *sui generis* e a condição de observador deveria ser garantida apenas quando se observa potencial contribuição dentro do fórum de negociações comerciais. Assim, não sendo identificado algum benefício potencial, a condição de observador não deveria existir.

8. **Transparência** – Apesar de evidentes avanços nesse tema, as relações da OMC com as organizações não governamentais e com o público em geral precisa ser revisto. Dessa maneira, os membros deveriam desenvolver um conjunto de objetivos considerando as relações da OMC com a sociedade civil e com o público em geral.*

9. **OSC** – O Órgão de Solução de Controvérsias deveria produzir um relatório com críticas construtivas para o sistema de

---

* "No âmbito geral desses objetivos, as *Guidelines for Arrangements on Relations with Non-Governmental Organizations* desenvolvidas pelo Conselho Geral, em 1996, deveriam ser melhor desenvolvidas, a fim de orientar a Secretaria em suas consultas e no diálogo com a sociedade civil e o público em geral. A orientação deveria incluir os critérios que serão empregados para selecionar as organizações com as quais o Secretaria poderia desenvolver relações mais sistemáticas e profundas. Todavia, nenhum conjunto individual de organizações deveria ser constituído, causando a exclusão permanente de outros. Além disso, a Secretaria não está, de modo algum, obrigada a se comprometer seriamente com grupos, cujo objetivo expresso é enfraquecer ou destruir a OMC" (WTO, 2004, p. 79-83).

informação da OMC, incluindo o Órgão de Apelação (OA) e os grupos especiais. O Sistema de Solução de Controvérsias precisa ser mais bem compreendido pelo público em geral. Assim, são necessários esforços para informar e educar.

10. *Consenso* – Apesar dos muitos aspectos positivos, vê-se a necessidade de novos estudos com relação ao alcance do consenso, a luz de possíveis distinções que poderiam ser feitas.

11. *Orçamento* – Não se vislumbra um grande aumento no orçamento da OMC, mas se avalia a necessidade de incrementos significativos em razão dos índices de crescimento anual superiores aos de outras instituições com melhores financiamentos.

Por fim, cumpre-nos destacar dois fenômenos que têm levado à fragmentação da regulação do comércio internacional – ambos estão vinculados ao item 2 das conclusões e recomendações elencadas –, quais sejam:

1. a "multiplicação de outros regimes criados por instituições internacionais"; e

2. a "multiplicação de quadros regulatórios regionais, bilaterais e não recíprocos, via acordos preferenciais, que envolvem países de regiões próximas ou parceiros distantes" (Oliveira; Thorstensen, 2011, p. 13).

Trata-se de questões de inestimável importância para o sistema multilateral de comércio. O grande problema que identificamos refere-se à ausência de coordenação entre os regimes, o que, na prática, resulta na fragmentação das regras existentes e pode ocasionar conflitos entre os regimes (Oliveira; Thorstensen, 2011, p. 13).

Ainda, conforme esses autores:

> *A multiplicação desses regimes preferenciais afeta diretamente a regulação do comércio internacional,* **não só porque vem desenvolvendo regras que seguem a OMC, mas também regras que vão além da OMC**

em áreas como serviços, propriedade intelectual e medidas de investimento relacionadas ao comércio (TRIMS), bem como novas regras para áreas ainda não integradas à OMC como investimento, concorrência, meio ambiente e padrões trabalhistas. A multiplicação dos acordos preferenciais já permite a identificação de uma **nova tipologia de marcos regulatórios***, uma vez que a ampliação do número de países com acordos em torno de certos países centrais acaba determinando padrões de regras comuns, que depois podem ser levadas às instâncias multilaterais. Mais ainda,* **tal multiplicação acaba afetando os interesses de países não participantes, pois os modelos centrados em alguns países centrais acabam por diminuir os graus de liberdade de futuras negociações dos países interessados em integrarem esse grupo.**

Os regimes dos acordos preferenciais de comércio já constituem uma densa rede de acordos regionais, bilaterais e não recíprocos, **estimados em cerca de 400 acordos pela OMC***, e que, como esta organização, têm o objetivo de promover o desenvolvimento econômico, não só pela liberalização do comércio, mas também pela integração econômica. [...] Para os temas nos quais não há regras multilaterais os regimes desenvolveram regras próprias.* **É essa multiplicação de regras que está criando atualmente novas barreiras ao comércio. Já se avoluma o número de conflitos** *sobre comércio derivados desta diferenciação de regras.*

Em síntese, quando se indaga sobre qual o quadro regulatório para o século XXI, a resposta apresenta-se clara: i) um regime multilateral enfraquecido; ii) a multiplicação de regimes internacionais dispersos sem coordenação; e iii) a multiplicação de regimes preferenciais de comércio. Diante deste triplo desafio, o único elemento que parece poder resistir à fragmentação das regras é o OSC. Mas até quando? Estão os membros dos diversos regimes conscientes dessa alarmante situação? (Oliveira; Thorstensen, 2011, p. 16-19; grifo nosso)

Síntese

O sistema desenvolvido pelo Gatt 1947 e, posteriormente, pela OMC foi capaz de obter diversos avanços no contexto do comércio global. Entretanto, questões relevantes emergiram do amadurecimento institucional e da diferença entre os membros, questões que, cedo ou tarde, precisam ser enfrentadas para não acarretar problemas sistêmicos mais graves.

Observamos que, dentro da OMC, a assimetria entre os membros passou a ser uma questão importante, que se traduz no desequilíbrio referente à transparência na aplicação das regras, assim como em relação à implementação das decisões do OSC. Essas questões devem ser enfrentadas para que a OMC não perca mais espaço para aos ARCs e APCs, que ganharam muita força na última década.

Questões para revisão

1) Como se busca a redução da assimetria de informação no sistema multilateral e qual é a sua importância?

2) Quais são os motivos apontados para que os governos não melhorem as sistemáticas de notificação, como meio de acesso à informação, na OMC?

3) Sobre as ONGs e sua participação no sistema multilateral de comércio, podemos afirmar:
   a. As ONGs podem ter direito de manifestação direta nos encontros da OMC, o que não depende de maiores formalidades.
   b. As ONGs são consideradas membros da OMC.
   c. As ONGs podem participar como *amicus curiae*, uma vez seguidas as regras estabelecidas para essa finalidade.
   d. As ONGs não podem oferecer qualquer manifestação, considerando que não podem ser parte de um litígio.

4) Sobre o Acordo de Marraquexe e ESC da OMC, é correto afirmar:
   a. O Acordo de Marraquexe foi assinado em 1990 por todos os países que participaram da Segunda Guerra Mundial.
   b. O ESC contribui para esclarecer as questões procedimentais dentro do OSC da OMC.
   c. O Acordo de Marraquexe foi contrário à adoção de sanções comerciais em razão da busca da paz mundial.
   d. O ESC da OMC deve ser rediscutido bienalmente para alterar as regras ultrapassadas, diante da evolução do comércio global.

5) Sobre as decisões da OMC, assinale verdadeiro (V) ou falso (F):
   ( ) O OA é responsável pela execução das decisões da OMC.
   ( ) As decisões finais da OMC podem ser revistas em razão da soberania de cada membro em seus tribunais locais.
   ( ) As decisões da OMC têm validade de dois anos, prorrogada por igual período.
   ( ) Não existe um mecanismo que assegure a execução das decisões, ou que garanta o ressarcimento dos danos.

Questões para reflexão

1) A transparência, no sistema multilateral de comércio, deve ocorrer nos âmbitos nacional e internacional. Você concorda com essa afirmação? Justifique.

2) O poder econômico influencia as práticas da OMC. Dessa forma, sanções deixam de ser impostas pelos PEDs para não prejudicar seu relacionamento com os PDs. Você acha isso justo? Por quê?

Para saber mais

O relatório anual, publicado oficialmente pela OMC, de 2016, traz elementos importantes sobre a temática que analisamos neste capítulo, ao apresentar novidades que contribuem para a redução da assimetria entre seus membros. Podemos destacar a preocupação manifestada pelo diretor-geral em relação ao tratamento diferenciado dado aos PEDs no contexto do comércio global. Confira no endereço eletrônico a seguir indicado.

WTO – World Trade Organization. **Annual Report**. 2016. Disponível em: <https://www.wto.org/english/res_e/booksp_e/anrep_e/anrep16_e.pdf> Acesso em: 7 mar. 2017.

Consultando a legislação

BRASIL. Decreto Legislativo n. 30, de 15 de dezembro de 1994. Aprova a Ata Final da Rodada Uruguai de Negociações Comerciais Multilaterais do Gatt, as listas de concessões do Brasil na área tarifária (Lista III) e no setor de serviços e o texto do Acordo Plurilateral sobre Carne Bovina. **Diário Oficial da União**, Poder Legislativo, Brasília, DF, 19 dez. 1994. Disponível em: <https://www.planalto.gov.br/ccivil_03/Constituicao/Congresso/DLG/DLG-30-1994.htm>. Acesso em: 9 fev. 2017.

_____. Decreto n. 1.355, de 30 de dezembro de 1994. Promulga a Ata Final que Incorpora os Resultados da Rodada Uruguai de Negociações Comerciais Multilaterais do GATT. **Diário Oficial da União**, Poder Executivo, Brasília, DF, 31 dez 1994. Disponível em: <https://www.planalto.gov.br/ccivil_03/decreto/antigos/d1355.htm>. Acesso em: 9 fev. 2017.

IX

A regulamentação do sistema financeiro internacional: FMI e Bird

Conteúdos do capítulo:

» Moeda e Direito Internacional Público.
» FMI: origem e operações do Departamento Geral.
» Assistência financeira no plano universal: Bird.

9.1 Introdução

Enquanto o mundo estava inserido no momento histórico da Segunda Guerra Mundial, 44 Estados, liderados pelos Estados Unidos e pela Inglaterra, reuniram-se em Bretton Woods, entre 1º e 22 de julho de 1944, com o objetivo de debater e desenvolver planos econômicos para enfrentar as consequências do pós-guerra. A ideia central era garantir a cooperação econômica entre os países, para que a ordem mundial atingisse a prosperidade e a paz.

A cooperação interestatal fundava-se no princípio de que bens e serviços deveriam circular livremente, sendo a economia mundial regulada por instituições de vocação universal, as quais viabilizariam o alcance da previsibilidade e da segurança nas relações econômicas internacionais (Peet, 2003).

Após 20 anos de Bretton Woods, período em que o dólar norte-americano ocupava posição de destaque como moeda dominante em todo o mundo, começou a ruir o sonho de existir uma verdadeira ordem monetária internacional, visto que,

> *face às tensões nascidas pelo abuso destas facilidades para reabsorver os défices comerciais americanos, da procura crescente de liquidez monetária das necessidades do comércio mundial e perante a importância dos desequilíbrios das balanças de pagamentos, nenhum Estado estaria mais em condições de assegurar a estabilidade das relações monetárias internacionais através de uma organização mundial.* (Dinh; Daillier; Pellet, 2003, p. 1096)

O verdadeiro fim da ordem monetária internacional ocorreu com a aceitação da **flutuação da taxa das divisas** de maior peso no mercado internacional.

Assim, para melhor compreendermos as relações monetárias internacionais, estudaremos neste capítulo a regulamentação e a estrutura do Fundo Monetário Internacional (FMI) e do Banco Internacional para Reconstrução e Desenvolvimento (Bird), também chamado de Banco Mundial.

9.2 Moeda e Direito Internacional Público

Antes de iniciarmos o estudo concernente ao FMI e ao Bird, cumpre-nos entender como a **moeda** é tratada pelo Direito Internacional

Público (DIP) e como são estabelecidas as relações monetárias internacionais ao longo da história. Desse modo, para fundamentar a presente exposição, forneceremos um breve relato sobre a moeda em uma perspectiva do DIP.

Primeiramente, é importante mencionar que o DIP reconhece tradicionalmente ser a moeda uma **matéria de soberania**, ou seja, cada Estado tem o poder soberano para regular sua moeda, sem a ingerência de outros Estados. Conforme afirmado pelo Tribunal Permanente de Justiça Internacional (ICJ, 2017, p. 44): "é um princípio geralmente aceito que o Estado é o titular para regular sua própria moeda". A moeda, assim como os impostos, é uma matéria que, primordialmente, deve ser disciplinada pelo direito público interno de cada país, conforme estabelece o Artigo 2 (Item 7) da Carta das Nações Unidas (Mann, 1949). Por conseguinte, o Estado que altera e, em particular, deprecia sua moeda ou adota medidas que afetem credores estrangeiros, não comete uma violação ao direito internacional, porém o mesmo Estado pode ser responsabilizado fora de sua soberania, em decorrência de obrigações assumidas por tratados internacionais.

Os conflitos entre Estados devidos à política monetária adotada por eles, os quais sejam capazes de afetar interesses estrangeiros, já existem há muitos séculos. Cumpre-nos mencionar o caso Da Costa v. Cole, de 1688, que se pautava na existência de uma dívida de 1.000 réis, datada de 6 de agosto, e que deveria ser paga em 30 dias. Em 14 de agosto, o rei de Portugal realizou a desvalorização da moeda, prejudicando os interesses da Inglaterra, que viram o seu crédito ser reduzido. A questão que surgiu foi se a dívida deveria ser paga conforme o valor da época ou se deveria ser pago o crédito reduzido em decorrência da desvalorização. O juiz inglês *sir* John Holt (*Chief Justice* – CJ) decidiu que a dívida deveria ser paga conforme o valor anterior à desvalorização, pois "o Rei de Portugal não pode alterar a propriedade de um súdito da Inglaterra" (One Library, 2017, p. 234).

É importante ressaltarmos que são obsoletas as tentativas direcionadas a restringir o posicionamento do direito internacional referente à soberania do Estado quanto à disciplina de sua política monetária, pois, contemporaneamente, todas as obrigações monetárias, expressas em moeda nacional ou estrangeira, são abarcadas pelo **princípio do nominalismo**, ou seja, será paga a quantia declarada na obrigação pelo valor correspondente ao que fora acordado, independentemente de variações. Os questionamentos afloram no que tange às exceções a esse princípio no âmbito do direito internacional, por exemplo, a exceção emanada da doutrina do **abuso de direitos**. Aplicamos essa exceção quando ocorrem situações em que um Estado realiza mudanças em sua moeda para, **deliberadamente**, prejudicar outros países. Nesse caso, o direito internacional não considera que se trata de um ato soberano do Estado e que não se deve interferir em sua política monetária. Exemplo de uma situação que ilustra a aplicação dessa exceção é o ocorrido após 1918, quando a Polônia introduziu nas suas províncias recém-adquiridas a taxa de câmbio de 1 marco alemão para 1 *zloty*, para converter as dívidas em marcos na moeda polonesa. Os tribunais alemães negaram a aplicação da taxa prescrita, pois esta prejudicaria os seus nacionais.

Após fornecer essas informações referentes à moeda no plano do direito internacional, cumpre-nos tratar da matéria relativa à cooperação internacional, iniciando pelo estudo do FMI.

9.3 Fundo Monetário Internacional: a origem

Como mencionamos anteriormente, em 22 de julho de 1944, 44 países assinaram os acordos de Bretton Woods, estabelecendo o FMI e sua organização-irmã, o Banco Internacional para Reconstrução e Desenvolvimento (Bird). Como as negociações para desenhar essas duas instituições foram realizadas no famoso Mount Washington Hotel, em Bretton Woods, em um *resort* dedicado à esquiagem, ambos receberam a denominação de **instituições de Bretton Woods**.

Assim, em 27 de dezembro de 1945, 29 países ratificaram o acordo referente ao FMI, e este passou a operar no cenário internacional. Devemos ressaltar que o FMI, quando modelado pelas 44 nações, apresentava poucas semelhanças com o que temos atualmente, ou seja, não era uma instituição ligada diretamente a programas econômicos para países em desenvolvimento. Originalmente, podemos dizer que o FMI foi criado para monitorar e auxiliar na manutenção da moeda em determinado nível, em um cenário de taxas de câmbio flutuantes entre os países da Europa Ocidental e os Estados Unidos. A tarefa de promover o desenvolvimento econômico nos países europeus atingidos pela guerra foi atribuída ao Banco Mundial (IMF, 2017).

Inicialmente, tinha-se a seguinte visão relativa à atuação do FMI: a moeda dos países-membros deveria flutuar dentro de bandas cambiais. Se algum país apresentasse problemas com sua balança de pagamentos, o FMI forneceria um empréstimo para ajustar a moeda dentro dessas bandas cambiais, com o intuito de evitar impactos agressivos de medidas para reestabelecer o equilíbrio entre as importações e as exportações, medidas que, se fossem abruptas, poderiam gerar desemprego e recessão. Para o FMI, a execução dessa tarefa se tornou difícil, em razão do déficit fiscal registrado reiteradamente nos EUA e da política monetária expansionista do governo norte-americano (Vreeland, 2007).

> *a mudança de funções do FMI guarda relação com a alteração ocorrida no código de conduta monetária, ou, em outros termos, com o fim do padrão dólar-ouro e com a criação de novos signos monetários.*

O Sistema de Bretton Woods entrou em colapso nos anos de 1950 e 1960, quando cresceram a mobilidade do capital e o comércio internacional. Assim, manter o padrão dólar-ouro tornou-se uma empreitada difícil para os países desenvolvidos. Em 1971, o presidente Richard Nixon anunciou que os EUA suspenderiam o padrão dólar-ouro. Os dois anos seguintes foram marcados por duas grandes desvalorizações do dólar, por ataques especulativos e pela decisão da Suíça, da Alemanha, da França e de outros países europeus de deixarem de adotar o mesmo padrão. Em 1973, foram definitivamente abandonadas as bandas cambiais, encerrando-se, definitivamente, a missão original do FMI (IMF, 2017).

Desse modo, a mudança de funções do FMI guarda relação com a alteração ocorrida no código de conduta monetária, ou, em outros termos, com o fim do padrão dólar-ouro e com a criação de novos signos monetários. Assim, a estrutura e a dinâmica do funcionamento do FMI foram substancialmente alteradas.

9.4 FMI: operações do Departamento Geral

Primeiramente, cumpre-nos analisar os **meios de financiamento do FMI**: o Fundo é formado pelo capital de seus Estados-membros sob a forma de **cotas**, pelos **empréstimos** tomados pelo próprio FMI ou por grupos de Estados.

Em diversos momentos, o capital do Fundo foi aumentado e, por conseguinte, tal fato acarreta o reajuste das cotas de cada Estado-membro. A oitava revisão foi realizada em 1990, vigorando em 1992, o que ocasionou o aumento dos recursos em 90 bilhões de DSE (moeda contábil que analisaremos no próximo item). Os Estados-membros se interessaram em contribuir para o aumento de capital a fim de não perder o seu poder de voto – pois o peso deste é determinado pela cota que cada país tem junto ao FMI – e para participar das vantagens decorrentes do aumento de capital, por exemplo, do aumento dos montantes disponíveis para saque (IMF, 2017).

Outra modalidade de aquisição de recursos pelo FMI é o mecanismo chamado de **acordos gerais de empréstimo** (AGE). Criado em 1962, esse sistema é estruturado da seguinte forma: alguns países que têm moeda conversível autorizam o FMI a utilizar sua moeda até determinado valor, para atender a solicitações de outros Estados. Inicialmente, esse sistema era voltado para os países desenvolvidos, pois havia a condição de que apenas os países que realizavam os empréstimos poderiam se beneficiar desse mecanismo. Após a reforma de 1983, o FMI passou a beneficiar qualquer Estado-membro, podendo o Estado que realizou o empréstimo monitorar a ação (IMF, 2017).

Devemos salientar que o FMI não permite empréstimos que superem a metade do valor das cotas do Estado interessado. Além disso, é importante mencionar que os empréstimos são depositados em instituições públicas, ou seja, não são colocados no mercado internacional de capitais de natureza privada.

Uma parcela relevante das atividades realizadas pelo FMI é a assistência financeira prestada aos Estados-membros no que concerne à operação de compra ou saque. Essa assistência ocorre quando um Estado-membro apresenta problemas em sua balança de pagamentos ou em sua reserva monetária, precisando adquirir moeda estrangeira. Nessa hipótese, o Estado-membro se dirige ao FMI para adquirir as divisas estrangeiras necessárias, trocando-as pela sua moeda (IMF, 2017).

Caso o Estado deseje sacar o montante, sem necessitar da aprovação do FMI, ele deve limitar o seu saque ao correspondente a 100% do valor da sua própria cota-parte. Essa regra é denominada **política de tranches**, que corresponde às operações em que o valor do saque é inferior ao tranche – ou "parcela" – de reserva (IMF, 2017).

Por outro lado, nas operações de saque em que as compras estão inseridas em um tranche de crédito, quando o montante em moeda nacional do país sacador detido pelo FMI vai além dos 100% do valor da cota-parte, ocorre a imposição de condições, que se tornam mais severas e estritas à medida que o saque se aproxima do valor máximo autorizado de 200% da cota-parte (IMF, 2017).

Em geral, as condições exigidas para as operações de saque seguem a técnica denominada **acordo de confirmação** – ou acordo *stand-by* –, a qual consiste em uma promessa de crédito antecipada, sendo previamente estabelecidas as condições de saque. Assim, o FMI fixa um teto para que o Estado sacador realize seus saques, com condições estabelecidas previamente.

Os países em desenvolvimento, principalmente, fizeram muita pressão para que fosse alterado o valor máximo de 200% da cota-parte, que não era um valor considerado suficiente. Além disso, foi reivindicada a análise de cada pedido conforme as circunstâncias econômicas do país sacado, assim como a gravidade da crise no que se refere à balança de pagamentos. Essas solicitações ocasionaram a adoção das seguintes medidas (Dinh; Daillier; Pellet, 2003):

a. O montante máximo autorizado de saques foi aumentado para 600% do valor da cota-parte, mas, em 1984, foi realizada outra reforma, e o valor máximo autorizado foi estabelecido em 450% da cota-parte.

b. Facilitação para financiamentos compensatórios e para imprevistos.

c. Alargamento do crédito para a correção de desequilíbrios estruturais no que se refere à balança de pagamentos.

d. Financiamento de *stocks* reguladores relativos a produtos de base.

e. Facilitação para transformações sistemáticas, ou seja, para auxiliar as economias dos países em fase de transição do socialismo para o capitalismo.

Outras mudanças foram realizadas no FMI, em decorrência de problemas na liquidez internacional e da "menor credibilidade do dólar como instrumento de reserva" (Dinh; Daillier; Pellet, 2003, p. 1102), por exemplo, a criação de outro instrumento de reserva de natureza artificial: os **direitos de saques especiais** (DSE) são um dinheiro contábil que, inicialmente, eram instrumentos de crédito, mas, a partir de 1981, tornaram-se **moeda internacional convencional** (Dinh; Daillier; Pellet, 2003). Assim,

> *para reforçar o papel dos DSE enquanto moeda internacional, o FMI flexibilizou consideravelmente as condições de utilização. Inicialmente tratava-se, pelo menos em parte, de uma espécie de empréstimo ao beneficiário; após 1981, eles não voltaram a ser reembolsados (abandono da obrigação de reconstituição). Em contrapartida,*

eles capitalizaram o juro, o que os torna mais atrativos e, portanto, negociáveis. (Dinh; Daillier; Pellet, 2003, p. 1103)

Além disso, é importante destacarmos que, enquanto os DSE não se tornam moedas internacionais, os Estados-membros têm a necessidade de transformá-los em **moeda conversível**.

Por fim, para Hoff e Stiglitz (2001), uma das melhores formas de se realizar uma verdadeira reforma no FMI é a incorporação de dois elementos à sua estrutura: **transparência** e **governança**. Por outro lado, é importante destacarmos que, provavelmente, apenas a transparência – e, logo, o acesso à informação – ou apenas a governança, não seja suficiente para reformar o FMI e adaptá-lo às necessidades atuais. Assim, o futuro do FMI em direção a uma maior equidade talvez seja a alteração das condições impostas nos empréstimos.

9.5 Assistência financeira no plano universal: Bird

A assistência financeira no plano universal da Organização das Nações Unidas (ONU) está consolidada na estrutura do Banco Internacional para Reconstrução e Desenvolvimento (Bird) ou Banco Mundial. A sua edificação como **banco de assistência financeira** teve como objetivo original ajudar as economias arrasadas no pós-guerra; depois, foi estabelecido o escopo de auxiliar no desenvolvimento dos países pobres.

Em relação ao capital do Bird, cumpre-nos mencionar que ele é formado pelas subscrições realizadas pelos Estados-membros, mas apenas 10% desse capital é efetivamente depositado; os outros 90% correspondem a cauções prestadas em razão dos empréstimos realizados pelo Banco Mundial. Diferentemente do FMI, os recursos centrais do Bird são os **empréstimos** que podem ser tomados de instituições públicas, bem como no mercado internacional de capitais ou em mercados nacionais. Quando se toma um empréstimo de um mercado nacional, é necessária a realização de um acordo com o Estado interessado (The World Bank, 2014).

Os empréstimos realizados são de **longo prazo** – a média é de 20 anos – e o reembolso é realizado na moeda em que o empréstimo foi obtido. O período de carência quanto à incidência de juros varia de 3 a 7 anos. Além disso, devemos mencionar algumas condições gerais impostas pelo Bird para que os empréstimos sejam realizados (Dinh; Daillier; Pellet, 2003):

a. Os acordos de empréstimo são realizados apenas por governos ou são por eles garantidos.

b. O Bird garante a solvência do Estado tomador do empréstimo e, muitas vezes, subordina tal Estado à realização de reformas em sua economia.

c. Os empréstimos são liberados apenas quando são apresentados projetos definidos e claros, que demonstram a viabilidade produtiva, os quais devem ser necessariamente rentáveis sob a perspectiva do sistema financeiro.

d. O projeto apresentado deve demonstrar que não seria capaz de obter um empréstimo por outra via, porém isso não significa que exista um cofinanciamento entre o Bird e outra instituição financeira. Ao contrário, muitas vezes o Estado beneficiário obtém a participação de outra instituição financeira no seu projeto, exatamente porque o Banco Mundial o financiará. Além disso, ressaltamos que o Bird nunca é responsável pelo financiamento total das despesas do projeto.

e. Os acordos e os empréstimos, bem como as garantias fixadas, estão submetidos às regras de direito internacional, ou seja, a legislação do Estado beneficiário não é aplicável aos acordos de empréstimos nem às garantias instituídas.

A atuação da **Sociedade Financeira Internacional** (SFI) e da **Associação Internacional de Desenvolvimento** (AID), criadas respectivamente em 1956 e 1960, complementam a atuação do Bird; ambas foram instituídas para apoiar os países pobres no combate à miséria.

A SFI tem todo o seu capital subscrito, uma vez que necessita dele para suas intervenções, que são, em geral, demasiadamente onerosas. A SFI apresenta como escopo primordial o incentivo ao setor privado das economias de países em desenvolvimento para consolidar seu mercado (The World Bank, 2014).

Por outro lado, a AID ajuda países pobres fornecendo, em geral, empréstimos sem juros. Os fundos da AID necessitam constantemente da ajuda dos países financiadores. A assistência fornecida pela AID não configura empréstimos, mas sim **créditos**, em razão da ausência de juros, da amortização em 10 anos e do reembolso em 50 anos. Diferentemente do que ocorre com o Bird, os projetos não precisam ser produtivos nas áreas mais pobres do mundo e os Estados não precisam prestar garantias. Assim, em decorrência de suas características, a AID não pode procurar capitais no mercado privado e depende das subvenções do Bird e dos valores fornecidos pelos Estados financiadores (The World Bank, 2014).

Na Resolução n. 3.202 (S-VI) da ONU (United Nations, 1974), resultante da solicitação da Assembleia Geral da Organização, foi incorporado um mecanismo que visa fornecer ajuda complementar a países mergulhados em crises graves e que estabelece condições intermediárias entre aquelas presentes no Bird e na AID. Assim, é estabelecida uma bonificação de taxas de juros nos empréstimos realizados pelo Banco Mundial. Esse auxílio é advindo de contribuições voluntárias para tal finalidade. Além disso, devido aos problemas existentes no continente africano, foi criado um fundo para o desenvolvimento da África.

Por fim, cumpre-nos salientar que, em 1994, quando se completaram 50 anos da Conferência de Bretton Woods, foi lançada a campanha intitulada **Cinquenta Anos Bastam** (Mingst, 2009). Os críticos que se uniram nessa campanha defendiam que o Bird deveria fortalecer sua atuação no combate à pobreza e assumir um compromisso com a democracia. Se essas mudanças serão efetivadas, apenas o tempo poderá revelar, pois, na outra ponta da crítica, existem aqueles que afirmam que o FMI e o Bird se afastaram dos princípios neoliberais.

Síntese

O sistema construído em Bretton Woods (1944) passou por várias alterações ao longo das décadas. O FMI e o Banco Mundial sobreviveram a essas mudanças, embora tenham sido necessárias algumas adaptações de suas regras e estruturas. No caso do FMI, sua missão principal foi modificada quando o padrão-ouro deixou de ser adotado. Tanto o FMI quanto o Banco Mundial recebem críticas relativas à falta de transparência, à ausência de comprometimento para com os países pobres e à falta de governança. É possível que, no futuro, a transparência seja implementada, uma vez que essa é a tendência das democracias contemporâneas; porém, apenas esse aspecto não será suficiente para realizar uma reforma nessas instituições financeiras na direção de fornecer um maior apoio aos países pobres e em desenvolvimento.

Questões para revisão

1) No que se refere a temática *moeda e DIP*, assinale a alternativa **incorreta**:
   a. A moeda é uma matéria que deve ser disciplinada pelo direito público de cada país.
   b. O Estado que altera ou deprecia sua moeda, ou adota medidas que afetem credores estrangeiros, não comete uma violação do direito internacional.
   c. O Estado que depreciar sua moeda, afetando os credores estrangeiros, pode ser responsabilizado fora de sua soberania, em decorrência de obrigações assumidas por tratados internacionais.
   d. Conforme o Tribunal Permanente de Justiça Internacional (TPJI), não se pode aceitar que o Estado seja o titular para regular sua moeda, competindo ao DIP realizar essa tarefa.

2) Qual presidente anunciou, em 1971, que suspenderia o padrão dólar-ouro?
   a. Richard Nixon.
   b. Harold Wilson.
   c. Alain Poher.
   d. Gustav Heinemann.

3) Assinale a alternativa que apresenta os objetivos originais do Bird, também conhecido como *Banco Mundial*:
   a. Ajudar as economias dos Aliados após a Segunda Guerra Mundial e auxiliar o desenvolvimento dos países da América Latina.
   b. Ajudar as economias arrasadas no pós-guerra e auxiliar no desenvolvimento de países pobres.

c. Ajudar as economias dos países do Leste Europeu e auxiliar o desenvolvimento dos países da África.

d. Ajudar na reconstrução da Alemanha e auxiliar no desenvolvimento da Austrália.

4) Qual é o melhor modo para realizar uma efetiva reforma no FMI?

5) Qual era o objetivo original do Banco Mundial?

Questões para reflexão

1) O FMI tem um papel relevante para o desenvolvimento do Brasil? Justifique sua resposta.

2) Além da transparência, na sua opinião, quais outras ações devem ser adotadas pelo FMI e pelo Bird para o combate à pobreza e à desigualdade social?

Para saber mais

Sobre o papel do Brasil na economia global, acesse o endereço eletrônico a seguir e leia matéria da BBC Brasil, de Adriano Brito.

BRITO, A. Como o Brasil ajuda a puxar para baixo resultado da economia global. **BBC Brasil**, São Paulo, 19 jan. 2016. Disponível em: <http://www.bbc.com/portuguese/noticias/2016/01/160119_projecoes_fmi_ab>. Acesso em: 9 fev. 2017.

Consultando a legislação

UNITED NATIONS. **Charter of the United Nations**. 1945. Disponível em: <http://www.un.org/en/charter-united-nations/index.html>. Acesso em: 9 fev. 2017.

_____. **Resolution 3202 (S-VI)**: Programme of Action on the Establishment of a New International Economic Order. 1974. Disponível em: <http://www.un-documents.net/s6r3202.htm>. Acesso em: 9 fev. 2017.

X

O Sistema de Solução de Controvérsias do ICSID (investimentos estrangeiros)

Conteúdos do capítulo:

» Fundamentos do Sistema de Solução de Controvérsias na arbitragem de investimentos.
» A conciliação e a arbitragem internacionais no ICSID.
» O objetivo da Comissão de Conciliação.
» Composição e competência do Tribunal de Arbitragem.
» Direito aplicável.
» Dados relevantes sobre o Sistema de Solução de Controvérsias.
» Estudo de casos no ICSID.
» Perspectivas para o Brasil sobre o ICSID.

10.1 Introdução

Na esfera do Direito do Comércio Internacional, destacamos cada vez mais a necessidade de se disciplinar a proteção dos investimentos estrangeiros, devido ao seu crescimento exponencial nas últimas décadas, bem como em razão da sua importância para o desenvolvimento dos países.

Apesar de o último relatório apresentado em junho de 2015 pela Conferência das Nações Unidas sobre Comércio e Desenvolvimento (Unctad) indicar uma queda de 16% do fluxo global de investimentos diretos estrangeiros (Unctad, 2015), verificamos o aumento consistente, a partir do ano de 1997, da quantidade de casos submetidos ao Centro Internacional de Resolução de Conflitos sobre Investimentos (Circi ou ICSID*), especialmente para a realização de conciliação ou arbitragem internacional entre um Estado signatário e um indivíduo ou uma empresa. Em relação ao Brasil, apesar de não participar do ICSID, nosso país desenvolveu mecanismos próprios para resguardar seus interesses, seja como investidor (direto ou indireto), seja como destinatário dos investimentos.

---

* Em inglês, utiliza-se comumente a sigla ICSID, devido ao nome original do centro: *International Centre for Settlement of Investment Disputes*.

10.2 Fundamentos do Sistema de Solução de Controvérsias na arbitragem de investimentos

Preliminarmente, devemos resgatar o conceito de **investimento estrangeiro** que, com base nas lições de Norbert Horn (2004, p. 3), é

> *o relacionamento financeiro estabelecido em decorrência de um investidor aplicar recursos em outro país durante um prazo médio ou longo, tendo como resultado a exposição a um ambiente de negócios diferente e menos conhecido, tanto no que se refere às diferenças culturais, tradições, mentalidades, burocracias, sistemas jurídicos e estrutura política, além de possível corrupção e, acima de tudo, uma específica vulnerabilidade à interferência pelo Estado receptor.*

Nesse sentido, para a definição de *investimento estrangeiro*, verificamos a existência de, pelo menos, **quatro critérios**. Em primeiro lugar, é necessário que um país receba recursos oriundos do exterior. Em segundo lugar, esses recursos devem permanecer no exterior durante um prazo mínimo. Em terceiro lugar, os mesmos recursos, tanto em razão de diferenças culturais quanto de sistema jurídico, devem estar expostos a riscos. Por fim, quanto aos resultados visados, é preciso que exista uma expectativa de retorno positivo, isto é, de lucro (Luís, 2013).

Contudo, devemos observar que a convenção que regula o ICSID não define o que significa ***investimento***. É relevante também registrarmos que não há consenso pleno sobre esse conceito, em que pese o esforço da Unctad para defini-lo (Unctad, 2016a). No entanto, a sua referência é constante em documentos internacionais que tratam, por exemplo, de investimentos estrangeiros na exploração de recursos naturais de outros países, como é o caso da Resolução n. 1.803/1962 da Assembleia Geral das Nações Unidas* (Portugal, 1962).

A necessidade da criação de um sistema específico para a solução de controvérsias sobre investimentos diretos estrangeiros surgiu na década de 1960, quando ocorreu a intensificação do relacionamento econômico entre os países desenvolvidos (PDs) e os países em desenvolvimento (PEDs), bem como problemas decorrentes, como expropriações e nacionalizações de bens estrangeiros, que trouxeram insegurança jurídica ao comércio internacional.

Nesse sentido, apesar da amplitude da competência da Corte Internacional de Justiça (CIJ ou ICJ – *International Court of Justice*), os países que apoiam o Banco Mundial deliberaram, em 18 de março de 1965, pela criação de um espaço que poderia ser utilizado caso surgisse uma disputa envolvendo investimento direto estrangeiro. Com isso, consoante a Convenção sobre Resolução de Conflitos relativos a Investimentos entre Estados e Nacionais de outros Estados**, foi criado o Centro Internacional para a Resolução de Conflitos sobre

---

* "8. Os acordos de investimento estrangeiro celebrados livremente por ou entre Estados soberanos deverão ser cumpridos de boa fé; os Estados e as organizações internacionais deverão respeitar estrita e conscienciosamente a soberania dos povos e das nações sobre as suas riquezas e recursos naturais em conformidade com a Carta e com os princípios consagrados na presente resolução" (Portugal, 1962).
** Também denominada *Convenção de Washington*.

Investimentos (ICSID), sediado em Washington, EUA, juntamente ao Banco Mundial.*

Ademais, a abrangência do ICSID é crescente, tendo iniciado com 20 (vinte) países e contando, atualmente, com a expressiva participação de mais de 150 países. No entanto, devemos registrar que, no âmbito da América do Sul, o Brasil não integra o ICSID, juntamente com Venezuela, Equador, Bolívia e Suriname. Também, destacamos a ausência de Índia, África do Sul e México**. A Rússia, ainda que seja signatária desde 1992, não ratificou até o momento a aludida Convenção (Brown, 2013).

O mapa a seguir (Figura 10.1), atualizado até 31 de dezembro de 2015, apresenta a situação dos países em relação ao ICSID: a) em cinza-médio, os países que o assinaram e ratificaram; b) em cinza-escuro, os que o assinaram, mas não o ratificaram; e c) em cinza-claro, os que não o assinaram.

---

*   Artigo 2: "A sede do Centro será a do Banco Internacional para a Reconstrução e Desenvolvimento. A sede poderá ser transferida para outro local por decisão do Conselho de Administração, aprovada por uma maioria de dois terços dos seus membros" (Portugal, 1984).

** A situação do México é peculiar, pois, apesar de não ter ratificado a mesma Convenção, submete-se ao ICSID por via reflexa, pois o Tratado Norte-americano de Livre Comércio (Nafta) prevê que um dos possíveis meios de resolução de controvérsias que devem ser adotados é o que ocorre no âmbito do ICSID (United States of America, 2016).

Figura 10.1 – Situação dos países em relação ao ICSID

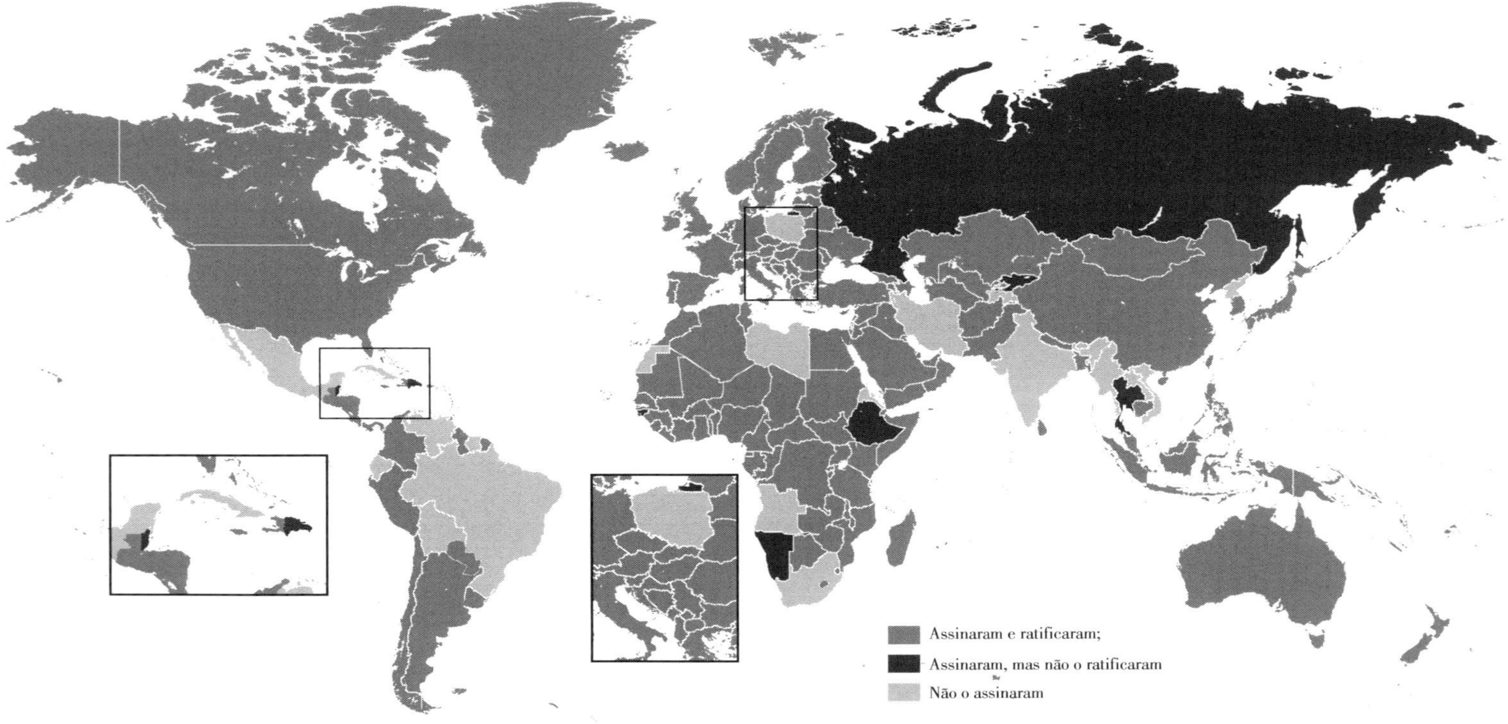

Assinaram e ratificaram;
Assinaram, mas não o ratificaram
Não o assinaram

Fonte: Adaptado de ICSID, 2016c, p. 6.

Bernadete de Figueiredo Dias (2010) ensina que, entre os objetivos das normas dedicadas à proteção dos investimentos estrangeiros, estão:
a. permitir a livre circulação dos fatores de produção;
b. garantir a plena proteção dos investimentos; e
c. promover os investimentos estrangeiros.

Nessa linha, preliminarmente, verificamos que o objetivo primordial do ICSID consiste em ser um *locus* juridicamente válido e que facilite, por meio da conciliação ou da arbitragem, o alcance da solução de disputas entre Estados contratantes e nacionais de outros Estados contratantes (Costa, 2010).

No que tange às características da **arbitragem de investimento**, podemos destacar as seguintes, conforme exposto pelo mestre Daniel Tavela Luís (2013):
a. neutralidade;
b. confidencialidade;
c. flexibilidade do procedimento;
d. *expertise* dos árbitros;
e. custo e celeridade;
f. menor participação de terceiros e não vinculação da sentença a terceiros; e
g. limitação dos poderes dos árbitros.

Dessa forma, podemos observar que existe uma busca por maior celeridade e flexibilização para a solução dos conflitos no que se refere a investimentos, visando facilitar a solução desses conflitos de forma eficaz e direta.

10.3 A conciliação e a arbitragem internacionais no ICSID

Os métodos de solução de controvérsias previstos pela Convenção do ICSID são a **conciliação** e a **arbitragem**. Nesse passo, destacaremos os aspectos mais relevantes no que diz respeito à processualística por meio da qual os conflitos são apreciados.

10.3.1 A conciliação no ICSID

A conciliação realizada no ICSID tem início com um **pedido por escrito** realizado por qualquer Estado contratante ou por qualquer nacional de outro Estado contratante (Artigo 28). Após, é estabelecida uma **Comissão de Conciliação**, que pode ser composta por um ou mais conciliadores – desde que em número ímpar – em um prazo de 90 (noventa) dias (Portugal, 1984).

Observemos que tanto os conciliadores quanto os árbitros devem integrar listas de pessoas apresentadas pelos países contratantes – porém, não é necessário que sejam nacionais – e preencher os requisitos do Artigo 14 da Convenção de Washington – "elevada consideração e de reconhecida competência no domínio jurídico comercial, industrial ou financeiro e oferecer todas as garantias de independência no exercício das suas funções" (Portugal, 1984).

O princípio *Kompetenz-Kompetenz** ou princípio da competência-competência

Um aspecto importante na esfera do ICSID consiste no fato de a Comissão de Conciliação** deliberar a respeito da sua própria competência, conforme disposto no Artigo 32 da Convenção. Nessa linha, no caso de interposição de exceção de incompetência por qualquer uma das partes, a Comissão irá deliberar se tal exceção será conhecida como questão preliminar ou se será apreciada em conjunto com as questões de fundo.

O objetivo da Comissão de Conciliação

Inicialmente, é essencial recordarmos o que a conciliação **não é**. Nesse sentido, verificamos que não é permitido aos conciliadores impor uma solução às partes que aceitaram se submeter ao procedimento, bem como exigir que uma das partes aceite os termos ou as condições da outra, ou seja, deve haver a oportunidade de discuti-los.

Dessa forma, em consonância com o disposto no Artigo 34 da Convenção de Washington, a meta da Comissão é, primordialmente, elucidar as questões controversas entre as partes, bem como empenhar-se para que ambas acordem "em termos mutuamente aceitáveis" (Portugal, 1984).

Assim, por um lado, é permitido à Comissão recomendar e reiterar sugestões ao longo do procedimento. Por outro lado, é esperado que as partes ponderem com seriedade acerca das propostas da Comissão e que cooperem de boa-fé.

Com isso, caso as partes alcancem um acordo, a Comissão irá proceder à elaboração de um relatório, no qual constarão as questões

---

* Para aprofundamento acerca do referido princípio, destacamos o seguinte estudo: Pitombo (2007).
** O procedimento é semelhante no Tribunal de Arbitragem do ICSID.

controversas, e irá registrar o entendimento atingido. No entanto, se não for obtida a conciliação, o procedimento será terminado e a Comissão irá relatar as divergências identificadas e a situação de não concordância entre as partes.

10.3.2 A arbitragem no ICSID

Diferentemente da conciliação, a **arbitragem** é um meio de solução de controvérsias por meio do qual é possível a imposição, pelo Tribunal, de uma solução desejada ou não, por um ou por todos os contendores. A Convenção de Washington prevê o procedimento arbitral em seus Artigos 36 a 58 (Portugal, 1984).

A arbitragem no ICSID é iniciada com o **protocolo de um requerimento escrito** por um Estado contratante ou por um nacional de um outro Estado contratante, em que estarão especificados (Portugal, 1984):

a. o objeto da divergência;
b. a identidade das partes; e
c. o consentimento para a realização da arbitragem (Artigo 36).

Como observamos, o protocolo de requerimento deve apresentar os seguintes elementos: objeto, partes e consentimento, para que se inicie a arbitragem no ICSID.

■ Composição e competência do Tribunal de Arbitragem

O Tribunal instituído será composto por apenas um árbitro ou por um número ímpar de árbitros, em conformidade com o que for acertado entre as partes. Em caso de não entendimento sobre a sua composição, a solução é a mesma adotada para a Comissão de Conciliação: o Tribunal será composto por três árbitros, sendo que cada parte indica um, e o terceiro, que será o presidente, será acordado entre os contendores (Portugal, 1984).

Notemos que, da mesma maneira, também é aplicável na arbitragem o princípio *Kompetenz-Kompetenz*, conforme disposto no Item 1 do Artigo 41 da mesma Convenção (Portugal, 1984).

■ Direito aplicável

São duas as possibilidades que devem ser verificadas pelos árbitros em relação ao direito aplicável no caso sob análise. A primeira é a existência de acordo entre as partes sobre a legislação que irá disciplinar a divergência. A segunda é a inexistência de tal acordo, o que, nos termos do Artigo 42 da Convenção de Washington, obriga o tribunal a decidir em consonância com a lei do Estado contratante que seja parte na contenda, inclusive no que se refere a eventuais conflitos de leis, assim como em sintonia com os princípios do Direito Internacional pertinentes à situação em tela. É imperioso salientarmos que o Item 2 do mesmo Artigo 42 preceitua que, em caso de omissão ou obscuridade da lei, o Tribunal não pode se recusar a julgar (Portugal, 1984).

■ Instrução e providências cautelares

A **instrução da arbitragem** na ICSID está prevista, principalmente, nos Artigos 43 a 45 da Convenção de Washington: por um lado, é permitido que as partes acordem sobre o modo como será realizada a formação das provas e, caso não ocorra esse entendimento, é possível aos árbitros pedir que aquelas apresentem documentos ou outros meios de prova, bem como realizar inspeções (Artigo 43). Por outro lado, caso não exista manifestação de uma das partes, não será permitida a presunção de confissão (Artigo 45) (Portugal, 1984).

Ademais, é permitido ao Tribunal, salvo acordo em outro sentido celebrado entre as partes, sugerir a adoção de medidas cautelares capazes de resguardar os interesses das partes (Artigo 47) (Portugal, 1984).

■ Sentença do Tribunal

A deliberação do Tribunal ocorre por meio da decisão da maioria dos votos entre todos os seus componentes, e a publicação da sentença ocorrerá apenas caso haja o consentimento das partes envolvidas (Artigo 48). Observamos que, em caso de omissão ou erro material, é possível a realização de um pedido para que, se for confirmada a falha, os árbitros a corrijam, o que constará na decisão anterior. Conforme o Artigo 51, também é permitido às partes solicitar "ao secretário-geral com fundamento na descoberta de algum fato suscetível de exercer uma influência decisiva sobre a sentença, desde que, à data da sentença, tal fato fosse desconhecido do tribunal e do requerente sem culpa deste" (Portugal, 1984), sendo possível a suspensão da execução provisória da sentença até a nova deliberação do Tribunal.

■ Hipóteses de anulação da sentença

A Convenção de Washington prevê cinco situações que possibilitam a anulação da sentença, desde que haja requerimento no prazo de 120 (cento e vinte) dias a partir da data em que ela for proferida (Portugal, 1984):

1. vício na constituição do Tribunal;
2. manifesto excesso de poder do Tribunal;
3. corrupção de um membro do Tribunal*;
4. inobservância grave de uma regra de processo fundamental; e
5. vício de fundamentação.

---

* No caso de **corrupção**, aplica-se o disposto no Item 2 do Artigo 51 da Convenção de Washington. O único caso em que houve pedido de anulação com base em corrupção foi o da *Compañia de Aguas del Aconquija* S.A. e *Vivendi Universal* S.A. v. República da Argentina (10 de agosto de 2010). Notemos que, no entanto, apesar da previsão legal, não ocorreu reforma de sentença arbitral com esse fundamento.

Com isso, caso ocorra a anulação da sentença, será constituído um novo Tribunal, para que se realize uma nova apreciação e, consequentemente, uma nova sentença.

▪ Reconhecimento e execução da sentença

De acordo com os Artigos 53 a 55 da Convenção de Washington, os Estados contratantes são obrigados a reconhecer as sentenças proferidas pelos Tribunais constituídos no âmbito do ICSID, sem que haja a possibilidade de qualquer discussão no âmbito do Estado em que elas serão executadas, isto é, deverão ser executadas como se fossem títulos executivos judiciais proferidos no próprio país (Portugal, 1984).

10.4 Dados relevantes sobre o Sistema de Solução de Controvérsias

Neste tópico, apresentamos dados relevantes para a compreensão da importância do ICSID. Registremos que o mesmo Centro apresenta periodicamente relatórios atualizados que é possível acessar por meio do seu *site**.

10.4.1 Quantidade de casos registrados pelo ICSID desde 1972 até 2015

Cumpre-nos verificar os casos registrados desde 1972 pelo ICSID, o que nos permite constatar a procura pelo ICSID aumentou ao longo dos anos (Gráfico 10.1).

---

* Disponível em: <https://icsid.worldbank.org/en>. Acesso em: 9 fev. 2017.

Gráfico 10.1 – Casos registrados pelo ICSID desde 1972 até 2015

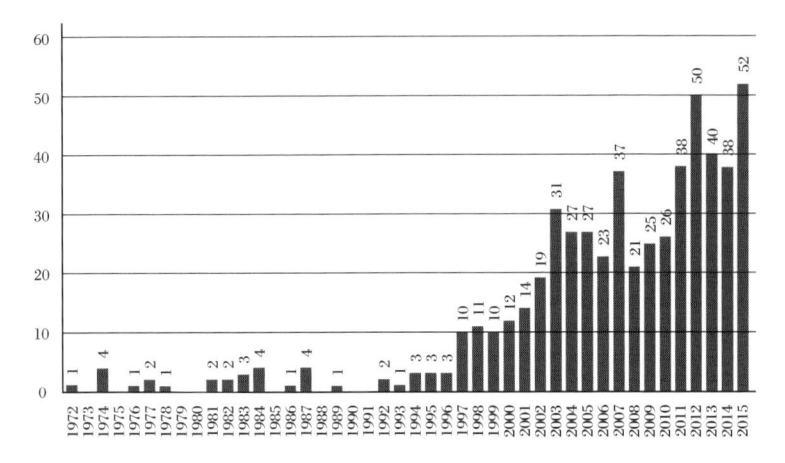

Fonte: Adaptado de ICSID, 2016c, p. 7.

No Gráfico 10.1, acima, verificamos que, especialmente a partir de 1997, ocorreu um aumento substancial e consistente da quantidade de casos submetidos anualmente ao ICSID, em razão de disputas decorrentes de investimentos estrangeiros.

10.4.2 Informações e gráfico sobre conciliação

Em relação à conciliação, verificamos que, de cada 100 procedimentos que são iniciados, 75% são concluídos, mas, entre os casos concluídos, conforme mostra o Gráfico 10.2, a seguir, 83% (cinza-escuro) não obtêm conciliação e 17% (cinza-claro) registram acordo entre as partes.

Gráfico 10.2 – Conciliações no ICSID

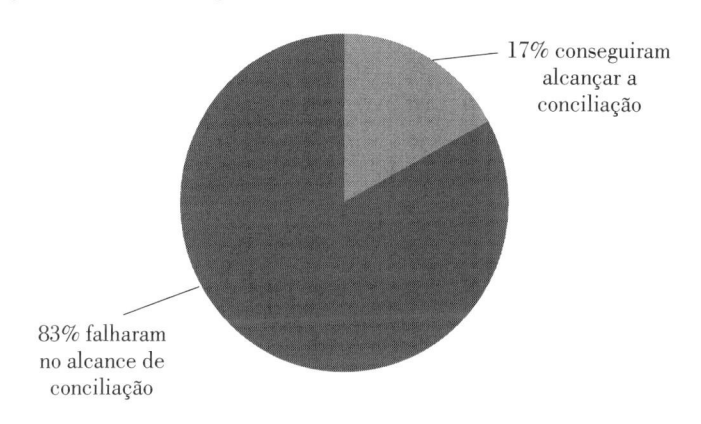

- 17% conseguiram alcançar a conciliação
- 83% falharam no alcance de conciliação

Fonte: Adaptado de ICSID, 2016c, p. 16.

Diante dos dados que apresentamos no Gráfico 10.2, podemos observar que a quantidade de soluções de controvérsias por meio da conciliação ainda é muito baixa no âmbito do ICSID.

10.5 Estudo de casos no ICSID

Desde o primeiro, em 1972, 575 casos foram apreciados pelo ICSID, sendo que, destes, 363 foram concluídos e 212 encontram-se pendentes (ICSID, 2016c). Outro dado relevante é a indicação de árbitros brasileiros no ICSID, como o professor emérito da Universidade de Brasília (UnB) Antônio Augusto Cançado Trindade, o professor de Direito da Universidade de São Paulo (USP) Luiz Olavo Baptista e o ex-ministro do Supremo Tribunal Federal (STF) Francisco Rezek.

Outro detalhe é a lista dos **setores econômicos** que normalmente são discutidos nos casos submetidos aos Tribunais do ICSID: agricultura, pesca, construção, energia, finanças, informática, comunicação, óleo, gás, mineração, serviços, comércio, turismo, transporte, água e proteção contra enchentes.

Em seguida, para exemplificarmos o funcionamento da arbitragem no ICSID, sintetizaremos as conclusões alcançadas em dois casos:
1. Caso *Caravelí Cotaruse Transmisora de Energía* S.A.C. (demandante) e República do Peru (demandada); Caso Ciadi n. ARB/11/9 (ICSID, 2016a): foi presidente do Tribunal Arbitral o professor titular da USP Luiz Olavo Baptista. A demandante é uma concessionária peruana no setor de transmissão de energia elétrica e, durante a execução do contrato, considerou que suas obrigações tinham se tornado excessivas e que, por isso, deveria ser declarada a resolução do contrato de concessão, bem como indenizada pela demandada no valor de US$ 19.841.434,00 para que houvesse a recomposição dos valores investidos e que lhe fossem devolvidas as cartas-fianças que garantiam o cumprimento do mesmo contrato. O principal argumento considerado pelo Tribunal foi que o prazo para a demandante reclamar a ocorrência da onerosidade excessiva (pedido principal) caducou e, por isso, seus pedidos deveriam ser julgados improcedentes. Com isso, o Tribunal considerou todos os pedidos improcedentes e condenou a demandante a indenizar a demandada no valor de USS 3.097.691,82 pelos gastos com a arbitragem.*
2. Caso *PNG Sustainable Development Program Ltd.* (demandante) e Estado Independente de Papua-Nova Guiné (demandado); Caso Ciadi n. ARB/13/33 (ICSID, 2016b): foi presidente do Tribunal Arbitral o advogado e acadêmico Gary Born. Em síntese, a demandante, que possuía ações

---

* É importante registrarmos que, após a conclusão do laudo arbitral, as partes celebraram, em 19 de dezembro de 2013, um amplo acordo envolvendo também outras empresas, conforme documento denominado *Resolución procesal dejando constancia de la terminación del procedimiento de arbitraje* (ICSID, 2016a).

ordinárias de uma empresa concessionária local que explorava minérios na região denominada *Star Mountains* na província oeste de Papua-Nova Guiné, alegou ter sido expropriada de suas ações pelo demandante e, em razão disso, requereu que suas garantias como investidora fossem respeitadas (item 40 do documento denominado *Award*). O demandado respondeu, preliminarmente, que não havia consentido na submissão do caso ao ICSID, que o investimento realizado não era caracterizado como estrangeiro (Item 67) e que não tinha a expectativa de lucro (Item 71). Finalmente, conforme principalmente os Itens 321 a 327 e 379 da decisão final (*Award*), o Tribunal concluiu que, com base no princípio da competência-competência (*Kompetenz-Kompetenz*), em razão dos Artigos 25 e 41 da Convenção de Washington, que o demandante não conseguiu comprovar que o demandado consentiu de qualquer maneira na submissão do caso ao ICSID e que, portanto, tornava-se desnecessária a análise dos demais itens como a qualificação do investimento como estrangeiro.

Assim, podemos verificar algumas características do ICSID: as partes advêm de setores econômicos variados, a maior parte dos casos é concluída e existe uma relevante quantidade de árbitros brasileiros indicados para participar no ICSID.

10.6 Perspectivas para o Brasil sobre o ICSID

O Brasil é o sexto país que mais recebeu investimentos diretos estrangeiros no ano de 2014, conforme referido no último relatório, de junho de 2015, da Unctad.* Com isso, seria possível acreditarmos que, em uma primeira análise, a ratificação da Convenção de Washington seria desnecessária e que, portanto, o Estado brasileiro continuaria a atrair recursos sem ampliar ou fortalecer as garantias oferecidas em contrapartida aos riscos assumidos pelos investidores.

Podemos analisar a postura brasileira, que optou por não participar do ICSID, sob dois aspectos primordiais. Por um lado, um dos principais marcos da atual postura do nosso país em relação ao ICSID é encontrado no parecer apresentado pelo ex-consultor jurídico do Ministério das Relações Exteriores (MRE), dr. Augusto de Rezende Rocha, que, em 1964, entendeu que aceitar a jurisdição do Tribunal de Arbitragem do ICSID seria submeter-se ao "imperialismo econômico" (Soares, 1985, p. 80) e se assumiria o risco de obedecer a decisões de um órgão internacional que poderia, eventualmente, influir negativamente na soberania do Estado. Infere-se que a conclusão do parecerista, por sua vez, foi calcada na denominada *Doutrina Calvo*, a qual postula que, conforme exposto pelo diplomata Celso de Tarso Pereira (1998, p. 91), "estipulava que estrangeiros só podem ter os mesmos direitos que os nacionais e assim também só poderiam buscar medidas judiciais nos tribunais locais e conforme os dispositivos das leis nacionais".

Por outro lado, observamos que o mecanismo de solução de controvérsia—arbitragem teve a sua constitucionalidade reconhecida pelo STF em dezembro de 2001, conforme julgado no Recurso em Processo de Homologação de Sentença Estrangeira (SE 5.206), e que, inclusive, a denominada Lei de Arbitragem – Lei n. 9.307, de 23 de setembro de 1996 (Brasil, 1996) foi recentemente atualizada pela Lei n. 13.129, de 26 de maio de 2015 (Brasil, 2015a),

---

* Até a elaboração do presente trabalho, não havia sido publicado o relatório de 2016 referente ao período de janeiro a dezembro de 2015.

o que demonstra o interesse do Estado brasileiro na continuidade e na ampliação da sua aplicabilidade.

Ademais, no que tange à arbitragem internacional, verificamos que, conforme explicitado no Caso Ciadi n. ARB/13/33 (ICSID, 2016b), é garantido aos Estados contratantes que qualquer caso será apreciado pelo Tribunal Arbitral apenas se houver consentimento expresso das partes. Logo, está claro para nós que se trata de uma **faculdade**, e não de uma **obrigatoriedade**, e que a submissão do caso pode ser realizada pontualmente.

Ainda em relação à atuação brasileira, podemos destacar duas situações. A primeira é referente ao caso Copel vs. UEG Araucária no Brasil, cuja discussão sobre a possibilidade ou não de o Poder Público participar de arbitragem foi resolvida definitivamente no caso AES Uruguaiana v. Companhia Estadual de Energia Elétrica (Brasil, 2005). Em outras palavras, podemos considerar que, atualmente, é admitida a arbitragem que envolva o Poder Público no Brasil. A segunda decorre de um caso de nacionalização do ano de 2006, pelo Estado Plurinacional da Bolívia, das reservas de gás e petróleo de refinaria, inclusive de parte das ações da *Petrobras Bolívia Refinación* S.A.* Nesse caso, apesar das notícias sobre o acordo alcançado no ano de 2007, o que verificamos foi que a segurança jurídica da Petrobras S.A. (empresa brasileira), em relação aos seus investimentos na Bolívia, tinha como base a existência de duas filiais da empresa, uma na Argentina e outra nos Países Baixos, sendo que esses dois últimos países, diferentemente do Brasil, têm acordos de proteção de investimentos com a Bolívia. Em suma, é a aplicação do conceito de **cláusula guarda-chuva** (*umbrella clause*), como neste exemplo: a empresa brasileira abre uma filial nos Países

---

* O estudo sobre as origens desse caso foi elaborado pela Consultoria Legislativa da Câmara dos Deputados, conforme Lima (2006).

Baixos; por sua vez, essa empresa investe em um terceiro país com o qual possui um acordo de proteção de investimentos (Drabek; Mavroidis, 2013).

Síntese

A arbitragem internacional realizada pelo ICSID constitui um instrumento relevante para a solução de controvérsias entre Estados contratantes e nacionais de outros Estados contratantes. O aumento do número de casos nos últimos anos, assim como a complexidade técnica das situações, demandam flexibilidade para a composição do Tribunal e refletem um maior movimento no âmbito global, como resultado do interesse dos Estados de atrair mais investidores estrangeiros: a harmonização da legislação sobre investimentos é possibilitada por organismos internacionais imparciais. Nessa linha, há outros exemplos, como a Convenção de Nova Iorque e a Lei Modelo da Comissão das Nações Unidas para o Direito Comercial Internacional (*United Nations Commission on International Trade Law* – Uncitral).

As situações reais que observamos indicam que, em regra, todos os países, independentemente da força de sua economia, ambicionam atrair cada vez mais investimentos estrangeiros, o que, do ponto de vista dos investidores, supõe um ambiente que propicie segurança jurídica em casos de não cumprimento de obrigações. No presente estudo, identificamos que o Estado brasileiro experimentou as duas posições: como destinatário de recursos estrangeiros, optou por não aderir à Convenção de Washington, mas, como acionista de empresas públicas que investem no exterior, optou por realizar operações por meio de filiais localizadas em países que celebraram acordos de proteção de investimentos com outros países. Em suma, a estratégia brasileira de não participar do ICSID poderia ser revista, com o escopo de esclarecer o que já ocorre na prática: o reconhecimento de laudos arbitrais estrangeiros, celebrados com base em acordos os quais o Brasil compõe apenas de forma indireta.

Questões para revisão

1) No que tange aos métodos de solução de controvérsia no DIE, assinale verdadeiro (V) ou falso (F):
   ( ) Os métodos de solução de controvérsias previstos pela Convenção do ICSID são a conciliação e a arbitragem.
   ( ) O princípio *Kompetenz-Kompetenz* não tem qualquer previsão normativa na Convenção do Centro Internacional para a Arbitragem de Disputas sobre Investimentos.
   ( ) O consentimento é um elemento indispensável para o deferimento do pedido de realização de arbitragem, conforme o disposto no Artigo 36 da Convenção do Centro Internacional para a Arbitragem de Disputas sobre Investimentos.
   ( ) Conforme previsto na Convenção de Washington, em caso de não cooperação entre os as partes, é função da Comissão de Conciliação impor a solução que entender mais adequada ao caso concreto.

2) Sobre o conceito e os procedimentos da arbitragem no ICSID, assinale verdadeiro (V) ou falso (F):
   ( ) A arbitragem é um meio de solução de controvérsias por meio do qual é possível a imposição pelo Tribunal de uma solução desejada ou não, seja por um, seja todos os contendores.

( ) Caso seja identificada qualquer omissão ou obscuridade da lei relevante para o caso concreto, o Tribunal pode se recusar a julgar conforme a Convenção de Washington.

( ) De acordo com a Convenção de Washington, ainda que não exista acordo entre as partes, não é permitido aos árbitros pedir que aquelas apresentem documentos ou outros meios de prova, bem como realizar inspeções.

( ) É possível a configuração da presunção de confissão, caso não haja manifestação de qualquer uma das partes, segundo o disposto no Artigo 45 da Convenção de Washington.

3) Quanto à sentença na arbitragem do Tribunal do ICSID, assinale verdadeiro (V) ou falso (F):

( ) O consentimento das partes envolvidas é dispensável para a publicação da sentença e ocorrerá conforme o Artigo 48 da Convenção de Washington.

( ) Não é necessária a unanimidade dos votos para que seja proferida a sentença no Tribunal do ICSID.

( ) A Convenção de Washington prevê somente quatro situações que possibilitam a anulação da sentença, desde que haja requerimento no prazo de 120 (cento e vinte) dias a partir da data em que ela for proferida: (i) vício na constituição do tribunal; (ii) manifesto excesso de poder do Tribunal; (iii) corrupção de um membro do Tribunal; e (iv) vício de fundamentação.

( ) Conforme os Artigos 53 a 55 da Convenção de Washington, os Estados contratantes são obrigados a reconhecer as sentenças proferidas pelos Tribunais constituídos no âmbito do ICSID, reservando-se a possibilidade de discussão no âmbito do Estado em que a elas serão executadas, isto é, as sentenças somente serão consideradas títulos executivos judiciais proferidos no próprio país depois de validadas internamente.

4) Quais são os critérios para a definição de *investimento estrangeiro*?

5) O que é o princípio *Kompetenz-Kompetenz*?

Questões para reflexão

1) Em sua opinião, qual a razão de haver uma quantidade reduzida de solução de casos por meio da conciliação? Justifique sua resposta.

2) Na sua opinião, o Brasil deveria rever sua posição de não aderir ao ICSID? Justifique.

Para saber mais

Acesse o endereço eletrônico indicado e leia artigo de Gustavo Justino de Oliveira e Ana Carolina Hohmann, no qual os autores traçam um breve panorama dos investimentos em infraestrutura no Brasil em meio à crise.

OLIVEIRA, C. J. de; HOHMANN, A. C. Como estimular investimentos em infraestrutura no Brasil neste cenário de incertezas? 14 abr. 2016 Disponível em: <https://jota.info/artigos/como-estimular-o-ingresso-de-investimentos-em-infraestrutura-no-brasil-no-atual-cenario-de-incertezas-14042016>. Acesso em: 9 mar. 2017.

Consultando a legislação

PORTUGAL. Gabinete de Documentação e Direito Comparado. Decreto do Governo n. 15/84. **Convenção para a Resolução de Diferendos Relativos a Investimentos entre Estados e Nacionais de Outros Estados.** 1984. Disponível em: <http://www.gddc.pt/siii/docs/dec15-1984.pdf>. Acesso em: 9 fev. 2017.

XI

A atuação das empresas transnacionais nos fenômenos econômicos internacionais

Conteúdos do capítulo:

» Metodologia.
» Conceitos econômico e jurídico de empresa transnacional.
» As empresas transnacionais e os modelos comerciais.
» Estrutura da GVC no comércio internacional.
» Resultados econômicos das empresas transnacionais no comércio internacional no século XXI.
» O Brasil e as empresas transnacionais.

11.1 Introdução

A crescente concorrência entre as empresas transnacionais durante as últimas três décadas acarretou alterações tanto na organização das empresas quanto nas legislações nacional e internacional dos países. A cadeia de produção se especializa cada vez mais e é incentivada pela expressiva redução de barreiras tarifárias e não tarifárias.

O valor agregado das mercadorias passou a ser tão ou mais relevante do que a própria produção do setor primário. Os fenômenos econômicos do século XXI certamente diferem do século XX: não basta exportar qualquer produto demandado no mercado externo, pois esse produto deve ser transformado e aprimorado pelas empresas durante o seu trâmite na cadeia de produção para que isso produza riqueza e reflita no crescimento e no desenvolvimento dos países.

11.2 Metodologia

Tendo em vista a abrangência e a relevância desse assunto, optamos por um corte metodológico que irá priorizar a apresentação de conceitos e dados introdutórios, sem nos descuidarmos do principal objetivo deste trabalho: fornecer uma perspectiva atualizada e desafiadora sobre a importância das empresas transnacionais para o desenvolvimento do Direito do Comércio Internacional e da economia no século XXI.

Dessa forma, apresentaremos, inicialmente, os conceitos econômico e jurídico de **empresa transnacional**. Depois, vamos verificar os principais modelos comerciais adotados pelas organizações empresariais. Após, analisaremos dados atualizados acerca do comércio internacional, tanto mundial quanto na perspectiva dos países em desenvolvimento (PEDs). Por fim, estudaremos o caso brasileiro inserido no contexto global.

11.3 Os conceitos econômico e jurídico de empresa transnacional

Podemos conceituar *empresa transnacional* tanto sob a ótica **econômica** quanto sob a ótica **jurídica**. Na primeira, prevalece a **estratégia organizacional**, que visa expandir e fortalecer sua posição no mercado global. Na segunda, existe a preocupação com as **relações institucionais e contratuais** estabelecidas, com o Estado de origem, com os Estados nos quais são mantidas as filiais da empresa e com outras empresas (locais e internacionais) e consumidores.

11.3.1 Conceito econômico

De acordo com a Conferência das Nações Unidas sobre Comércio e Desenvolvimento (Unctad, 2016d), uma **corporação transnacional** é normalmente considerada uma empresa que atua por meio de filiais em mais de um país, com base em um sistema de tomada de decisões que possibilite a coerência das políticas adotadas por cada uma delas, bem como o estabelecimento de uma estratégia comum. O mesmo órgão internacional destaca que as entidades vinculadas à empresa matriz são conectadas, seja em razão da propriedade, seja por outro vínculo, de modo que uma ou mais delas são capazes de exercer influência significativa sobre terceiros e, em particular, de compartilhar conhecimentos, recursos e responsabilidades com outros (Unctad, 2016d).

Assim, o trabalho desenvolvido pela Unctad confirma a prevalência do **aspecto estratégico** no conceito econômico de empresa transnacional: alcançar a maior produtividade possível por meio da diversificação e da articulação dos espaços geográficos e comerciais em que atua.

11.3.2 Conceito jurídico

As adaptações que as empresas transnacionais devem realizar para respeitar as legislações (ambiental, trabalhista, fiscal, administrativa etc.) dos diversos países em que atuam redefiniram a arquitetura do comércio internacional nas últimas décadas, com a intensificação da globalização, o que requer cada vez mais flexibilidade da estrutura hierárquica, com o objetivo de sustentar a finalidade primordial das empresas: **gerar lucro**.

Com isso, o conceito jurídico de empresas transnacionais, conforme lições do professor titular da Faculdade de Direito da Universidade de São Paulo (USP), Luiz Olavo Baptista (1987, p. 30), "aproxima-se do conceito jurídico de grupos de sociedades, mas com o acréscimo de que é um grupo constituído por sociedades sediadas em países diferentes, constituídas sob leis diversas, cada qual com certa autonomia, agindo por sua conta, mas em benefício do conjunto".

Nessa linha, verificamos que o conceito jurídico de empresas transnacionais insere o elemento da **constituição normativa plural**, ou seja, a cadeia de produção dessas empresas deve considerar o fato de que os produtos de um país que serão exportados para outro devem respeitar a legislação de ambos, para que o comércio internacional seja possível.

Em outros termos, a estratégia identificada no conceito econômico de empresas transnacionais somente será viável se pressupuser o cumprimento de um complexo arcabouço normativo, que pode incluir não apenas a legislação de dois ou mais países, mas, inclusive, as leis dos respectivos blocos econômicos, que podem adicionar, por exemplo, novas restrições fitossanitárias, limites a importações ou exportações etc.

Considerando esclarecidos ambos os conceitos, econômico e jurídico, iniciaremos agora o estudo dos modelos de integração de comércio.

11.4 As empresas transnacionais e os modelos comerciais

Foi especialmente a partir da década de 1980 que ocorreu a intensificação da concorrência entre as empresas, que buscaram, desde então, adotar estratégias que possibilitassem aumentar tanto suas vantagens comparativas quanto seus lucros, por meio da racionalização de suas atividades produtivas e do aumento dos investimentos estrangeiros diretos (Hiratuka, 2010).

Em razão do que expusemos, foram aperfeiçoados **dois modelos** (**vertical** e **horizontal**) que possibilitaram às empresas transnacionais aproveitar as oportunidades surgidas nas últimas três décadas, entre elas, a redução das barreiras tarifárias e não tarifárias.

11.4.1 Modelo de integração vertical

Esse primeiro modelo preceitua que os investimentos devem ser aplicados no desenvolvimento de uma estrutura organizacional vertical, isto é, as operações ou etapas das cadeias produtivas são segregadas em diferentes países, conforme suas peculiaridades (custo de mão de obra, legislação que incentive a produção em grande escala etc.). Logo, a diversidade das regiões é aproveitada para agregar as diferentes partes produzidas em um produto mais aperfeiçoado e competitivo.

No setor tecnológico, o modelo de integração vertical mais famoso e que funciona há mais de 30 anos é o da empresa norte-americana

Apple®, conhecida fabricante de *hardware* (computadores, *tablets*, celulares etc.) e de *software* (sistemas operacionais, aplicativos etc.) (Wharton, 2012), pois ela integra suas diferentes operações em um único produto.*

11.4.2 Modelo de integração horizontal

Diferentemente da Apple®, que é um grande conglomerado, outras empresas transnacionais, mesmo que grandes, muitas vezes têm dificuldades ao tentar implementar um sistema de integração vertical e passam a adotar o chamado **modelo horizontal**.

Enquanto no modelo vertical, como acabamos de estudar, uma empresa amplia suas operações (por exemplo, além de "vender" comida, ela passa a "produzir", "transportar" e "distribuir"), no modelo horizontal a empresa tende a se especializar em uma dessas ações e contratar outras para a realização das demais.

Dessa forma, ainda no setor tecnológico, por exemplo, a empresa Intel® é fabricante de processadores e a Microsoft® fabrica sistemas operacionais, mas ambas se unem em uma única cadeia produtiva para oferecer um produto (computador com um *software*). Ademais, esse mesmo modelo de integração horizontal pode ser aplicado dentro de uma mesma empresa, que, por exemplo, tem plantas em diferentes países para produzir o mesmo produto, ou seja, concentra a produção. Com isso, o objetivo consiste em se aproximar do consumidor externo, mantendo as conquistas alcançadas com a economia de escala obtida em sua sede (Hiratuka, 2010).

Em suma, a opção, seja pelo modelo horizontal, seja pelo modelo vertical, depende:

---

* Por exemplo, o celular da empresa é montado na China, mas o *design* e o *software* são desenvolvidos na Califórnia (EUA).

a. da estratégia decorrente da articulação entre diversas plantas localizadas em diferentes países e das obrigações legais que a empresa transnacional deve observar para atingir o seu desiderato;
b. do custo de oportunidade surgido pela proximidade em relação ao mercado consumidor externo;
c. dos custos de transporte e comunicação decorrentes do relacionamento entre diversas regiões.

Por fim, o estudo a respeito dos modelos vertical e horizontal é relevante para compreendermos o conceito e a estrutura da cadeia global de valor (GVC ou *global value chain*), conforme demonstraremos a seguir.

11.4.3 A estrutura da GVC no comércio internacional*

Podemos entender o conceito de **cadeia global de valor** como o conjunto de operações desempenhadas por organizações empresariais e pelos respectivos trabalhadores, tendo como termo inicial a elaboração de um determinado produto e o termo final tanto a sua colocação no mercado para venda quanto seu acompanhamento posterior (Oliveira, 2015).

As GVCSs foram responsáveis por 80% do comércio internacional, conforme dados disponibilizados pela Unctad (2016c), o que inclui tanto a produção de bens como de serviços e resulta em um total de mais de US$ 20 trilhões. No entanto, observamos que o cálculo desse valor inclui o que se denomina *double counting*, ou seja, uma contagem dupla que decorre das exportações de um país

---

* As informações que descrevemos neste item foram extraídas, traduzidas e adaptadas na íntegra a partir dos dados disponibilizados pela Unctad (2016c).

para outro, que, por sua vez, agrega (mais) valor ao produto e torna a exportá-lo, sem descontar, por exemplo, os insumos que foram utilizados antes da primeira exportação, mas são novamente contabilizados nas exportações subsequentes (Unctad, 2016c).

Nesse sentido, o conceito de GVC decorre dessa produção que atravessa as fronteiras de dois ou mais países, formando, com isso, uma **rede regional ou global**. Em regra, portanto, a identificação de uma GVC pressupõe a existência do cruzamento de vários setores e indústrias, desde as extrativistas (ou setor primário) até a industrialização (ou setor secundário), além da possibilidade de incluir os serviços (ou setor terciário) que agregam valor ao longo da mesma cadeia de produção.

Ademais, a Unctad (2016c) destaca os principais aspectos da GVC:

a. Investimentos estrangeiros e comércio estão intimamente relacionados às redes de produção internacionais.
b. GVCs são um dos principais responsáveis pelo *double counting* do comércio global, que são estimados em US$ 5 trilhões.
c. É extensa a aplicação de serviços nas GVCs, pois, enquanto as exportações normalmente envolvem 20% de serviços, as GVCs incluem cerca de 46% em serviços que agregam valor ao produto exportado, desde serviços que envolvem *marketing* até o desenvolvimento de *softwares*.
d. A maior parte dos países em desenvolvimento, incluindo os mais pobres, atualmente participam cada vez mais das GVCs; a participação dos países em desenvolvimento na agregação de valor ao comércio global aumentou de 20%, em 1990, para 30%, no ano 2000, e alcança mais de 40% atualmente.
e. As conexões decorrentes das GVCs podem ter um importante papel para os países em desenvolvimento. O valor adicionado no âmbito doméstico resultante do comércio em uma GVC, isto é, a contribuição do comércio no Produto Interno Bruto (PIB),

pode ser muito significativo em relação ao tamanho das economias locais: nos países em desenvolvimento, o valor agregado no comércio contribui com um percentual em torno de 28% do PIB em média, quando comparado com os 18% que agregam às economias dos países desenvolvidos (PDs).

Notamos, portanto, que a participação das GVCs dos PEDs aumenta cada vez mais, podendo contribuir para o PIB de forma substancial.

11.5 Os resultados econômicos das empresas transnacionais no comércio internacional no século XXI

Tendo em vista o que estudamos anteriormente, percebe-se que a atuação das empresas transnacionais nos efeitos econômicos envolve fatores que estão relacionados de maneira complexa e que se alteram ao longo do tempo. Nessa linha, com o objetivo de demonstrar a importância das empresas transnacionais e a sua relação direta com países em desenvolvimento como o Brasil, selecionamos os gráficos dos itens a seguir, fornecidos pela Unctad.

11.5.1 Dados da Unctad sobre o denominado *double counting*

O Gráfico 11.1 indica que, dos US$ 19 trilhões de produtos exportados (*global gross exports*), 14 trilhões corresponderam ao valor adicionado ao comércio internacional (*value added in trade*) e 5 trilhões (ou 28%) corresponderam à contagem dupla que decorre do valor adicionado com as exportações (*double counting – foreign value added in exports*).

Gráfico 11.1 – Double counting ("contagem dupla")

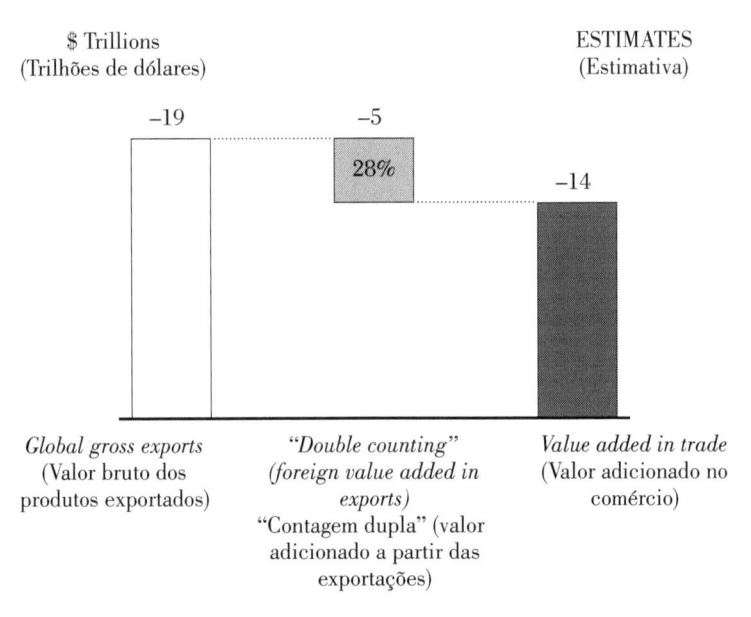

$ Trillions (Trilhões de dólares)   ESTIMATES (Estimativa)

−19   −5   28%   −14

Global gross exports (Valor bruto dos produtos exportados)   "*Double counting*" *(foreign value added in exports)* "Contagem dupla" (valor adicionado a partir das exportações)   *Value added in trade* (Valor adicionado no comércio)

Fonte: Adaptado de Unctad, 2016b, p. 4.

Podemos constatar, por consequência, que a relevância da participação das transnacionais é crescente, inclusive para a composição do PIB dos países em desenvolvimento.

11.5.2 Dados relevantes da Unctad 2

O Gráfico 11.2 indica o percentual de participação dos 25 maiores países em desenvolvimento exportadores (Unctad, 2016b). O Brasil ocupa a 22ª posição, com 37%. A cor escura indica o *upstream* (fluxo de materiais dentro de uma organização), e a cor clara indica o *downstream* (fluxo de materiais de uma organização para os consumidores).

Gráfico 11.2 – Percentual de participação na cadeia global de valor dos países em desenvolvimento exportadores

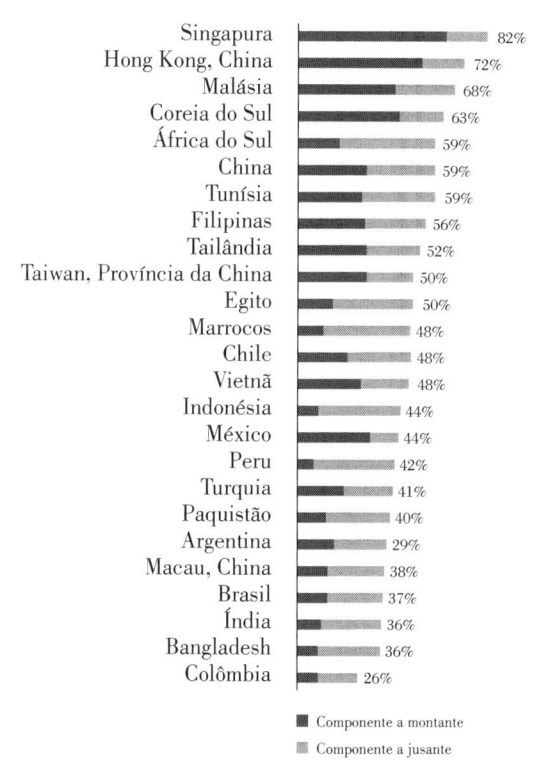

País	%
Singapura	82%
Hong Kong, China	72%
Malásia	68%
Coreia do Sul	63%
África do Sul	59%
China	59%
Tunísia	59%
Filipinas	56%
Tailândia	52%
Taiwan, Província da China	50%
Egito	50%
Marrocos	48%
Chile	48%
Vietnã	48%
Indonésia	44%
México	44%
Peru	42%
Turquia	41%
Paquistão	40%
Argentina	29%
Macau, China	38%
Brasil	37%
Índia	36%
Bangladesh	36%
Colômbia	26%

■ Componente a montante
■ Componente a jusante

Fonte: Adaptado de Unctad, 2016b, p. 15.

Em suma, verificamos que o impacto das GVCs nas economias dos PEDs é significativa e deve ser compreendida, comparando-se tanto os seus resultados com os dos países desenvolvidos (PDs) quanto com os próprios PEDs.

11.6 O Brasil e as empresas transnacionais

A economia brasileira sempre foi conhecida por seu caráter predominantemente agroexportador. Inicialmente, isso se deveu à colonização portuguesa, mas, decorridos cinco séculos, as exportações do agronegócio continuam a ser a principal pauta comercial do nosso país. Não houve o devido cuidado com a preparação, econômica ou jurídica, para a competição internacional.

Na década de 1990, foram realizadas alterações que, mesmo parcialmente, trouxeram um maior grau de liberalização para a economia. Os dados concernentes a essas mudanças são claros, como nos mostra a Tabela 11.1, a seguir.

Tabela 11.1 – Fluxos de investimento estrangeiro direto em países selecionados (em US$ milhões)

Países e regiões	1990-1995	1996	1997	1998	1999	2000	2001
Mundo	225.321	386.140	478.082	694.457	1.088.263	1.491.934	735.146
Países em desenvolvimento	74.288	152.685	191.022	187.611	225.140	237.894	204.801
Brasil	2.000	10.792	18.993	28.856	28.578	32.779	22.457
Brasil/Mundo	0,9	2,8	4,0	4,2	2,6	2,2	3,1
Brasil/Ped	2,7	7,1	9,9	15,4	12,7	13,8	11,0

Fonte: Adaptado de Anpec, 2016, p. 5.

Do ponto de vista global, de acordo com o já referido estudo conduzido pela Unctad (2016b), "parece que há uma correlação positiva entre a participação nas GVCs e as taxas de crescimento do PIB *per capita*. As economias com mais taxa de crescimento na participação das GVCs têm um crescimento do PIB *per capita* 2% superior à média".

Em razão do que expusemos e no que se refere às possibilidades de crescimento econômico com base no comércio internacional, identificamos as oportunidades brasileiras com uma maior dedicação à participação qualificada nas GVCs. O aumento de mais de 1.000% (mil por cento) no fluxo de investimento estrangeiro direto no Brasil, de US$ 2 bilhões anuais, durante a primeira metade da década de 1990, para mais de US$ 22 bilhões, no primeiro ano do século XXI, indica um caminho promissor.

Síntese

O comércio internacional foi impulsionado de forma decisiva pelo acirramento da competição global travada pelas empresas transnacionais. O retorno econômico trazido aos países desenvolvidos e aos países em desenvolvimento tende a crescer à medida que são melhoradas tanto a organização empresarial quanto as legislações internacional e nacional – especialmente sobre investimentos e tributação e sobre questões trabalhistas e ambientais.

Devemos compreender a inserção das empresas brasileiras nas GVCs como um meio para ampliar tanto a capacidade de produção de bens e serviços quanto, principalmente, para gerar emprego e renda. A manutenção de obstáculos legais e a ineficiência do Poder Público brasileiro em promover o interesse nacional em situações que estão claramente definidas – por exemplo, a insuficiência dos acordos para evitar a bitributação – são assuntos que devem ser enfrentados, sob pena de se perder cada vez mais espaço na economia global.

Questões para revisão

1) Conforme a Unctad (2016b), assinale a alternativa que melhor define uma corporação transnacional:
   a. Empresa atuante em quatro ou mais países, não necessitando de coerência e harmonização de suas decisões políticas.
   b. Empresa atuante por meio de filiais em mais de um país, sem um sistema coerente de tomada de decisões, mas com padronização de sua estratégia.
   c. Empresa atuante por meio de filiais em mais de um país, com base em um sistema de tomada de decisões, que possibilita a coerência das políticas adotadas por cada uma delas, bem como o estabelecimento de uma estratégia comum.
   d. Empresa atuante por meio de filiais em mais de um país, com base em um sistema de tomada de decisões, que possibilita a coerência das políticas adotadas por cada uma delas, mas não necessita de estratégias comuns.

2) No que se refere ao conceito jurídico das *empresas transnacionais*, marque a alternativa **incorreta**:
   a. As empresas transnacionais, para cumprir sua estratégia, precisam tão somente cumprir as normas dos países onde estão sediadas suas filiais.
   b. O conceito jurídico de empresas transnacionais insere o elemento de constituição normativa plural.
   c. As adaptações que as empresas transnacionais devem realizar para respeitar as legislações (ambiental, trabalhista, fiscal, administrativa etc.) dos diversos países em que atuam redefiniram a arquitetura do comércio internacional após a intensificação da globalização nas últimas

décadas, o que requer cada vez mais flexibilidade da estrutura hierárquica, com o objetivo de sustentar a finalidade primordial das empresas: gerar lucro.

d. A cadeia de produção das empresas deve considerar que os produtos de um país que serão exportados para outro devem respeitar a legislação de ambos, para que seja possível o comércio internacional.

3) No que se refere à estrutura da GVC no comércio internacional, assinale a alternativa correta:

a. O conceito de cadeia global de valor pode ser compreendido como o conjunto de operações desempenhadas por organizações empresariais e respectivos trabalhadores, tendo como termo inicial a elaboração de um determinado produto e o termo final a venda para um destinatário final do produto.

b. A GVC pressupõe a existência do cruzamento de variados setores e indústrias, desde as extrativistas até a industrialização, além da possibilidade de inclusão de serviços que agregam valor ao longo da mesma cadeia de produção.

c. As CVCs foram responsáveis por apenas 10% do comércio internacional, conforme dados disponibilizados pela Unctad.

d. Conforme a Unctad, as GVCs não são um dos principais responsáveis pelo *double counting* do comércio global.

4) O que significa o elemento da constituição normativa plural inserido no conceito jurídico de empresas transnacionais?

5) O que é *cadeia global de valor*?

Questões para reflexão

1) Na sua opinião, o Brasil fornece um ambiente de segurança jurídica para a execução de contratos internacionais? Tendo em vista o que você respondeu, isso favorece ou prejudica a instalação de transnacionais no país? Justifique sua resposta.
2) De que forma as GVCs auxiliam na formação do PIB dos países desenvolvidos? E nos países em desenvolvimento? Por que existe essa diferença?

Para saber mais

Sobre dupla tributação no Brasil, confira matéria publicada na Agência de Notícias do CNI do Portal da Indústria, acessando o endereço eletrônico a seguir indicado.

PORTAL DA INDÚSTRIA. **Seis em cada dez empresas multinacionais brasileiras sofrem dupla tributação.**
17 fev. 2016. Disponível em: <http://www.portaldaindustria.com.br/cni/imprensa/2016/02/1,82187/seis-em-cada-dez-empresasmultinacionais-brasileiras-sofrem-dupla-tributacao.html>. Acesso em: 9 fev. 2017.

Consultando a legislação

UNCTAD – United Nations Conference on Trade and Development. **Site**. Disponível em: <http://unctad.org/en/Pages/Home.aspx>. Acesso em: 16 dez. 2016.

XII

Noções introdutórias aos contratos internacionais

Conteúdos do capítulo:

» Diferenciação entre contratos nacionais e internacionais.
» Normas de Direito Internacional Privado nas relações contratuais: noções introdutórias.
» Contratos internacionais e autonomia técnica.
» Natureza jurídica dos contratos internacionais.

12.1 Introdução

O Direito do Comércio Internacional apresenta particularidades que estudamos anteriormente, as quais acarretam a diferenciação entre contratos internacionais e contratos internos. Diversamente do que ocorre com os contratos internos, os **contratos internacionais** decorrem dos interesses e das necessidades das empresas transnacionais, que demandam soluções complexas, diferenciadas das existentes no plano interno e adaptadas às particularidades típicas do comércio internacional.

> *os contratos internacionais são fundamentais para as relações do comércio internacional e, em sentido amplo, para as relações internacionais como um todo.*

A determinação de um conceito de **contrato do comércio internacional** corresponde a "lançar-se em densa floresta, na qual as picadas continuam sendo abertas, sem que o ponto de chegada tenha sido determinado" (Strenger, 2001, p. 456). Por outro lado, é um trabalho extremamente importante identificarmos critérios caracterizadores dos contratos internacionais.

Devido às origens, que são decorrentes do **costume**, existem diversas construções doutrinárias voltadas para a conceituação e a caracterização dos contratos internacionais, as quais compõem um conjunto de vários elementos que permitem a proximidade desse objeto de estudo. François Rigaud (1937), Berthold Goldman (1975), Philippe Kahn (1982), Pierre Lalive (1972) etc. são alguns dos doutrinadores que buscam identificar os elementos caracterizadores dos contratos internacionais.

Por fim, cumpre-nos salientar que os contratos internacionais são fundamentais para as relações do comércio internacional e, em sentido amplo, para as relações internacionais como um todo. Assim, os contratos internacionais estão imersos em um ambiente dominado por questões políticas e econômicas, o que ocasiona constantes mutações e incertezas nesse campo. Dessa maneira, neste capítulo, desenvolveremos as noções gerais dos contratos internacionais, destacando suas peculiaridades e características principais.

12.2 Diferenciação entre contratos nacionais e internacionais

Primeiramente, devemos distinguir **contratos nacionais** e **internacionais**, verificando os critérios que viabilizam a identificação e a diferenciação destes. Podemos mencionar um critério que despontou em 1927, com fundamentação de natureza econômica, que se refere ao movimento duplo de entrada e saída de bens, capitais e serviços como caracterizador dos contratos internacionais.

Com o aumento da complexidade das relações comerciais ao longo do século XX, verificamos que esse critério utilizado para identificar os contratos internacionais não é suficiente para atender às necessidades do mercado. Assim, foi desenvolvido um **critério estritamente jurídico**: para ser contrato internacional, é necessária a existência de um acordo de vontades e a sujeição a um ou mais sistemas jurídicos. Esse critério, devido à flexibilidade que fornece para a identificação de um contrato internacional, ainda é adotado contemporaneamente (Amaral, 2004).

Para esse critério estritamente jurídico, a nacionalidade das partes contratantes não é relevante, pois o que interessa é sua sujeição a dois ou mais ordenamentos jurídicos. Verificamos a relevância de se definir um critério de identificação dos contratos internacionais quando há um litígio, que exigirá a determinação dos seguintes elementos:

a. lei aplicável conforme as regras do Direito Internacional Privado (DIPr);
b. usos e costumes internacionais; e
c. foro competente.

Um conceito que busca abarcar a maior parte das características típicas dos contratos internacionais e seus elementos de conexão que viabilizam a indicação da lei aplicável é o fornecido pelo professor Irineu Strenger (2001, p. 472):

> *São contratos internacionais do comércio todas as manifestações bi ou plurilaterais da vontade livre das partes, objetivando relações patrimoniais ou de serviços, cujos elementos sejam vinculantes de dois ou mais sistemas jurídicos extraterritoriais, pela força do domicílio, nacionalidade, sede principal dos negócios, lugar do contrato, lugar da execução, ou qualquer circunstância que exprima um liame indicativo do Direito aplicável.*

Por fim, cumpre-nos mencionar algumas particularidades dos contratos internacionais para traçar seus principais contornos:

a. Os contratos internacionais são delineados pelos fatos que lhes são constitutivos, ou seja, a dinâmica das relações comerciais fornece elementos identificadores dos contratos internacionais. Assim, "os contratos internacionais não são uma especialização do Direito, mas uma profissionalização das atividades comerciais" (Strenger, 2001, p. 463).

b. Não existe limitação legal geográfica para os contratos internacionais, e estes não se encerram na sua terminologia jurídica.

c. Em decorrência do item anterior, os contratos internacionais são "instrumentos multidisciplinares" (Strenger, 2001, p. 463), o que exige uma integração que se realiza por uma relação de complementaridade.

d. Os contratos internacionais não se restringem a regras resultantes de uma convenção entre partes, mas têm uma abrangência elevada de seu objeto.

e. Os princípios têm relevância extremada no âmbito dos contratos internacionais, justificando o porquê da noção de *lex mercatoria*.

Desse modo, no próximo tópico, veremos o processo de determinação do direito aplicável aos contratos internacionais, verificando as normas de DIPr que viabilizam a determinação de qual legislação deve ser utilizada para a solução de litígios no âmbito do comércio internacional.

12.3 Normas de Direito Internacional Privado nas relações contratuais: noções introdutórias

O DIPr tem como escopo principal a **solução de conflitos legais no tempo e no espaço**, apresentando regras que auxiliam na identificação do Direito aplicável quando ocorre a sujeição das partes do contrato a dois ou mais ordenamentos jurídicos. Devido a essa função do DIPr, podemos verificar que, apesar de seu nome, trata-se de um Direito Interno Público, pois o Estado será o responsável por determinar as regras que irão estabelecer o direito que será aplicável. Em outros termos, por meio da soberania estatal, são elaboradas normas que viabilizam a identificação da norma aplicável, quando dois ou mais ordenamentos jurídicos incidem em uma relação contratual de caráter internacional.

As regras de DIPr do Brasil se encontram na Lei de Introdução às Normas do Direito Brasileiro (LINDB) (Brasil, 1942). Essas regras auxiliam na solução de litígios nos quais há a sujeição a dois ou mais sistemas jurídicos. Para a incidência das normas de DIPr, é importante utilizarmos uma ferramenta que viabiliza a indicação do direito aplicável: os **elementos de conexão**.

Tendo em vista que o nosso objeto de análise neste capítulo é o contrato internacional, estudaremos os elementos de conexão concernentes às obrigações que integram as relações de caráter contratual.

Os elementos de conexão importantes para identificarmos o direito aplicável nos conflitos relativos a contratos internacionais são:
a. **capacidade das partes na relação obrigacional**, integrando neste elemento de conexão a capacidade da pessoa física e a capacidade da pessoa jurídica;
b. **obrigações** – tanto elementos formais como materiais; e
c. **vontade das partes**.

Em relação à capacidade das partes, devemos, primeiramente, analisar os elementos de conexão referentes às pessoas físicas:
a. ***Lex fori*** – Relativa à **territorialidade**, refere-se à aplicabilidade da lei que rege a capacidade da pessoa física, do Estado em que os indivíduos se encontram, incluindo os estrangeiros que estão de passagem – este elemento apresenta a tendência de ser extinto em decorrência dos obstáculos que produz para os contratos comerciais.
b. ***Lex patriae*** – Conexão concernente à **nacionalidade**, isto é, a capacidade da pessoa física é determinada pela lei do Estado da nacionalidade do indivíduo.
c. ***Lex domicilii*** – A lei do Estado em que o indivíduo é **domiciliado** disciplina a matéria concernente à sua capacidade.

Como, historicamente, o Brasil é um país receptor de fluxos imigratórios, adotou-se aqui o elemento de conexão da ***lex domicilii***, ou seja, a lei do local onde são domiciliadas rege a capacidade das pessoas físicas, conforme o art. 7°, *caput*, da LINDB (Brasil, 1942).

Por outro lado, em relação à **capacidade das pessoas jurídicas**, é importante mencionar que, conforme diz o art. 11 da LINDB: "As organizações destinadas a fins de interesse coletivo, como as sociedades e as fundações, obedecem à lei do Estado em que se constituírem" (Brasil, 1942). Desse modo, a capacidade das pessoas jurídicas é regida pela lei do Estado onde são constituídas.

Quanto ao elemento de conexão referente à **obrigação**, devemos destacar que existem os elementos extrínsecos (formais) e os intrínsecos (materiais). No que se refere aos **elementos formais**, aplicamos a regra *locus regit actum*. Em outros termos, aplica-se a lei do local onde o ato foi aperfeiçoado no que se refere aos aspectos formais da obrigação. Porém, no que concerne aos **elementos intrínsecos**, aplicamos a *lex voluntatis*, isto é, a lei é indicada por meio da escolha das partes integrantes da obrigação.

Além desse elemento intrínseco, existem outros elementos que podemos aplicar, como:

a. **Lex loci executionis** – Aplicável à lei do lugar da execução da obrigação.

b. **Lex loci contractus** – Aplicável à lei do local do contrato.

c. **Lex patriae** ou **lex domicilii** do devedor – Aplicável à lei da nacionalidade ou do domicílio do devedor.

d. **Lex patriae** ou **lex domicilii comum das partes** – Aplicável à lei da nacionalidade ou do domicílio comum das partes.

Conforme o art. 9º da LINDB (Brasil, 1942), é aplicável a *lex loci contractus* (lei do local da constituição do contrato) para contratos entre presentes. Pelo que diz o art. 9º, parágrafo 1º, da LINDB, verificamos que é aplicável a lei do local onde residir o proponente, quando se tratar de contrato entre ausentes. Além disso, cumpre-nos salientar que a doutrina considera que a constituição das obrigações contratuais ocorre no local da celebração, porém é possível aceitarmos interpretação diversa.

Por fim, devemos falar do último elemento de conexão que mencionamos anteriormente: a **vontade das partes**. Essa vontade pode ser **tácita** ou **expressa**, sendo que os contratantes podem escolher a lei competente. Há discussão na doutrina quanto à existência desse elemento de conexão. Para o posicionamento favorável à vontade das partes, não há razão de impedir a escolha da lei aplicável aos contratos, se os contratantes podem celebrar o contrato no local onde desejam que a lei seja aplicada. Contudo, outra parte da doutrina não considera que existe o **princípio da autonomia de vontade** como elemento de conexão, pois, para ser possível escolher a lei aplicável, seria necessária a existência, de forma expressa, no ordenamento jurídico pátrio, da previsão de que as partes da obrigação podem escolher o direito aplicável em caso de litígio.

Apesar de ser possível escolher a lei aplicável pela Lei de Arbitragem (art. 2º, §2º; Brasil, 1996), ainda existe dúvida quanto à existência desse elemento de conexão, pois, para alguns autores, essa situação gera as seguintes soluções:

a. **conflitos que serão resolvidos pela arbitragem** – há autonomia de vontade para a escolha da lei aplicável; e

b. **conflitos que não serão resolvidos pela arbitragem** – não se aplica o elemento de conexão da vontade das partes.

Desse modo, verificamos que não existe consenso quanto à aplicação desse elemento de conexão para determinarmos a lei aplicável.

Nesses termos, verificamos que esses são os elementos gerais relativos à determinação da lei aplicável aos contratos internacionais, e os estudaremos com maior detalhamento no Capítulo 15 desta obra. Neste item, pretendemos fornecer uma visão geral, para compreendermos os contornos dos contratos internacionais.

12.4 Contratos internacionais e autonomia técnica

A **autonomia dos contratos internacionais** torna-se uma realidade cada vez mais próxima, principalmente em decorrência da solidificação da *lex mercatoria*. Além disso, as relações comerciais internacionais são compostas por agentes econômicos que participam da elaboração das regras aplicáveis às relações obrigacionais, buscando adequar as regras à realidade e ao dinamismo do comércio internacional, construindo dessa forma um **espírito de colaboração**. Assim, "é preciso também salientar que, em nossos dias, os operadores do mercado internacional formam meio suficientemente homogêneo para que as solidariedades profissionais se façam sentir, exprimindo as necessidades e soluções jurídicas de que são carentes, de modo homogêneo e adequado" (Strenger, 2001, p. 463-464).

Diante desse cenário, mencionamos quatro elementos determinantes para a autonomia técnica nos contratos internacionais:

1. **Avanço científico** – Com as inovações tecnológicas, os contratos internacionais acompanham o progresso científico, adaptando-se a novas técnicas e a novos produtos. No transporte marítimo, identificamos diversos exemplos que ilustram o que afirmamos.

2. **Agrupamento de empresas** – Outro motivo que determina a autonomia técnica nos contratos internacionais é o fato de não existirem apenas consórcios de empresas, mas também agrupamentos empresariais que são formados por meio de contratos *sui generis*.

3. **Duração dos empreendimentos** – É possível verificarmos o prolongamento temporal de empreendimentos de grande porte, que contam com a participação de diversas multinacionais, o que ocasiona a indicação de leis que são mais adequadas aos seus negócios e forma regimes jurídicos autônomos.

4. **Relação entre particulares e Estado** – A participação do Estado nas relações contratuais internacionais faz com que sejam formuladas novas cláusulas e, assim, uma nova técnica na construção dos contratos no campo internacional.

Dessa forma, observamos que, no âmbito dos contratos internacionais, existe um **elemento criativo**, que faz com que suas regras sejam constantemente alteradas para se adaptar às exigências do comércio internacional, que se torna cada vez mais complexo. Além disso, as inovações tecnológicas fazem com que sejam elaboradas novas cláusulas convencionais e novas modalidades de contratos, o que indica a autonomia técnica nos contratos internacionais.

12.5 Natureza jurídica dos contratos internacionais

Conforme mencionamos anteriormente, os contratos internacionais são **interdisciplinares**, conectando as ordens política, econômica e social. Desse modo, ao apresentarmos a natureza jurídica dos contratos internacionais, a primeira característica que devemos ressaltar é o seu vínculo com a realidade. Recebendo influência de diversos planos que lhe fornecem a característica de **multidisciplinaridade**, em um cenário complexo, devemos identificar o núcleo fundamental dos contratos internacionais: a **declaração de vontade**.

Ressaltamos que os contratos internacionais são um **ato jurídico**, não um fato jurídico, e, por isso, deve existir um acordo entre as partes para que sejam produzidos os efeitos jurídicos pretendidos. Como existe uma multiplicidade de atos jurídicos, não é possível determinarmos combinações de forma a criar *standards* (padrões).

Dessa forma, a **manifestação da vontade** nos contratos internacionais é crucial para a formação destes, principalmente porque a tendência é a de se eliminarem formalidades para acompanhar o dinamismo do comércio. Além disso, podemos verificar que ocorre uma constante ampliação dos limites do direito conforme as mudanças da realidade. Logo, a vontade se torna fundamental para os contratos internacionais.

Nesse sentido, verificamos que a vontade é responsável pela criação do negócio jurídico. Assim, a vontade "desempenha nítida função tipificadora" (Strenger, 2001, p. 468), tendo a força de formar o contrato internacional com todas as suas particularidades.

Dessa maneira, como já mencionamos, que os contratos internacionais são **atos jurídicos**, centrados na vontade das partes, visam ao cumprimento de uma prestação e apresentam um elemento espacial, o qual se refere à **esfera de aplicabilidade da lei**.

Síntese

Neste capítulo, buscamos apresentar as noções gerais dos contratos internacionais. Para compreendermos as particularidades dessa espécie de contrato, devemos verificar algumas de suas características, que lhes fornecem um caráter diferente em relação aos contratos internos. Assim, apresentamos alguns conceitos que visam identificar as essencialidades dos contratos internacionais, tornando possível sua diferenciação em relação aos contratos internos. Além disso, visamos indicar alguns critérios de conexão, que permitem apontar as leis aplicáveis a determinado litígio, quando há duas ou mais legislações incidentes na relação obrigacional. Por fim, para consolidarmos a diferenciação dos contratos internacionais dos contratos internos, demonstrando suas especificidades, analisamos as questões concernentes à autonomia técnica e à natureza jurídica dos contratos internacionais.

Questões para revisão

1) Sobre o Direito do Comércio Internacional, assinale verdadeiro (V) ou falso (F):

( ) Diversamente do que ocorre com os contratos internos, os contratos internacionais decorrem dos interesses e das necessidades das empresas transnacionais.

( ) Os elementos de conexão importantes para identificar o direito aplicável nos conflitos relativos a contratos internacionais são: (i) capacidade das partes na relação obrigacional; (ii) obrigações; e (iii) vontade das partes.

( ) São elementos de conexão referentes às pessoas físicas: (i) *lex fori*; (ii) *lex patriae*; e (iii) *lex domicilii*.

( ) Devido ao grande aumento populacional verificado na segunda metade do século XX, o Brasil não mais adota o elemento de conexão da *lex domicilii*.

2) Sobre a LINDB e a Lei de Arbitragem Brasileira, assinale verdadeiro (V) ou falso (F):

( ) As regras de Direito Internacional Privado do Brasil se encontram na Lei de Introdução às Normas do Direito Brasileiro (LINDB).

( ) Conforme o art. 9º da LINDB, é inaplicável a *lex loci contractus* para contratos entre presentes, uma vez que sempre deve ser aplicada a lei do local onde residir o proponente.

( ) A Lei Brasileira de Arbitragem permite a escolha da legislação aplicável ao caso concreto.

( ) Para o direito brasileiro, a capacidade das pessoas jurídicas é regida pela lei do Estado em que são cumpridas as suas obrigações, e não onde são constituídas.

3) Quanto à autonomia técnica e à natureza jurídica dos contratos internacionais, assinale verdadeiro (V) ou falso (F):

( ) A autonomia dos contratos internacionais não guarda qualquer relação com a solidificação da *lex mercatoria*.

( ) A técnica utilizada na elaboração de normas do comércio internacional deve observar as inovações tecnológicas e a crescente complexidade das relações econômicas que envolvem Estados e/ou empresas transnacionais.

( ) Os contratos internacionais são um fato jurídico, não um ato jurídico.

( ) Os contratos internacionais são atos jurídicos centrados na vontade das partes que visam ao cumprimento de uma prestação e têm um elemento espacial, o qual se refere à esfera de aplicabilidade da lei.

4) O que significa o elemento de conexão relativo a pessoas físicas denominado *lex domicilii?*

5) Qual é o núcleo fundamental dos contratos internacionais?

Questões para reflexão

1) Por que, com a reforma, passou-se a denominar de *Lei de Introdução às Normas Brasileiras* (LINDB) o que antes era chamada de *Lei de Introdução ao Código Civil* (LICC)?

2) A vontade das partes para escolher a lei aplicável, na sua opinião, deve ou não ser um elemento de conexão dos contratos internacionais? Justifique sua resposta.

Para saber mais

Na notícia indicada no endereço eletrônico que segue, publicada pela BBC Brasil, verificamos o impacto de determinado acordo entre as partes contratantes no mercado internacional, ou seja, ao se estabelecer como moeda o dólar, os contratos internacionais da

Petrobras se tornaram mais onerosos com a desvalorização do real. Dessa forma, observamos os elementos centrais dos contratos internacionais: a vontade das partes para a formação da relação contratual e os efeitos gerados quanto ao cumprimento da prestação, em virtude da escolha realizada por meio do exercício da autonomia da vontade das partes.

DUARTE, F. Como salvar a Petrobras? **BBC Brasil**, 17 mar. 2015. Disponível em: <http://www.bbc.com/portuguese/ noticias/2015/ 03/150313_petrobras_salvar_futuro_fd>. Acesso em: 9 fev. 2017.

Consultando a legislação

BRASIL. Decreto-Lei n. 4.657, de 4 de setembro de 1942. Lei de Introdução às normas do Direito Brasileiro. **Diário Oficial da União**, Poder Executivo, Rio de Janeiro, DF, 9 set. 1942. Disponível em: <http://www.planalto.gov.br/ccivil_03/decreto-lei/Del4657.htm>. Acesso em: 9 fev. 2017.

_____. Lei n. 9.307, de 23 de setembro de 1996. Dispõe sobre a arbitragem. **Diário Oficial da União**, Poder Legislativo, Brasília, DF, 24 set. 1996. Disponível em: <http://www.planalto.gov.br/ ccivil_03/leis/L9307.htm>. Acesso em: 9 fev. 2017.

_____. Lei n. 12.376, de 30 de dezembro de 2010. Altera a ementa do Decreto-Lei n. 4.657, de 4 de setembro de 1942. **Diário Oficial da União**, Poder Legislativo, Brasília, DF, 31. dez. 2010. Disponível em: <http://www.planalto.gov.br/ccivil_03/_Ato2007-2010/2010/Lei/ L12376.htm>. Acesso em: 9 fev. 2017.

XIII

Teoria da *lex mercatoria* e relação com a contratualística internacional

Conteúdos do capítulo:

» Evolução histórica da *lex mercatoria*.
» A nova *lex mercatoria*.
» Transição para a nova *lex mercatoria*.
» Fontes da nova *lex mercatoria*.
» *Lex mercatoria*: contratos entre empresas privadas estrangeiras e o Estado.

13.1 Introdução

Quando partes de Estados diferentes se envolvem em disputas de comércio internacional, surge o questionamento quanto a não serem o direito interno nem o direito internacional adequados para solucionar esses tipos de litígios. Para aqueles autores que são favoráveis à existência de uma **terceira ordem jurídica**, o **direito interno** não é sensível às expectativas de nacionais de outros Estados, enquanto o direito internacional nem sempre é a melhor solução para tratar de questões relativas a transações de comércio internacional que extrapolam diversas fronteiras. Assim, um **terceiro sistema jurídico**, que não seja de direito interno ou internacional, é uma alternativa atraente, o que deu origem à ideia de *lex mercatoria*.

Apesar de a *lex mercatoria* ter sido difundida largamente na Idade Média, apenas recentemente ela foi relembrada por doutrinadores que buscavam algum ordenamento jurídico adequado às relações comerciais internacionais. No mundo contemporâneo, encontramos uma vasta literatura sobre esse assunto. Devemos destacar que a *lex mercatoria* não se restringe a compor a substância dos contratos internacionais, mas também é um instrumento importante para a arbitragem internacional.

Neste capítulo, trataremos da evolução histórica da construção da *lex mercatoria*, assim como analisaremos as principais características da nova *lex mercatoria* e sua aplicabilidade no âmbito das relações comerciais internacionais.

13.2 Evolução histórica da *lex mercatoria*

A *lex mercatoria* foi disseminada na Idade Média, quando foram desenvolvidos usos e costumes mercantis que visavam enfrentar os direitos ilimitados dos senhores feudais, que representavam um obstáculo às relações comerciais internacionais. No entanto, é importante frisarmos que, em períodos anteriores à Idade Média, já existiam modelos jurídicos que buscavam regular as relações de comércio internacional, por exemplo, a *lex rhodia de jactu* dos fenícios, a *nauticum foenus* dos romanos etc. Desse modo, destacamos que, embora não conheçamos uma data exata do surgimento da *lex mercatoria*, é possível afirmarmos que, conforme analisaremos ulteriormente nesta obra, o modelo existente na Idade Média se aproxima do modelo da nova *lex mercatoria*.

O comércio internacional tem estreita conexão com o direito marítimo. Os fenícios despontaram na Idade Antiga como grandes mercadores do mar, surgindo, nessa civilização, a *lex rhodia de jactu* para regular o comércio internacional marítimo. Além disso, não podemos nos esquecer do papel importante da civilização greco-romana para o comércio marítimo, uma vez que ela foi a desbravadora das regiões do Mar Mediterrâneo. Assim, "é digna de admiração a evolução econômica experimentada pela civilização helenística, somente comparável, em magnitude, às revoluções comerciais e industriais da Era Moderna" (Vidigal, 2010, p. 173).

> *Na Idade Média, o comércio se desenvolveu, necessitando de um corpo de regras que disciplinassem as relações de comércio internacional, despontando aí o relevante papel da* lex mercatoria.

Recordemos que o desenvolvimento econômico, que era estimulado pelo Estado com o escopo de aumentar suas rendas, alcançou seu apogeu com a edificação de uma economia monetária internacional fundada no ouro e na prata, que acarretou a organização de bancos governamentais – o chamado **mercantilismo**, entre o século XV e final do século XVIII.

Assim, na Idade Média, o comércio se desenvolveu, necessitando de um corpo de regras que disciplinassem as relações de comércio internacional, despontando aí o relevante papel da *lex mercatoria*, que abarcou diversas regiões de países como Itália, França, Espanha, Inglaterra etc. Afastando-se das regras estabelecidas pelos senhores feudais, pelos reis e pelos eclesiásticos, a *lex mercatoria* na Idade Média visava a se ater aos **usos e costumes mercantis** para a solução de litígios. O núcleo desse regramento está consolidado na **liberdade contratual**, integrando um mecanismo célere e de caráter não formal para a resolução de conflitos comerciais de cunho internacional.

Com a formação dos Estados nacionais na Idade Moderna, houve um gradativo enfraquecimento da *lex mercatoria*, que passou a ser vista como uma ameaça aos governos, os quais buscavam concentrar todos os poderes. Em outros termos, havia regras pautadas nos usos e nos costumes do comércio que contrariavam a dinâmica dos Estados nacionais, os quais visavam ao fortalecimento de sua soberania.

Por fim, no século XIX, com o movimento de codificação, as regras de direito comercial passaram a incorporar os preceitos da *lex mercatoria*, a qual fora inserida nos ordenamentos jurídicos nacionais, perdendo sua característica de transnacionalidade.

Apenas recentemente a *lex mercatoria* foi resgatada, pois o direito comercial dos Estados se apresentou como insuficiente para enfrentar os litígios do comércio internacional, uma vez que muitas decisões de tribunais locais se mostram distantes da praticidade e da flexibilidade necessárias para as relações comerciais internacionais. Desse modo, os Estados iniciaram um processo de reconhecimento de instrumentos normativos presentes na *lex mercatoria*, surgindo o que estudaremos a seguir: a nova *lex mercatoria*.

13.3 A nova *lex mercatoria*

Influenciada pelo costume, a nova *lex mercatoria* foi organizada em concordância com as práticas mercantis contemporâneas, por isso verificamos nesse contexto a presença de "agências de deliberação", que buscam uniformizar as regras para facilitar o comércio internacional. Assim, primeiramente, cumpre-nos analisar a transição para a intitulada *nova lex mercatoria*.

13.3.1 Transição para a nova *lex mercatoria*

Após o declínio da utilização da *lex mercatoria* antiga, houve uma intensa legiferação por parte dos Estados, especialmente durante o século XIX. Contudo, a dinamicidade do comércio internacional logo comprovou que seria insuficiente regular o mercado exclusivamente com base nas regras estabelecidas no âmbito nacional.

Portanto, foi identificada a necessidade de se ampliarem e se uniformizarem – novamente – as normas comerciais, diante de uma realidade mais complexa do que a da Idade Média, pois a velocidade das comunicações e a agilidade dos novos meios de transporte trouxeram desafios que, na prática, não poderiam esperar pela resposta estatal.

Com as dificuldades encontradas pelos agentes do mercado para realizar o comércio internacional, foi a Câmara Internacional de Comércio de Paris (ICC)* que, na década de 1920, vislumbrou a insuficiência das legislações nacionais para resolver adequadamente os novos problemas que surgiam.**

Apesar do seu desenvolvimento, ocorreu uma intensa discussão acerca do conceito da nova *lex mercatoria*, a partir das análises empreendidas por Berthold Goldman (1975), o que, do ponto de vista mercadológico, reflete o inconformismo com o monopólio detido até então pelos Estados (Vidigal, 2010).

Em síntese, na esteira das lições de Cristián Gimenez Corte (2012, p. 52), uma primeira corrente entende que a *"lex mercatória* é um

---

* O *site* da Câmara Internacional de Comércio (ICC – *International Chamber of Commerce*) encontra-se disponível no seguinte endereço: <http://www.iccwbo.org>.
** Hoje, a ICC cresceu e conta com a participação de 130 países e 65 milhões de entidades.

mero recurso interpretativo das cláusulas dos contratos internacionais, ou seja, que, diante da dúvida acerca do sentido e do alcance de um artigo de um contrato, poder-se-ia recorrer à *lex mercatoria* para tratar de precisá-lo". Para o mesmo jurista, outra corrente entende que "a *lex mercatoria* é uma espécie de direito 'intersticial', que seria aplicado somente naqueles interstícios, vazios ou lacunas que deixam abertos os ordenamentos jurídicos nacionais (Corte, 2012, p. 54). Além disso, notamos a observação de Clive M. Schmitthoff (1988, p. 15), que postula que "a moderna *lex mercatoria* é uma criação deliberada de certas 'agências de formulação', por exemplo, a Câmara de Comércio Internacional". Já Dasser (1989, p. 23) acredita que "a nova *lex mercatoria* é um direito com origem consuetudinária, tal como era a velha *lex mercatoria* dos comerciantes da Idade Média".

13.3.2 Fontes da nova *lex mercatoria*

Enquanto a antiga *lex mercatoria* era fundada na lei romana, no costume marítimo e nas leis das feiras europeias medievais, a nova *lex mercatoria* tem como fonte diversas práticas originadas na recente dinâmica do comércio internacional.

Nesse sentido, estudaremos as principais fontes da nova *lex mercatoria*, destacando sempre os respectivos conceitos e exemplos do comércio internacional atual.

A primeira fonte são os **contratos internacionais**, que são os principais instrumentos utilizados no mercado para assegurar as transações comerciais. É por meio deles que são estabelecidas as condições gerais e as formas padronizadas que conferem previsibilidade acerca não somente das partes, dos preços e dos objetos, mas também do desenvolvimento dos negócios sob uma perspectiva internacional, pois cada um dos sujeitos dessa espécie de negócio se encontra em países ou blocos comerciais distintos. Nessa linha, as Câmaras de Comércio disponibilizam aos interessados modelos de documentos que eles podem utilizar para formalizar o negócio desejado.

Identificamos um importante exemplo referente aos contratos internacionais no trabalho desenvolvido pelo Centro Internacional do Comércio (ITC, do inglês *International Trade Center*), que é vinculado, simultaneamente, à Organização das Nações Unidas (ONU), à Organização Mundial do Comércio (OMC) e à Unctad. Entre outras atividades, o ITC fornece modelos contratuais para pequenas empresas que desejam participar do comércio internacional.*

A segunda fonte são os **usos e costumes** adotados no comércio internacional, que são o conjunto de práticas reiteradas de maneira consciente pelos comerciantes no decorrer das negociações e que implicam expectativas acerca do seu desenvolvimento.

Entre os principais exemplos de usos e costumes no comércio internacional, podemos destacar os Incoterms®, que, conforme a Câmara de Comércio Internacional de Paris, são regras padronizadas internacionalmente que, por serem reconhecidas, são utilizadas em todo o mundo, tanto nos contratos internacionais quanto nos nacionais, para a venda de produtos. Eles foram inicialmente publicados em 1936 e, desde então, possibilitaram a aceitação internacional de definições e regras mais comumente utilizadas no comércio (ICC, 2017).

A terceira fonte são as **condições gerais de contratação e standard forms**, que são minutas de contrato, bem como de termos e condições gerais de contratação, organizadas, atualizadas e sistematizadas. Normalmente, são preparadas pelas Câmaras de Comércio, em especial pela ICC.

---

* Modelo disponível em ITC (2010).

Um exemplo relevante do trabalho de atualização das condições gerais de contratação e dos *standard forms* foi desenvolvido pela ICC, no que se refere às **garantias contratuais**. Em primeiro lugar, foram elaboradas as regras uniformes para a garantias de demanda (*uniform rules for demand guarantees* – URDG) sob o n. 325, que falhou em sistematizar as regras bancárias e, com isso, foi substituída pela **URDG n. 458**, que, além de codificar as regras em consonância com a realidade do comércio mundial, consolidou-se, até que em 2007 foi iniciada uma profunda revisão, que foi concluída em 3 de dezembro de 2009 e entrou em vigor em 1º de julho de 2010, por meio da **URDG n. 758**. Com isso, a URDG n. 458 permaneceu durante 18 anos, e a terceira versão já existe há mais de cinco anos (Affaki; Goode, 2011).

A quarta fonte são as regras das associações profissionais e das *guidelines*, que são orientações para a redação de contratos ou para conduzir operações comerciais. Um exemplo é o trabalho realizado pela FCI (*Factor Chain International*), que elabora modelos e estudos que colaboram para a realização dos negócios.*

A quinta fonte são os princípios gerais do comércio internacional, que são comandos gerais dos ordenamentos jurídicos que compõem o direito internacional e são utilizados, principalmente, em caso de conflitos entre normas. Destacamos como exemplo:

a. os princípios dos contratos comerciais internacionais conforme o Instituto Internacional para a Unificação do Direito Privado (*Institut International pour l'Unification du Droit Privé* – Unidroit), de 1994 (Bonell, 2004); e

b. os princípios do direito europeu dos contratos conforme a Comissão Europeia sobre o Direito dos Contratos.**

---

* Para estudo de modelo de documento, ver Brink (2014).
** O texto legal sobre esses princípios se encontra disponível em Lex Mercatoria (2002).

A sexta fonte são os códigos de conduta, as convenções internacionais não vigentes e as leis-modelo. Um exemplo de código de conduta são os denominados *princípios de Sullivan* (inicialmente seis), que foram regras introduzidas em 1977 pelo reverendo Leon Sullivan, na África do Sul – como um esforço para promover a responsabilidade social e combater o *apartheid* na empresa General Motors (GM), na qual ele era conselheiro –, e alcançaram mais de 150 empresas, servindo como fundamento, posteriormente, aos "princípios de MacBride", de 1984, que visavam orientar empresas norte-americanas que atuavam na Irlanda do Norte a respeitar os católicos em um ambiente profissional dominado por protestantes, bem como aos "princípios globais de Sullivan", de 1999 (Keller, 2016, p. 7-8).

A sétima fonte são os **laudos arbitrais**, que são decisões adotadas pelos Tribunais de Arbitragem Internacional* e que, a partir da reiteração de seus entendimentos, possibilitam a formação de uma jurisprudência equivalente à que existe no âmbito do Poder Judiciário dos Estados. Muitas dessas decisões internacionais se tornam consenso entre os agentes do comércio internacional e, por isso, passam a justificar outras deliberações arbitrais. No entanto, a grande dificuldade existente decorre do fato de que muitas das arbitragens ocorrem sob sigilo absoluto, o que impede que seja apurada a argumentação que prevaleceu e, eventualmente, foi aplicada em situações semelhantes pelos árbitros.

Dessa forma, as fontes da nova *lex mercatoria* nos permitem verificar os contornos de seu conceito e de sua aplicabilidade no contexto das relações comerciais internacionais. Tendo em vista suas características, poderemos notar no próximo tópico o porquê do interesse,

---

* Além do ICSID, que estudamos nesta obra, outro exemplo é a Corte Internacional de Arbitragem, vinculada à ICC. Para mais detalhes acerca de sua organização e funcionamento, visite o *site* da Corte, disponível em ICC (2016).

contemporaneamente, dos países desenvolvidos em aplicá-la nos contratos entre Estados e empresas estrangeiras, em vez de neles incidir o direito nacional.

13.4 *Lex mercatoria*: contratos entre empresas privadas estrangeiras e o Estado

Em relação a esse tema, primeiramente, cumpre-nos ressaltar que, quando existe uma relação entre um Estado e uma empresa estrangeira, esta busca afastar das relações contratuais a aplicação das leis estatais (parte do contrato), para evitar que o Estado modifique sua legislação, tornando o contrato mais oneroso para a empresa.

O caso França *versus* Brasil, que foi julgado em 1929 pelo Tribunal Permanente da Justiça Internacional (TPJI), demonstra a problemática que existe em torno desse assunto (Trindade, 2012). Trata-se de um caso de empréstimos tomados pelo governo brasileiro, emitidos por um banco sediado na França. Nesse processo, o Brasil pagava aos portadores de títulos e cédulas bancárias o valor devido em franco-papel. No entanto, posteriormente, ocorreu a desvalorização da moeda francesa, que passou a vincular os seus créditos ao padrão franco-ouro. Ocorre que o Brasil continuou a realizar os pagamentos conforme o padrão franco-papel, e assim o fez durante vários semestres sem ocorrer reclamação por parte dos credores. Por outro lado, a França compreendeu que isso violava os interesses dos portadores franceses de obrigações do Brasil. A dívida deveria ser paga com base no padrão franco-ouro, para não haver o prejuízo trazido pela depreciação da moeda. Assim, conforme

> *os tribunais franceses sempre afirmaram com insistência que a lei da cotação forçada era de ordem pública, o que*

significa, de acordo com os princípios do direito público e do direito internacional, que ela deve ser rigorosamente aplicada em todo o território francês, sem exceção alguma, e sobretudo independentemente da nacionalidade das pessoas interessadas. [...]. (Trindade, 2012, p. 50)

Dessa forma, o TPJI decidiu, em 1929, que todos os contratos que não são celebrados entre Estados são disciplinados pela lei nacional de algum ente estatal, logo, a decisão foi favorável à França, devendo o Brasil pagar em franco-ouro.

O posicionamento sustentado pelo TPJI foi objeto de contestação, bem como o princípio consolidado nela. Por outro lado, com a alteração do cenário internacional, quando verificamos o processo de descolonização sob a égide da ONU, novos Estados surgiram, e os contratos celebrados no território destes com empresas privadas estrangeiras passariam a ser disciplinados pelas leis dos países recém-formados após o processo de descolonização. Desse modo, os países desenvolvidos passaram a modificar sua visão em relação à disciplina dos contratos celebrados entre Estados e empresas estrangeiras, defendendo que tais contratos deveriam ser regidos pelos princípios gerais do direito internacional e *pela lex mercatoria*, ou seja, dever-se-ia afastar a incidência da lei nacional.

Nesse diapasão, a temática desenvolveu um debate fervoroso entre países desenvolvidos e não desenvolvidos, pois os doutrinadores europeus passaram a defender a aplicação dos princípios gerais do direito internacional conforme Artigo 38 do Estatuto da Corte Internacional de Justiça (United Nations, 1945b), afastando, portanto, o posicionamento do TPJI emitido em 1929. Por outro lado, os doutrinadores dos países não desenvolvidos, Estados que são em grande parte receptores de investimentos estrangeiros, defendem a manutenção da decisão da TPJI, ou seja, segundo eles, deve ser aplicado o direito nacional.

Em virtude do que acabamos de articular, percebemos que o posicionamento favorável à continuidade da aplicação da decisão do TPJI tem também um caráter político e econômico. A determinação do direito aplicável aos contratos celebrados entre Estados e empresas estrangeiras se tornou palco para o confronto entre países desenvolvidos e não desenvolvidos, visto que cada um deles busca a defesa de seus interesses e a proteção de sua economia.

Síntese

Em razão do que apresentamos, podemos verificar que a *lex mercatoria* tem origens muito antigas, e o comércio marítimo foi o principal motor para a sua elaboração. O escopo da *lex mercatoria* corresponde à formulação de regras que atendam às necessidades do comércio internacional e viabilizem soluções de litígios de forma célere e flexível. Como verificamos, viabilizar que os Estados decidam sobre questões decorrentes do comércio internacional causa impactos nas próprias relações políticas interestatais. Assim, um terceiro corpo de regras para a solução de conflitos é uma excelente alternativa para se desviar do confronto de soberanias.

Questões para revisão

1) Quanto à *lex mercatoria*, assinale a alternativa correta:
    a. A *lex mercatoria* foi disseminada na Idade Moderna, quando foram desenvolvidos usos e costumes mercantis que visavam enfrentar os direitos ilimitados dos reis absolutistas.

b. Em períodos anteriores à Idade Média, não existiam modelos jurídicos que visassem regular as relações do comércio internacional.

c. O comércio internacional, em suas origens históricas, não tem conexão com o direito marítimo.

d. Com a formação dos Estados nacionais na Idade Moderna, verificou-se um gradativo enfraquecimento da *lex mercatoria*.

2) No que tange à nova *lex mercatoria*, marque a alternativa correta:

a. A nova *lex mercadoria* tem como principais fontes o direito romano, o costume marítimo e as feiras europeias medievais.

b. Os contratos internacionais não são fontes da nova *lex mercatoria*.

c. Os usos e costumes adotados no comércio internacional são fontes da nova *lex mercatoria*.

d. As condições gerais de contratação e *standard forms* não são fontes da nova *lex mercatoria*.

3) Em relação à *lex mercatoria*, assinale a alternativa correta:

a. As regras das associações profissionais e das *guidelines* constituem fontes da nova *lex mercatoria*, tendo como exemplo o trabalho realizado pela FCI, que elabora modelos e estudos que colaboram para a realização dos negócios.

b. Os princípios dos contratos comerciais internacionais, conforme o Unidroit (1944), não constituem fontes da nova *lex mercatoria*.

c. É inviável aceitar que os códigos de conduta, as convenções internacionais não vigentes e as leis modelo sejam fontes da nova *lex mercatoria*, não influenciando de forma alguma nas regras de comércio internacional.

d. Os laudos arbitrais não podem ser considerados fontes da nova *lex mercatoria*, pois não têm executoriedade.

4) De que forma foi organizada a nova *lex mercatoria*?

5) O que são os *Incoterms*®?

Questões para reflexão

1) Na sua opinião, a nova *lex mercatoria* é importante para o crescimento do comércio internacional? Justifique sua resposta.

2) Tendo em vista as características da nova *lex mercatoria*, você considera que elas são apenas benéficas para os países desenvolvidos? Justifique sua resposta.

Para saber mais

Na notícia indicada no endereço eletrônico que segue, verificamos que, embora o referido contrato seja estabelecido entre um Estado e uma empresa estrangeira, quando há litígios, sempre temos a presença do Estado nas relações contratuais a que pertence a empresa estrangeira, pois o Estado busca proteger o interesse econômico dos seus nacionais. Desse modo, como verificamos, a disputa para saber se é aplicada a lei nacional ou a *lex mercatoria* nos contratos entre Estado e empresa estrangeira extrapola a relação comercial das duas partes e se torna uma disputa econômica e política entre dois Estados. Assim, no caso a seguir, embora o contrato tivesse sido celebrado entre o Equador e uma empresa brasileira, o governo brasileiro se manifestou contrariamente à ação do governo equatoriano.

SARAIVA, A. Petrobras diz que continua negociação com o Equador. **Estadão**, Sao Paulo, 14 out. 2008. Disponível em: <http://internacional.estadao.com.br/noticias/america-latina,petrobras-diz-que-continua-negociacao-com-o-equador,259543>. Acesso em: 7 mar. 2017.

Consultando a legislação

BB – Banco do Brasil. Documentos. **Termos Internacionais de Comércio** (Incoterms). Disponível em: <http://www.bb.com.br/docs/pub/dicex/dwn/IncotermsRevised.pdf>. Acesso em: 9 fev. 2017.

XIV

Negociação de contratos internacionais

Conteúdos do capítulo:

» O que é a negociação.
» Estratégias, técnicas e fases da negociação.
» Poder de barganha no contexto da negociação.
» Perspectiva da ruptura das negociações e responsabilidade.
» Aferição de culpa.

14.1 Introdução

A elaboração de um contrato pressupõe vários movimentos, que são desenvolvidos de forma sequencial e gradativa. É nesse contexto que se torna relevante a análise desse "encontro de vontades" entre as partes, que surge nas **negociações**. As negociações devem considerar todo um contexto particular, isto é, a realidade daquele mercado ou indústria, os interesses envolvidos e o contexto econômico, entre outros fatores.

Assim, neste capítulo, analisaremos um processo importante, o da **negociação de contratos internacionais**, ou seja, o conjunto de atividades que precedem a formação de um contrato, com a finalidade de coordenar os interesses (projetos e preocupações) das partes em relação ao objeto negociado.

14.2 O que é a negociação

Em geral, a negociação tem características muito particulares, que demonstram a individualidade de cada situação. Sendo assim, não existe uma fórmula pronta para a negociação, considerando que cada mercado é único e que as partes que negociam sempre têm interesses individualizados.

O processo de negociação foi estudado por diversos autores, alguns dos quais, como analogia, utilizam a imagem de uma **escada** para retratá-lo. Nesse sentido, a negociação seria representada pelos primeiros degraus de uma escada, que as partes devem obrigatoriamente subir até a conclusão do negócio (topo da escada).

Entretanto, a escada talvez não seja a melhor metáfora a ser usada, uma vez que os passos dados pelos futuros contratantes, apesar de serem desenvolvidos de forma progressiva, nem sempre ocorrem de forma linear (Cretella Neto, 2010).

Quanto ao resultado, as negociações sempre ocorrem com um futuro incerto, a depender das afinidades, das perspectivas e das adaptações diante de posições divergentes. A viabilidade do acordo depende dessa etapa inicial, que traz algumas conclusões preliminares (Cretella Neto, 2010).

No século XXI, com o uso sistemático da internet e a mudança das relações decorrentes desse instrumento, os contratos internacionais passaram a ser identificados de duas formas (Cretella Neto, 2010):

a. as formas clássicas, como as **cartas de intenção**; e
b. as formas novas, como a **negociação eletrônica**.

Independentemente da forma, é importante entendermos que as negociações são efetivamente iniciadas quando há a **comunicação** de uma das partes (i.e. vendedor ou comprador) sobre sua intenção de venda ou de compra de certo bem/mercadoria, em condições e quantidades previamente indicadas.

O **poder** é outro elemento que se destaca nas negociações internacionais. Assim, não é raro observamos situações em que uma parte tem posição privilegiada, seja porque já tem conhecimento sobre vários detalhes do negócio*, seja porque a negociação é regida pelo **poder de barganha**, situação na qual uma das partes não tem força negociadora diante do poder econômico da outra parte.

Com relação ao **conteúdo** das discussões, passamos à definição de aspectos técnicos, os quais são singulares, dependendo do mercado em questão. Com base no objeto da negociação, as partes passam a avaliar outros aspectos, assim como "realizam experiências físicas, químicas e/ou mecânicas visando a assegurar-se da qualidade da mercadoria"** (Basso, 1998, p. 133). Adicionalmente, é nesse momento que passamos à definição de critérios e de elementos jurídicos relevantes para a negociação.

---

* Garcez (1994, p. 106) escreve: "características das normas legais que deverão reger o mérito do contrato, as normas e dispositivos científicos ou da técnica, das finanças, ou das regras contábeis que a ele se aplicarão".

** Basso (1998, p. 134) diz que é adequada e bem-sucedida a negociação capaz de produzir um contrato a ser executado sem percalços, na qual os aspectos técnicos são discutidos por engenheiros ou pessoal especializado, e os aspectos jurídicos, por advogados.

Nesse contexto, é importante destacarmos que a chamada *oferta firme* não se confunde com as negociações preliminares.* Vale frisarmos que as **negociações preliminares** são atos meramente preparatórios. Nesse sentido, Basso (1998) explica que, no comércio internacional, especificamente quando o vendedor ou o comprador apresentam a intenção de venda ou de compra de um bem/mercadoria, mas ainda em condições indeterminadas, não podemos falar de contrato definitivo (ou oferta), mas de um **convite** ("convite para negociar"). É esse convite que permite a abertura do período de negociações.

Portanto, a negociação se caracteriza por traduzir esse conjunto de fatos e atos jurídicos pré-contratuais. É uma fase ainda imatura, que depende de uma série de ajustes, e somente quando a união de interesses se torna bem definida é que vislumbramos a possibilidade de oferta.

Não existe um período de negociação predeterminado, a não ser o período que pode ser predefinido pelas partes. O fim das negociações pode resultar em um contrato, isto é, quando existem condições bem definidas, porque, se ainda não ocorreu uma definição sobre o objeto negociado, é possível afirmarmos que as tratativas não tiveram sua conclusão. Nesse contexto, as negociações somente podem

---

* Podemos distinguir, no processo de formação dos contratos internacionais, a oferta (*offer*) do convite para negociar (*invitation to deal*), também denominado *invitation to treat*, quando, por exemplo, um interessado simplesmente solicita a um possível fornecedor se terá condições de fornecer determinada mercadoria, dentro de certo prazo e abaixo de determinado preço. Em regra, a oferta é mais abrangente e vinculante do que um simples convite para sentar-se à mesa de negociações, daí porquê pode ter implicações jurídicas que resultem em obrigar as partes (Cretella Neto, 2010, p. 295).

ter dois fins: a) a formação do contrato, ou b) o encerramento, sem o contrato. O último resultado configura o insucesso das negociações.

14.3 Estratégias de negociação

Devemos avaliar as **estratégias de negociação** de acordo com a realidade do mercado específico envolvido na negociação, sendo possível delinear um plano ou traçar os esquemas que serão seguidos.

Dessa maneira, os negociadores devem definir suas expectativas, seus interesses e seus objetivos. Nesse exercício, também devem ser indicadas as principais **expectativas** da parte contrária, para antever possibilidades. Ou seja, passa a ser importante uma avaliação que defina se as expectativas centrais do comprador se coadunam com as expectativas centrais da parte contrária, o vendedor.

Geralmente, uma negociação tem resultados positivos apenas quando existe a possibilidade de se realizarem **concessões**. Nesse aspecto, outras avaliações são necessárias, quais sejam: a) existem aspectos sujeitos a concessões?; e b) em caso positivo, quais seriam e como elas seriam processadas? As concessões permitem desbloquear os impasses, aumentando a probabilidade de fechamento do acordo.

Em outras palavras, aquele indivíduo que é considerado "bom negociador" prepara um esquema perspicaz com alternativas, ou possíveis opções, para todas as partes envolvidas na negociação de um contrato internacional. Isso demanda um conhecimento sobre a realidade da outra parte, com a análise específica do mercado, assim como demanda uma reflexão profunda sobre os aspectos que poderão ser ajustados para se ter maior flexibilidade no processo de negociação.

Como ato preparatório sequencial, recomendamos que as partes se preparem para o momento em que ocorrem as **propostas** e as **contrapropostas**. Nessa fase, observamos uma série de ajustes e concessões, algumas vezes maiores em relação ao que se pretendia no início, o que nem sempre resulta em um mau acordo. É relevante notar que abrir espaço para concessões também passa a ser uma decisão estratégica importante.

Quando obtemos um nível de negociação mais maduro, ou seja, quando atingimos um ponto no qual não há mais modificação das expectativas das partes – ou porque não desejam mais ceder, ou pelo fato de não desejarem alterar seus pontos de vista –, passamos à fase mais delicada: a) ou se chega ao momento de celebrarmos o contrato ou b) as negociações são encerradas sem um acordo.

Para que se tenha sucesso efetivo, que geralmente se traduz na conclusão positiva das negociações, o negociador deve tomar algumas medidas, como "conhecer ao máximo os objetivos da outra parte, observando-a, estudando-a, registrando suas afirmações e contestações, porque disso dependerá seu poder de barganha" (Basso, 1998, p. 144). Da mesma forma, "convém considerar o seu contexto cultural, seus hábitos, costumes e traços de personalidade" (Basso, 1998, p. 144).

Em outras palavras, a negociação deve privilegiar o "ganha-ganha", isto é, um bom acordo para todas as partes, e isso passa a ser possível quando são identificadas, já no início da negociação, o objetivo da oferta inicial, a faixa (valores) de acordo, assim como as possibilidades de concessões, o tempo esperado e outras expectativas em geral (Morini, 2008).

14.3.1 Técnicas de negociação

Existem diversos estudos e profissionais dedicados às **técnicas de negociação**. Essas técnicas são muito refinadas em alguns mercados, considerando que é necessário um aprofundamento mercadológico, bem como a avaliação dos comportamentos em um contexto multicultural. Essa análise prévia estimula e favorece a descoberta de denominadores mínimos entre os interesses de cada uma das partes, ou que, ao menos, sejam evitados desajustes no futuro.

As técnicas são importantes diante das formas e dos elementos necessários para se obterem informações, para fomentar estratégias de persuasão e para, por fim, desenvolver as possibilidades de relações mais ajustadas entre as partes. Isso ocorre por meio da comunicação, de gestos e de ações (Sierralta Ríos, 1993).

Em geral, as partes negociadoras partem de situações sociais e culturais distintas, ainda mais na área de contratos internacionais. Portanto, é inegável que as regras variam de uma comunidade para outra. Essas formas particulares passam a ser importantes quando são compatibilizadas com táticas direcionadas a alcançar objetivos comuns. Logo, concluímos que **a cultura influencia o ambiente de negociação**. Portanto, desconsiderar a cultura significaria sair do espaço em que os acordos "podem dar frutos" (Sierralta Ríos, 1993, p. 10).

14.4 Fases de negociação

As negociações ocorrem dentro de um **cronograma de fases**. O período negocial costuma ser marcado por sentimentos e emoções de todas as partes envolvidas. Com a entrada da **fase racional**, passamos a buscar com maior serenidade os objetivos referentes à negociação, no sentido de manter os vínculos entre as partes. São buscados objetivos recíprocos, para que as partes, que têm propósitos complementares, sejam capazes de estabelecer relações duradouras (Sierralta Ríos, 1993).

Portanto, a doutrina especializada indica algumas etapas básicas de uma negociação, quais sejam:
a. planejamento;
b. abertura;
c. exploração e inteligência comercial;
d. esclarecimentos;
e. conclusões; e
f. controle e avaliação.*

A **fase de planejamento** se traduz nos primeiros passos para se chegar a uma negociação, sendo, portanto, caracterizada por um conjunto de atividades destinadas ao conhecimento das partes. A **fase de abertura**, por sua vez, tem como propósito o contato preliminar dos negociadores, ou seja, nessa fase, é estabelecido um ambiente negociador, com a criação de uma atmosfera voltada para a negociação (Sierralta Ríos, 1993).

A **fase de exploração e de inteligência comercial** indica que os sujeitos devem explorar as necessidades das partes, assim como identificar suas expectativas. Nesse contexto, é importante ter claras as motivações que promovem a negociação. Assim, o negociador deve identificar as necessidades e as expectativas da outra parte. Passa a ser quase que um exercício de **empatia** – o de se colocar, de fato, no lugar da outra parte (Sierralta Ríos, 1993).

Em relação à **fase de esclarecimentos**, vale dizer que ela funciona para **refinar as relações**. Assim, diante de tudo o que foi discutido entre as partes, se ainda existem dúvidas, estas precisam ser esclarecidas. Nesse contexto, é importante que ocorram os

---

* "*Las etapas básicas son: [1] planeación; [2] apertura; [3] exploración e inteligencia comercial; [4] aclaración; [5] conclusiones; [6] control y evaluación*" (Sierralta Ríos, 1993, p. 23).

esclarecimentos, que funcionam como um *feedback* (retroalimentação) de toda comunicação.*

No que diz respeito às **conclusões**, fase final da negociação, ressaltamos que, nesse momento, as partes têm a indicação dos pontos centrais do acordo ou a conclusão de um "desacordo". Trata-se de uma fase na qual existe um compromisso claro de **execução**, nos pontos negociados, que dão origem ao contrato.

A última fase, a de **controle e avaliação**, visa identificar, no processo de negociação, se ainda existe alguma deficiência. Referido momento se direciona a diagnosticar todo o processo negociador, possibilitando intervenções, se elas forem necessárias.

Por fim, cumpre-nos destacar que qualquer método de negociação pode ser avaliado por meio de diferentes critérios. Em suma, o método deve estar apto a produzir um acordo sensato se, de fato, concluir-se pela possibilidade de um acordo internacional. O método também deve ser eficiente e, assim, aprimorar o relacionamento entre as partes.**

---

* "*Por más clara que su la presentación es posible que queden algunas dudas. Luego, es conveniente aclararlas. Es un poco el* feed-back *de todo proceso de comunicación*" (Sierralta Ríos, 1993, p. 36).

** Como escrevem Fisher, Ury e Patton (2005, p. 22), "Um acordo sensato pode ser definido como aquele que atende aos interesses legítimos de cada uma das partes na medida do possível, resolve imparcialmente os interesses conflitantes, é duradouro e leva em conta os interesses da comunidade".

14.5 Poder de barganha no contexto da negociação

> *Quando há poder de barganha apenas de um dos lados, geralmente ocorre um resultado diferente do que seria obtido em uma situação mais igualitária.*

O **poder de barganha** das partes é um elemento inegavelmente importante no processo de negociação, uma vez que as partes precisam efetivamente "barganhar posições"; entretanto, em alguns casos, as posições são muito rígidas, o que dificulta todo o processo negociador no contexto do comércio internacional.

Quando existe poder de barganha decorrente do **poder econômico**, a situação que observamos na negociação **não é isonômica**. Ou seja, nem sempre são obtidos, durante e ao final da negociação, os interesses legítimos das partes, pois há uma relação de desequilíbrio entre os polos negociadores. Em outros termos, o que existe, ao final, é um acordo pouco satisfatório e distante do ideal. Assim, quando há **poder de barganha apenas de um dos lados**, geralmente ocorre um resultado diferente do que seria obtido em uma situação mais igualitária.

Na prática de negociação, a **barganha de posições** – isto é, quando não existe poder econômico de uma das partes em detrimento da outra – pode criar estímulos positivos ou negativos. Quando se barganham posições, existe uma busca natural por se aumentar a probabilidade de atingimento de um acordo favorável, mesmo quando se tem, de início, uma posição extremada.

Em regra, quando as posições são extremadas ou rígidas desde o início, são menores as concessões. Isso causa tensão entre as partes, e, em aspectos práticos, demanda maiores tempo e esforço para a conclusão sobre a viabilidade, ou não, do acordo.*

Diante desse cenário, Fisher, Ury e Patton (2005) propõem uma negociação baseada em conflitos, que tenha como base as seguintes premissas: os participantes são solucionadores de problemas; a meta é um resultado sensato, atingido de maneira eficiente e amigável; ser afável com as pessoas e áspero com o problema; proceder independentemente da confiança nos outros; explorar os interesses, evitando ter um piso mínimo; desenvolver opções múltiplas para escolher e decidir depois; tentar chegar a um resultado baseado em padrões independentes da vontade; raciocinar e permanecer aberto à razão; controlar emoções e ceder aos princípios, e não a pressões.

Em suma, o método desses autores é composto pelos seguintes enunciados: a) separe as pessoas do problema; b) concentre-se nos interesses, não nas posições; c) invente opções de ganhos mútuos; e d) insista em critérios objetivos (Fisher; Ury; Patton, 2005).

---

* Nesse sentido, Fisher, Ury e Patton (2005, p. 26-27) escrevem: "O jogo da negociação transcorre em dois níveis. Num deles, a negociação diz respeito à substância; no outro, concentra-se – em geral, implicitamente – no procedimento para lidar com a substância. A primeira negociação talvez se refira a seu salário, aos termos de um contrato de aluguel ou a um preço a ser pago. A segunda negociação refere-se ao modo como você irá negociar a questão substantiva: através da barganha posicional afável, da barganha posicional áspera ou de algum outro método. Essa segunda negociação é um jogo sobre o jogo – um 'metajogo'. Cada movimento que se faz numa negociação é não apenas um movimento que versa sobre o aluguel, o salário ou outras questões substanciais, mas ajuda também a estruturar as regras do jogo de que você participa. Seus movimentos podem servir para manter as negociações em andamento, ou podem constituir um movimento que altera o jogo".

14.6 Perspectiva da ruptura das negociações e responsabilidade

Durante o período de negociação, vimos nos capítulos anteriores que ocorre um exercício de avaliação, configurado pela **liberdade de contratar**, que pode resultar ou não em um acordo final.

Sendo assim, na etapa negocial, não existe segurança quanto aos pontos acordados e, muitas vezes, não são abordadas questões importantes, como a que se refere ao **ressarcimento dos danos sofridos**, em caso de desistência dos termos acordados. Isso é bastante comum quando as negociações estão em um estágio avançado, ou seja, quando há um amadurecimento negocial que sinaliza o contrato definitivo.

Nesse sentido, avaliando o contexto específico de cada negociação, é possível afirmarmos que poderá ocorrer um conflito decorrente da liberdade de negociar (i.e. contratar ou não contratar), em razão da possibilidade de rompimento, que pode ou não ser justificado (Basso, 1998).

A questão não é simples, pois ocorrem situações em que uma das partes negociadoras decide, de forma injustificável, descontinuar as negociações, mesmo com a consciência de que causará prejuízo à outra. Ou então, com notável má-fé, a parte ingressa na negociação sem uma intenção real de obter um contrato definitivo, utilizando essa estratégia para impossibilitar que a outra parte celebre o contrato com um concorrente.

Nas situações que descrevemos, verificamos um **ato ilícito**, que pode gerar a obrigação extracontratual de reparar o dano causado ao negociador de boa-fé que se veja prejudicado. A questão não é trivial, em razão das dificuldades de se caracterizar tal conduta (i.e. como *lícita* ou *ilícita*).

De acordo com Basso (1998, p. 159), existem duas situações que podem motivar o rompimento da negociação com prejuízos: "a) quando uma das partes age de forma desleal ou abusiva e, dolosa ou culposamente, causa prejuízos à outra; [e] b) quando uma das partes justificadamente interrompe as negociações e, mesmo sem culpa, causa prejuízos à outra".* Diante disso, afirmamos que, para que possamos falar em **responsabilidade pré-contratual**, deve haver os seguintes elementos: **dano, culpa** e **nexo causal**.

O que está em jogo nessa avaliação é a chamada "perda de razoável oportunidade", "custo-oportunidade", *gain manqué* ou *mancato utile* (Basso, 1998, p. 161). O ponto central de avaliação repousa sob o momento alcançado até o encerramento das negociações, ou seja, avalia-se, *in casu*, se o amadurecimento das negociações, com o tempo despendido pelas partes, já é um fator indicativo da perda de outros negócios.

A questão que merece a nossa atenção repousa sobre a expressão ***custo-oportunidade***. Ou seja, se o rompimento ocorre no início das negociações, provavelmente os danos são pequenos, mas, de outro lado, se as tratativas estiverem muito avançadas, a probabilidade de dano será maior (Basso, 1998).

Quando ocorre a **negativa contratual** e existe um desconforto decorrente da frustração de uma das partes, passamos, então, para a **avaliação das intenções**, ou seja, para buscarmos uma reparação, é preciso realizarmos uma avaliação da conduta supostamente "culposa" das partes. Nesse contexto, avaliamos o seguinte (Basso, 1998):

---

* Completa a autora: "Na primeira hipótese, não há dúvida de que o negociador desleal está obrigado a reparar os prejuízos sofridos pela outra parte, pela prática de um ato ilícito. Na segunda, ainda que não ocorra a caracterização de ato ilícito, trata-se de uma antijuridicidade objetiva, e o dano deve ser objeto de indenização" (Basso, 1998, p. 159).

a. quais foram as despesas da negociação, isto é, os gastos que a parte prejudicada não teria;
b. se ocorreu, de forma concreta, dano resultante da perda de oportunidade;
c. se ocorreu dano moral à reputação da parte prejudicada; e
d. se ocorreu dano diante de alguma violação de segredo de comércio ou indústria, supostamente revelado no período de negociação.

Diante desses elementos, é possível concluirmos que não é tarefa das mais simples a reparação sem a configuração de dolo ou de culpa de uma das partes. Dessa forma, a existência do dano facilita a configuração do **ato ilícito**, que pode gerar a obrigação extracontratual de reparar o dano causado ao negociador de boa-fé.

14.6.1 Aferição de culpa

Normalmente, a **aferição de culpa** é realizada com cautela, diante da **liberdade contratual** e do próprio princípio constitucional da **livre iniciativa**. Em regra, na fase de negociação, é bastante difícil aferir a culpa quando não ocorre a conclusão do negócio.

Nesse sentido, deve ocorrer um exame cuidadoso do comportamento das partes, para definir as características comportamentais que indicariam condutas perniciosas do negociador. Ao responsável por analisar essa situação, cabe identificar os elementos comportamentais de forma individualizada.

Cabe-nos destacar que a *lex mercatoria* cria condições para a avaliação, considerando o **princípio da boa-fé**, que é base da *culpa in contraendo*, uma vez que regula, de modo multiforme, as tratativas comerciais internacionais (Basso, 1998).

Independentemente de todos os fatores que indicamos anteriormente, é importante destacarmos a **prudência**, que deve existir não apenas nos casos de ruptura das negociações, mas em todas as etapas da relação contratual. Sendo assim, conforme bem indica a doutrina, devem ser evitados os **vícios de consentimento**, que podem afetar as condições de validade do contrato. Isso, sobretudo, quando há **erro**, **dolo** ou **coação**. Todos esses elementos são importantes e estão vinculados ao dever de prudência (Basso, 1998).

A crise política do Brasil atinge negociações de grãos, com mercado atento ao câmbio

As vendas a termo de *commodities* no Brasil, como grãos e açúcar, estão praticamente paralisadas, conforme produtores, tradings e consultorias avaliam o impacto de um possível *impeachment* da presidente Dilma Rousseff.

Após um ano de *boom* nas exportações de açúcar e milho, produtores e comercializadores de *commodities* estão se preparando para uma contínua valorização do real se a presidente perder o cargo, reduzindo a vantagem de preço das *commodities* brasileiras e possivelmente contendo as vendas externas.

A moeda brasileira se recuperou nas últimas semanas, apesar de uma crise econômica profunda, em meio a esperanças dos investidores de que Dilma seja substituída por um governo mais pró-mercado.

"**Vendedores e compradores estão basicamente apenas esperando para ver o que vai acontecer**", disse Fabio Meneghin, analista sênior da consultoria Agroconsult. "Exceto por negócios para entrega imediata, não há muita coisa acontecendo".

Meneghin disse que em boa parte dos contratos a termo de grãos brasileiros os preços são fechados na entrega, ajustados por flutuações na bolsa de Chicago (CBOT) e pelo valor do real.

"Obviamente, ninguém quer tomar esse tipo de risco agora".
[...]
Para a soja, a FCStone diz que as exportações totais neste ano poderiam cair para 50 milhões de toneladas, ante estimativa atual de embarque de 54 milhões de toneladas, se houver mudança no comando do país e o real se apreciar, com perda de algumas vendas para os EUA.

No cenário alternativo, o Brasil poderia exportar até 56 milhões de toneladas.

Para o açúcar, a FCStone diz que o *impeachment* poderia reduzir a lucratividade das exportações do adoçante, encorajando as usinas brasileiras a aumentar a produção de etanol para ser vendido no mercado doméstico.

A corretora também disse que o *impeachment* de Dilma também poderia impulsionar a atual tendência de importação de milho, uma vez que as cargas vindas do exterior ficariam mais baratas para produtores brasileiros de carne suína e de aves, que sofrem com falta de oferta no mercado local.

Meneghin, da Agroconsult, disse também que produtores temem que a crise política paralise o processo de definição do plano de financiamento da próxima safra, normalmente anunciado entre maio e junho, uma vez que o governo está totalmente absorvido na luta contra o *impeachment*. [...]"

Fonte: Teixeira, 2016, grifo nosso.

Síntese

Conforme observamos na análise do tema, o sucesso de uma negociação internacional depende de uma série de fatores, endógenos e exógenos. Em primeiro lugar, para que a negociação flua da melhor forma possível, devem ser seguidas algumas orientações: a) as partes devem ter posturas equilibradas na negociação, buscando atender, sempre que possível, os interesses recíprocos; b) ainda que haja liberdade contratual, as partes devem agir com boa-fé, respeitando as regras e os princípios aplicáveis; c) devem ser traçadas estratégias para enfrentar os diversos momentos da negociação*; d) as realidades de cada parte devem ser consideradas, tais como idiomas e culturas diferentes – sem contar os sistemas jurídicos distintos; e e) no período de negociação, as partes já devem atentar para os aspectos técnicos do contrato, como grau de desenvolvimento tecnológico, condições de financiamento, sistema cambiário, entre outros (Cretella Neto, 2010).

Em razão da individualidade de cada situação, torna-se difícil uma avaliação do que poderia ser considerado, no contexto do comércio internacional, causa para o encerramento das negociações. Da mesma forma, não é possível assegurar, sem uma avaliação do caso concreto, se houve culpa de uma das partes, ou seja, é difícil concluir se, com a ruptura, uma parte teria agido para prejudicar a outra parte.**

---

* Cretella Neto (2010, p. 307) diz ainda que "podem valer-se de contratos-tipo ou cláusulas-padrão, sem se ater, no entanto, a fórmulas excessivamente simplificadoras ou reducionistas".

** Nesse sentido, Basso (1998, p. 170) escreve: "Poder-se-ia considerar como justificada a ruptura quando, por exemplo, uma das partes, que sempre agiu com lealdade e correção, se vê diante da impossibilidade de prosseguir com as negociações iniciadas, ou diante da possibilidade de concluir, com terceiro, um contrato em condições muito mais vantajosas e prontamente informa ao parceiro sua decisão de encerrar as negociações, reembolsando-o de toda e qualquer despesa em que este porventura tenha incorrido, visando ao bom termo das tratativas".

Em todo caso, faz-se necessária a configuração do dano como consequência direta da falta (Basso, 1998). Portanto, se ocorrer uma violação aos deveres que são inerentes à boa-fé objetiva, com uma das partes se retirando das negociações sem justa causa, aquele que praticou o ato danoso tem o dever de indenizar a parte prejudicada.*

Questões para revisão

1) Sobre o poder econômico e o poder de barganha nas negociações internacionais, assinale verdadeiro (V) ou falso (F):
   ( ) O poder econômico das partes envolvidas não costuma afetar o ambiente de negociação, uma vez que as partes têm uma intenção em comum que não afeta as negociações.
   ( ) O poder de barganha está diretamente relacionado ao poder de se firmarem posições em razão de maior dependência de uma parte em relação à outra.
   ( ) Há situações em que uma parte pode ter um posição privilegiada pelo maior conhecimento sobre vários detalhes do negócio.
   ( ) Na barganha, existe uma busca para se atingir um acordo favorável, mesmo quando existem posições extremadas.
2) Sobre a negociação, assinale verdadeiro (V) ou falso (F):
   ( ) Não existe uma fórmula pronta para a negociação, considerando que cada mercado é único e que as partes que negociam sempre têm interesses individualizados.
   ( ) O processo de negociação é de futuro incerto, mas, a partir do seu início, se ocorre a desistência de uma das partes, configura-se o dano.

---

* No mesmo sentido, ver Cretella Neto (2010, p. 292).

( ) O acordo depende da negociação inicial, que traz a possibilidade de acomodação dos anseios das partes envolvidas.

( ) As partes devem ter posturas equilibradas na negociação, procurando atender aos interesses recíprocos.

3) É possível identificar as fases ou etapas da negociação?

4) Quando ocorre o rompimento da negociação, resultando em prejuízos?

5) Sobre os vícios de consentimento na negociação, assinale a alternativa correta:
   a. Em todas as etapas da relação contratual, devem existir cuidado e prudência para se evitar a configuração de vícios de consentimento.
   b. Os vícios de consentimento não afetam as condições de validade do contrato.
   c. O erro, o dolo e a coação, no período negocial, não são suficientes para motivar a anulação do negócio.
   d. A lesão ou estado de perigo não estão incorporados na compreensão de vício de consentimento.

Questões para reflexão

1) Existem questões individualizadas que devem ser consideradas na negociação: as realidades e as características das partes, como idiomas e culturas diferentes, assim como os sistemas jurídicos distintos podem fazer muita diferença no campo negocial. O que você pensa sobre essa afirmação? Justifique.

2) No ambiente negocial, a "perda de razoável oportunidade" e o "custo-oportunidade" são fatores indicativos de dano, resultando na perda de outros negócios. A busca pela reparação de danos antes da formalização contratual é um dos temas mais sensíveis, pois demanda uma análise casuística. Por que isso ocorre? Justifique.

Consultando a legislação

BRASIL. Lei n. 10.406, de 10 de janeiro de 2002. Institui o Código Civil. **Diário Oficial da União**, Poder Legislativo, Brasília, DF, 11 jan. 2002. Disponível em: <http://www.planalto.gov.br/ccivil_03/leis/2002/L10406.htm>. Acesso em: 9 fev. 2017.

GONÇALVES, C. R. **Direito Civil brasileiro**. 8. ed. São Paulo: Saraiva, 2011. Volume 1: Parte Geral.

XV

O Direito aplicável aos contratos internacionais

Conteúdos do capítulo:

» O direito aplicável.
» Princípio da autonomia da vontade no direito brasileiro.
» Cláusula de eleição de foro.
» Lei aplicável aos contratos eletrônicos.
» Regras do Mercosul.
» Princípios do Unidroit sobre contratos internacionais.
» Protocolos do Mercosul e Codaci.

15.1 Introdução

Todos os contratos internacionais têm como base uma lei nacional. Nesse caso, a lei nacional deve ser determinada pelas regras de Direito Internacional Privado (DIPr). Portanto, na negociação das cláusulas de um contrato internacional, consideramos salutar a jurisprudência sobre essa questão, por uma questão de segurança jurídica.

No que diz respeito à realidade brasileira, a regra de DIPr é a do **local da celebração do contrato** (Araújo, 2011). Não havendo local de celebração, passa a ser imperioso definirmos quem é a parte proponente, para que possamos aplicar a **regra da sua residência** – por meio do art. 9, parágrafo 2º, do Decreto-Lei n. 4.657, de 4 de setembro de 1942, a Lei de Introdução às Normas do Direito Brasileiro (LINDB) (Brasil, 1942). Entretanto, como veremos neste capítulo, o contrato entre ausentes também é uma situação bastante comum atualmente. Ao mesmo tempo, existem **regras qualificadoras** que são determinadas pela **lei local** (Araújo, 2011), o que torna a definição do direito aplicável aos contratos internacionais bastante polêmica em alguns pontos que apresentaremos a seguir.

15.2 O direito aplicável

De acordo com Jacob Dolinger (2007), o debate acerca da **lei aplicável** deve ser realizado somente nos casos em que as partes não exerceram seu poder de escolha. De forma complementar, a lei aplicável aos contratos internacionais deve ser examinada em dois aspectos: a) a lei relativa à forma do contrato; e b) a lei aplicável à substância de tal contrato. Nesse sentido, devemos dizer que nem sempre coincidem (Dolinger, 2007, p. 486).

Conforme Bártolo de Sassoferato (citado por Dolinger, 2007), algumas questões contratuais emergem no momento em que um contrato é firmado, como as relativas à **validade**, à **substância**, à **interpretação** e aos seus **efeitos**, devendo ser regidas pela lei do local; de outro lado, as questões que surgem vinculadas às **consequências contratuais** (i.e. questões como negligência, inadimplemento, forma de execução) são regidas pela lei do local do cumprimento, isso se o local estiver preestabelecido contratualmente. Caso não tenhamos o estabelecimento no contrato, devemos aplicar a *lex fori*, ou seja, a lei do tribunal em que a ação é proposta, a qual é uma noção bastante utilizada no DIPr.

Assim estabelece o art. 9º da LINDB:

> Art. 9º Para qualificar e reger as obrigações, aplicar-se-á a lei do país em que se constituírem.
> §1º Destinando-se a obrigação a ser executada no Brasil e dependendo de forma essencial, será esta observada, admitidas as peculiaridades da lei estrangeira quanto aos requisitos extrínsecos do ato.
> §2º A obrigação resultante do contrato reputa-se constituída no lugar em que residir o proponente. (Brasil, 1942)

Portanto, quando a lei indica a aplicação do direito do país em que se constituiu um contrato internacional, geralmente estamos avaliando uma situação na qual temos **partes em diferentes localidades e/ou países**. Trata-se, dessa forma, de um **contrato "entre ausentes"**.

Por certo, é plenamente possível que um contrato internacional seja firmado entre partes presentes, isto é, considerando que ambas se encontram no mesmo país, situação na qual a **internacionalidade contratual** advém de outras questões. Atualmente, porém, grande parte dos contratos internacionais ocorre "entre ausentes", sendo que as trocas e as comunicações ocorrem por meio de propostas e ofertas que passaram a ser facilitadas com o advento da internet.

Nesse contexto, a legislação procura indicar o que deve prevalecer no caso de o contrato ser firmado entre partes situadas em países diferentes. Nesses casos, o art. 9º, parágrafo 2, da LINDB (Brasil, 1942) diz que se reputa local de constituição do contrato aquele no qual reside o proponente. Ainda no que se refere às obrigações decorrentes do contrato, a leitura sistemática do *caput* com o parágrafo 2º do art. 9º da LINDB (Brasil, 1942) é complementar, ao determinar que o contrato internacional é regido pela lei do país em que ele foi constituído, sendo a constituição presumida no local ou país onde reside o proponente.*

A *lex loci solutionis* ou *lex loci executionis* refere-se ao local, ou o país, onde a obrigação deve ser cumprida ou executada; entretanto, não necessariamente será este também o local do ajuizamento de uma eventual ação em caso de inadimplemento. Ou seja, "um contrato pode ser celebrado em um país, para ser cumprido em um segundo país, e acabar objeto de ação judicial em terceiro país" (Dolinger, 2007, p. 501).**

15.3 Princípio da autonomia da vontade no direito brasileiro

O **princípio da autonomia da vontade** é uma tendência mundial que ainda enfrenta desafios quanto à sua aplicação. O Novo Código Civil – Lei n. 10.406, de 10 de janeiro de 2002 (Brasil, 2002) – adotou tecnicamente cláusulas gerais que cristalizam alguns princípios que são compatíveis com o princípio da autonomia da vontade. No entanto, não podemos falar com certeza jurídica que a autonomia

---

* No mesmo sentido, ver Dolinger (2007, p. 491-492).

** Nesse exemplo, "a substância, os efeitos, a interpretação do contrato se regerão pela lei do primeiro país, as consequências do inadimplemento, o peso, a medida, a moeda de pagamento e outros detalhes do cumprimento da obrigação serão regidos pela lei do segundo país, e a processualística da cobrança judicial pela lei do terceiro país, a *lex fori*" (Dolinger, 2007, p. 501).

é aceita, algo que também não é confirmado na jurisprudência (Araújo, 2011).

Atualmente, conforme vimos no capítulo anterior, não é necessário que se negocie ou que se assine um contrato no local da lei aplicável. As manifestações da autonomia da vontade das partes possibilitam, inclusive, que se realize a opção pela **arbitragem**. Portanto, a liberdade ou autonomia das partes inclui tanto a escolha da lei aplicável, quanto a definição das normas processuais (Araújo, 2011).

Na prática, ainda que esse tema continue a apresentar posições divergentes, o Superior Tribunal de Justiça (STJ) tem decidido questões que envolvem contratos internacionais. Assim, ainda que de forma lateral, o STJ tem discutido a lei aplicável.*

Alguns autores entendem que o ordenamento jurídico-constitucional daria suporte à "autonomia da vontade conflitual"** (Souza

---

* Conforme observamos, os contratos internacionais passaram a ser discutidos nas homologações de sentenças estrangeiras com laudos arbitrais. No mesmo sentido, ver Araújo (2011, p. 396).

** Souza Júnior (2006, p. 612-613, grifo nosso) escreve: "A referência à Constituição permite notar que, apesar da aproximação entre o direito público e o direito privado, cada um deles é regido por sua própria matriz principiológica. Partindo-se de um dos fundamentos básicos do Estado constitucional de direito – o **princípio da legalidade** –, verifica-se que ele produz resultados diversos em sua aplicação prática, conforme incida no campo do Direito Público ou no campo do Direito Privado [...] Na sua aplicação ao **Direito Privado**, o princípio da legalidade contém a cláusula constitucional da **liberdade**, desaguando na **autonomia da vontade** [...] e na livre iniciativa, prevista nos artigos 1º, IV e 170, parágrafo único. [...] A **autonomia privada** ostenta, pois, qualidade de **preceito fundamental** da ordem constitucional brasileira. Ao lado da **autonomia pública** (a liberdade da vida em comunidade), forma o pilar de sustentação da vida em liberdade e da **dignidade da pessoa humana**, constituindo parte integrante dos sistemas de **direitos fundamentais** e democracia albergados na Constituição brasileira [...]".

Júnior, 2006, p. 611); ou seja, nessa interpretação, a autonomia teria até mesmo **proteção constitucional**, não podendo ser restringida (Souza Júnior, 2006).

Dolinger (2007) entende que, nas situações contratuais multinacionais, as partes têm **autonomia de escolha do sistema jurídico**. Nesse contexto, o autor entende que o DIPr aceita que as partes escolham a lei que vai reger os seus contratos. Assim, no contexto da autonomia da vontade, as partes de um contrato internacional podem, inclusive, **sujeitar-se a uma terceira lei**, sem qualquer relação com as suas leis internas*.

Apenas a título ilustrativo, cumpre-nos apresentar o resumo dos diferentes posicionamentos encontrados na doutrina brasileira, que traduz as divergências da seguinte forma:

---

* Ainda de acordo com Dolinger (2007, p. 441-442): "a escolha da lei aplicável dente dois sistemas jurídicos é matéria de Direito [...] em que se opta por um sistema jurídico ao invés de outro, assunto que muitos classificam como situado no campo do direito público, o que poderia levar ao argumento de que, por isto mesmo, as partes não podem ter a mesma liberdade do que na formulação das cláusulas contratuais no plano do Direito Interno – Direito Privado. [...] o contrato firmado em determinado país, em que as partes escolhem a lei e outro país, já nasce estranho ao local de sua realização, já surge sob a égide da lei de outro Estado e, em assim sendo, a lei do local onde foi elaborado, não tem autoridade sobre o mesmo; trata-se de um ato jurídico das partes contratantes que nasce fora da jurisdição local, como se tivesse sido elaborado e concluído alhures".

Resumindo as opiniões de quatro gerações de autores de Direito Internacional Privado brasileiro, de Pimenta Bueno, em 1863, a Irineu Strenger, em 1986, temos que Pontes de Miranda e Amílcar de Castro se colocam aberta e frontalmente contra a faculdade de as partes escolherem a lei aplicável em transações internacionais, enquanto Oscar Tenório entende possível esta escolha desde que expressamente facultada pelas regras da lei do local da contratação, mas que isto não ocorre no sistema jurídico brasileiro, com o que sua posição se alinha, quando ao DIP brasileiro, com Pontes de Miranda e Amilcar de Castro. Assim, estes três autores não aceitam que, em contrato firmado no Brasil, as partes escolham lei estrangeira.

Os demais autores aceitam a autonomia da vontade em contratos realizados no Brasil, sendo que Pimenta Bueno, Clóvis Beviláqua, Gomes de Castro, Haroldo Valladão, Sylvio Capanema de Souza, Agustinho Fernandes Dias da Silva e Jürgen Samtleben não fazem restrição à escolha da lei estrangeira, enquanto que Rodrigo Otávio, Machado Villela, Eduardo Espínola, Espínola e Espínola, Serpa Lopes, Wilson de Souza Campos Batalha, Adaucto Fernandes, Irineu Strenger, Arnoldo Wald e Luiz Gastão Paes de Barros Leães aceitam a autonomia no âmbito das normas supletivas, dispositivas, rejeitando-a no campo das leis imperativas ou obrigatórias (Dolinger, 2007).

Entre os autores atuais, ainda existem pontos relevantes de divergência, tal como entre os posicionamentos de Dolinger e Araújo.* Em complemento, observamos que a jurisprudência pátria ainda não "colocou uma pedra" sobre essa questão, apesar de os tribunais considerarem, em suas argumentações, as manifestações doutrinárias do DIPr.

Quanto ao **princípio da ordem pública**, invocado de forma recorrente como meio para justificar a **mitigação da autonomia da vontade**, cabe-nos esclarecer que, ao se submeterem a uma lei estrangeira, as partes não têm como invocá-lo. Dessa maneira, não podemos falar em *ordem pública*, se o local onde o acordo foi firmado passa a ser irrelevante, com a escolha de uma lei estrangeira.

Portanto, a questão que permeia a análise da autonomia da vontade depende "do local, do momento e das circunstâncias da sua execução", uma vez que a "mesma escolha de lei poderá ser aceitável em uma jurisdição, e inadmissível em outra, exequível em determinado momento, e inexequível em outro momento" (Dolinger, 2007, p. 467).

Por fim, Araújo (2011) sugere que a solução adequada seria substituir o art. 9º da LINDB (Brasil, 1942) pelas normas da Convenção Interamericana sobre o Direito Aplicável aos Contratos Internacionais (Cidaci). Nesse sentido, essa Convenção não apenas

---

* Dolinger (2007, p. 456) afirma que "Nádia de Araújo vai ao ponto de dizer que 'em seu artigo 9º não menciona o princípio da autonomia da vontade e, embora muitos juristas sejam a favor, o princípio é proibido'. Ora, um princípio é um princípio, e como tal está acima do direito positivo e de suas regras, e ninguém tem autoridade para proibir um princípio baseado no silêncio da lei, ou em qualquer outro fator. Um princípio pode se esvair com o tempo, devido a mudanças sociais e/ou políticas; pode também ser superado, total ou parcialmente, por um princípio mais elevado, mas jamais se deve falar em proibir um princípio".

regularia os contratos internacionais entre os latino-americanos, mas também funcionaria como uma regra conflitual das relações contratuais internacionais (Araújo, 2011).

15.3.1 Autonomia da vontade nos contratos submetidos à arbitragem

O art. 2º da **Lei de Arbitragem** – Lei n. 9.307, de 23 de setembro de 1996 (Brasil, 1996) – reconheceu a autonomia da vontade ao prever:

> Art. 2º A arbitragem poderá ser de direito ou de equidade, a critério das partes.
> §1º Poderão as partes escolher, livremente, as regras de direito que serão aplicadas na arbitragem, desde que não haja violação aos bons costumes e à ordem pública.
> §2º Poderão, também, as partes convencionar que a arbitragem se realize com base nos princípios gerais de direito, nos usos e costumes e nas regras internacionais de comércio.
> §3º A arbitragem que envolva a administração pública será sempre de direito e respeitará o princípio da publicidade.
> [grifo nosso]

Nesse contexto, podemos dizer que, no contexto do nosso ordenamento jurídico, a forma escolhida para a solução de controvérsias é que determina a segurança quanto à aplicação da autonomia da vontade, ou seja, não é a natureza da relação jurídica que define essa questão.

Portanto, é inquestionável a autonomia da vontade quando se faz a opção pela **arbitragem**, mas quando não ocorre essa opção, torna-se difícil assegurar a eleição do direito aplicável a um contrato internacional.*

15.3.2 Autonomia privada

Em uma perspectiva de Direito Constitucional, a **autonomia privada** reflete juridicamente o "personalismo ético"**, que tem como fundamento a **pessoa humana**. Ora, na ausência da autonomia "o sujeito de direito, embora formalmente investido de titularidade jurídica, nada mais seria que um simples instrumento a serviço do Estado" (Souza Júnior, 2006, p. 614).

A compreensão que temos, diante desse cenário, é a de que qualquer **restrição à liberdade de escolha** do direito aplicável aos contratos internacionais necessitaria de uma **norma expressa**. Nesse contexto, extraímos que, na ausência de uma lei que negue

---

* "Alguns advogados, por exemplo, aconselham seus clientes a indicar, expressamente, determinado lugar (*v.g.*, Nova York) como o de celebração do contrato internacional para que, advindo litígio judicial no Brasil, seja assegurada a aplicação do direito escolhido pelas partes (*in casu*, o direito norte-americano), na forma do art. 9°, *caput*, da LICC" (Souza Junior, 2006, p. 609-610, grifo do original).

** "O Direito Civil brasileiro, desde o século XIX, tem no personalismo ético sua diretriz principal. Isto se deve à influência pandetista que nos levou a ter no primeiro Código Civil, e até mesmo antes dele, na Consolidação das Leis Civis, uma Parte Geral que abre com o livro Das Pessoas. No Código Civil, de 1916, o art. 2° era um verdadeiro manifesto da igualdade entre as pessoas: 'Todo homem é capaz de direitos e obrigações na ordem civil'. 'Todo homem', quer dizer, todo homem, toda mulher, toda criança, todo idoso, qualquer um, qualquer que seja a idade, a etnia, a nacionalidade, a cor da pele, a religião, o patrimônio, o status social ou o grau de cultura: 'todo homem'. Também o Código Civil, de 2002, em seu art. 1°, com o mesmo espírito, proclama: 'Toda pessoa é capaz de direitos e deveres na ordem civil'." (Azevedo, 2008, p. 115)

essa liberdade, passa a ser inconstitucional uma restrição ao pleno exercício da autonomia da vontade conflitual, que seria derivada da interpretação do art. 9º, *caput*, da LINDB (Souza Júnior, 2006). Portanto, argumenta-se que a autonomia da vontade não seria apenas garantida pela reserva legal simples, mas também pela interpretação do art. 9º da LINDB, à luz da Constituição de 1988. Logo, em uma análise civil-constitucional, deve prevalecer a interpretação que confere efetividade ao **princípio da autonomia privada**.*

15.3.3 Princípio da proximidade

O **princípio da proximidade** passou a ser considerado um dos princípios mais destacados do moderno DIPr. Trata-se do princípio que afirma que as relações jurídicas devem ser regidas pela lei do país de maior proximidade, ou com maior conexão direta. Esse critério decorre de uma abdicação das abordagens técnicas, o que confere maior destaque às realidades sociais e econômicas que permeiam os fenômenos jurídicos (Dolinger, 2007).

A "lei mais próxima" deve ser entendida como aquela que tem uma identificação maior com a relação jurídica, ou em relação às

---

* Souza Junior (2006, p. 620) afirma, dessa maneira, que "a proibição de escolha do Direito aplicável não atende ao preceito constitucional da proporcionalidade. Sua permissão, ao reverso, é conforme ao princípio constitucional da autonomia privada, eis que lhe confere máxima efetividade". Vale ainda destacar "[e]m suma: a **filtragem constitucional** do artigo 9º da LICC exclui, por inconstitucional, a condição vedatória da eleição do Direito aplicável ao contrato, que é incompatível com a liberdade fundamental garantida no artigo 5º, II, da Constituição. E, mais que isso: **assegura objetivamente** a validade e eficácia da escolha das partes, feita no âmbito do sistema de DIPr, através de **cláusula legislativa implícita**, concretizadora da tutela constitucional da liberdade (art. 5º, §2º, da Constituição)" (Souza Junior, 2006, p. 622, grifo do original).

partes. A "proximidade" é identificada com base nas características da relação jurídica ou dos entes envolvidos. Portanto, trata-se da lei que seria mais adequada para aquela situação *in concreto*.

Essa proposta aparentemente razoável acaba por sofrer oposição, em razão de sua aplicação de maneira incerta. Sendo uma situação definida apenas no caso concreto, a definição da lei aplicável apenas se consubstancia quando a questão é conduzida para uma análise prática, seja por meio de arbitragem, seja com a análise da justiça.*

Dolinger (2007) entende que esse princípio traduz um desenvolvimento do DIPr, mas, ao mesmo tempo, reconhece que, nesse caso, o juiz atua quase como legislador, uma vez que, a partir da análise prática, isto é, do caso concreto, avalia a situação para eleger a melhor legislação.

Com a assinatura pelo Brasil da Cidaci (Convenção Interamericana sobre Direito Aplicável aos Contratos Internacionais, México, 1994 – "Convenção do México"), a questão ganhou mais força. A Convenção

---

* Nesse sentido, Dolinger (2007, p. 245-246) escreve: "A fórmula da proximidade trouxe preocupações de que poderia causar incerteza. É evidente que, do ponto de vista de previsibilidade, não se pode comparar a proximidade às regidas regras de *lex contractus* e *lex solutionis*, mas, por outro lado, a nova abordagem elimina o velho debate sobre qual destes dois é o correto elemento de conexão, porque agora se entende que em determinados casos será o lugar onde o contrato foi assinado, em outros será o lugar onde o contrato tem que ser cumprido, e em outros ainda, será um terceiro lugar com mais íntima conexão do que estes dois locais. Justamente devido à variedade de situações contratuais, nenhuma das duas regras clássicas conseguiria, invariavelmente, proporcionar uma solução apropriada, enquanto que, com a fórmula da proximidade, os tribunais poderão aplicar a lei do país em que o contrato foi assinado, ou em que o contrato tem que ser cumprido, ou a lei do país em que se localiza outro fator, mais próximo do que o local da assinatura e do cumprimento, aquele que esteja mais intimamente ligado ao relacionamento jurídico entre as partes, ou que tenha uma conexão específica com a própria transação".

do México (Conferência Interamericana de Direito Internacional Privado – Cidip V) consagra a **autonomia da vontade**, conforme observamos da leitura do seu Artigo 7, que dispõe: "o contrato rege-se pelo Direito escolhido pelas partes" (OEA, 1994).

Ainda que o Brasil seja signatário da Convenção do México, não ocorreu a internalização desta na legislação brasileira, vigorando ainda o art. 9º da LINDB. Ou seja, não temos a autonomia da vontade contemplada em nossa legislação.

Apesar de não existir uma regra clara que indique a aplicação do princípio da proximidade, podemos afirmar que a doutrina já reconhece sua importância, assim como a recomenda nos casos concretos (Dolinger, 2007).

15.3.4 *Dépeçage* ou fracionamento

Em algumas circunstâncias, o direito internacional se depara com situações nas quais existe a possibilidade de aplicação de mais de uma lei, em razão dos pontos que emergem do caso concreto. A possibilidade de aplicação de mais de uma lei é chamada de *dépeçage** ou *fracionamento*.

Do ponto de vista teórico, essa questão incorpora opiniões diversas. Podemos identificar os níveis de *dépeçage*, dentro do sistema de DIPr, quando o mérito da obrigação se fundamenta na lei, enquanto isso não ocorre com as demais questões (i.e. capacidade, forma e a execução) ou, então, quando existe autonomia, isto é, a natural

---

* Cretella Neto (2010, p. 272) escreve: "Em geral, haverá uma lei única para disciplinar o contrato, mas nada impede que exista mais de uma, cada qual a reger determinada parte, promovendo-se ao desmembramento ou decomposição do contrato (*dépeçage*). Não se admite, evidentemente, que duas leis diferentes disciplinem o mesmo contrato ou que duas leis sejam aplicáveis à mesma parte do contrato".

capacidade de se determinar a legislação ou até mesmo de diversas legislações que seriam aplicáveis aos termos do contrato.*

É importante esclarecermos sobre a relevância do tema, pois tanto a Convenção de Roma quanto a Convenção do México adotaram o *dépeçage*. Dessa forma, dado que o país participou da Cidip V (OEA, 1994), entendemos que a melhor solução seria a ratificação da Convenção do México sobre o Direito Aplicável aos Contratos Internacionais, de 1994, e substituir o art. 9º da LINDB por essa Convenção (Araújo, 2011).

15.4 Cláusula de eleição de foro

Sobre a **cláusula de eleição de foro**, é importante esclarecermos que esta não deve ser confundida com a **lei aplicável**. Sendo assim, é possível realizar a escolha de um determinado foro para a discussão de questões litigiosas (i.e. muitos entraves podem surgir em razão de particularidades dos contratos). Contudo, a redação das cláusulas deve ser consensual.

De outro lado, é importante pontuarmos que, se o foro escolhido proibir a autonomia da vontade, consequentemente a cláusula sobre a lei aplicável pode perder a validade, apenas com a ressalva da responsabilidade das partes pelo descumprimento da cláusula (Araújo, 2011).

---

* Araújo (2011, p. 400) escreve: "Nesse nível, temos um desdobramento da noção de autonomia da vontade, pois, além de escolher a lei para o contrato, poderão, ainda, fazer mais de uma escolha em vista da complexidade de um determinado contrato multiconectado. Estas dificuldades não podem ser evitadas sem um rigoroso planejamento das diversas consequências da relação em questão".

A eleição de foro é bastante utilizada em nosso país. No entanto, surgem questões delicadas quando temos uma cláusula que elege o foro estrangeiro, mas, de outro lado, assegura a competência brasileira.*

Analisando a jurisprudência brasileira, observamos que ainda existe certa confusão diante dessa questão, especialmente nas decisões dos tribunais que enfrentam casos de autonomia da vontade para a escolha da lei aplicável, assim como situações de autonomia nas quais é estabelecido o foro em outro país (cláusula de eleição de foro).

Em seu estudo sobre o tema, Araújo (2011, p. 411) explica que

> o STJ decidiu que não se pode afastar, pela inclusão de cláusula que elege o foro estrangeiro, a "competência internacional da autoridade judiciaria brasileira".
> A mesma autora entende que a "posição representa um recrudescimento da ideia da competência internacional em plano de igualdade concorrente com a estrangeira".

A posição dos tribunais nos parece estar em desacordo com a melhor doutrina, pois esta apresenta uma compreensão mais abrangente sobre o ambiente dos negócios internacionais. Como afirma Cretella Neto (2010), a questão passa a ser de **competência**, ou seja, traduz-se em matéria de Direito Processual Internacional, dificilmente compreendida pelos nossos tribunais.

---

* Araújo (2011, p. 407-408) explica que "[n]o caso da competência exclusiva (art. 89), não há possibilidade de sua prevalência, pois sobre bens imóveis aqui situados somente a Justiça brasileira pode decidir, e em o fazendo Justiça estrangeira, esta decisão não terá eficácia no território nacional. O problema surge quando há uma cláusula de eleição de foro estrangeiro e é competente concorrentemente a justiça brasileira (art. 88). Se a ação for proposta no Brasil, e a parte ré opor uma exceção de incompetência, o julgamento terá desfecho imprevisível. [...]".

15.5 Lei aplicável aos contratos eletrônicos

No que se refere à lei aplicável aos contratos eletrônicos, é importante destacarmos que o desafio inicial consiste em indicar a localização da conclusão do contrato. Quando não existe clareza sobre essa questão, considerando que estamos avaliando um contrato eletrônico internacional, passamos à aplicação das regras de DIPr.

A questão pode ser simplificada se, na oferta do contrato eletrônico, for incluída uma cláusula relativa à escolha da lei e do foro. Se não houver essa estipulação, o juiz – ou árbitro – deve avaliar todas as convenções internacionais que seriam aplicáveis. Destacamos duas delas: a) a Convenção de Haia sobre a Lei Aplicável às Vendas Internacionais de Objetos Móveis Corpóreos, de 15 de junho de 1955 (HCCH, 1964); e b) a Convenção de Roma sobre a Lei Aplicável às Obrigações Contratuais, de 19 de junho de 1980 (EUR-Lex, 1980).

A lei aplicável será a do país do comprador, com a condição de que o país tenha recebido o pedido, tanto pelo vendedor quanto por seu representante. Nesse contexto, a Convenção de Roma adota o **silêncio das partes** como um critério para determinar a lei aplicável – geralmente aquela que tem vínculos com o país de domicílio da parte.

Independentemente da nacionalidade, sempre que o réu for domiciliado no Brasil, quando tiver de cumprir a obrigação no Brasil, ou ainda quando o proponente residir no exterior, aplica-se a legislação nacional. As exceções procuram dar proteção ao consumidor que reside no Brasil. Quando não é o caso da aplicação de exceções, passa a ser considerado o foro do país de constituição do contrato.

15.6 Regras do Mercosul

No âmbito do **Mercosul** (Mercado Comum do Sul), os contratos são regidos pelo DIPr de cada país. A doutrina considera essa situação precária, especialmente diante do objetivo de uniformização do DIPr nos contratos no âmbito do Mercosul.

A meta relativa à harmonização das legislações do Mercosul não foi alcançada, de modo que até hoje não existem regras gerais aplicáveis aos contratos internacionais dentro do bloco.

O rol de leis que podem ser aplicadas deixa transparecer o ambiente de incertezas, pois temos, em suma, as seguintes legislações regendo os contratos dos Estados-partes do Mercosul (Cretella Neto, 2010):

a. os Tratados de Montevidéu (1889 e 1940), em vigor na Argentina, no Paraguai e no Uruguai;

b. a Convenção das Nações Unidas sobre os Contratos de Compra e Venda Internacional de Mercadorias (Convenção de Viena, 1980), em vigor na Argentina e no Uruguai;

c. a Convenção sobre a lei aplicável aos Contratos de Compra e Venda Internacional de Mercadorias (Convenção de Haia, 1986), em vigor apenas na Argentina; e

d. a Convenção sobre Direito Aplicável aos Contratos Internacionais, (Cidip V, México), que segue em análise somente no Brasil.

Ainda que o Brasil tenha assinado a Cidaci – que, tal como vimos, adota o princípio da autonomia da vontade –, que poderia conferir uniformidade à questão, sua entrada em vigor ainda depende de uma série de procedimentos. Portanto, a situação segue de forma inadequada e sem segurança jurídica (Araújo, 2011), e pode, em último caso, também ser considerada uma **barreira não tarifária** ao comércio regional (Cretella Neto, 2010).

15.7 Princípios do Unidroit sobre contratos internacionais

Os **princípios do Unidroit*** são muito importantes na esfera do Direito Contratual, uma vez que contêm pontos de cooperação entre o DIPr e o direito uniformizado (Dolinger, 2007). Em adição, esses princípios abrangem diversos tipos de obrigações contratuais internacionais.**

Sobre a natureza jurídica dos princípios da Unidroit, a doutrina tem entendido que eles estariam inseridos no conceito de *soft law*. Geralmente, designamos como *soft law* um **direito flexível**, que serviria como "critério de fundamentação de decisões ou de legitimação de práticas e de comportamentos típicos de natureza profissional no domínio do comércio internacional, embora sejam desprovidas de caráter vinculativo e atuem mediante a persuasão [...]" (Gama Júnior, 2017, p. 99).

Além disso, as *soft laws* podem ser consideradas "regras de limitado valor normativo, quer porque os instrumentos que as contêm não são juridicamente obrigatórios, quer porque as disposições em causa [...] não criam obrigações de Direito Positivo ou não criam senão obrigações pouco constringentes" (Gama Júnior, 2017, p. 99).

---

* O Instituto Internacional para a Unificação do Direito Privado é uma organização internacional independente, que estuda meios de harmonização e de coordenação do Direito Privado entre os Estados Sobre o tema, ver Oser (2008).

** Nesse sentido, Dolinger (2007, p. 338) entende que: "Apesar de os princípios do Unidroit se referirem a 'contratos comerciais internacionais', o comentário oficial ao preâmbulo esclarece que o conceito de contratos 'comerciais' deve ser entendido no sentido mais amplo possível, a fim de incluir 'outros tipos de transações econômicas' como investimentos e/ou acordos de concessão, contratos para serviços profissionais etc.".

Independentemente de como sejam classificados, os princípios refletem uma necessidade – que deve ser enfrentada objetivamente, cedo ou tarde – de harmonização do Direito do Comércio Internacional. Uma vez que configuram regras "mais flexíveis", na prática, torna-se mais fácil aplicar referidos princípios do que fazer uso de uma *hard law* (i.e. tratados e convenções internacionais).

15.8 Protocolos do Mercosul e da Codaci

No **Mercosul**, os protocolos se voltaram aos aspectos jurisdicionais ou às questões relacionadas à cooperação judicial, mas não enfrentaram, por exemplo, o tema que se refere à lei aplicável aos contratos internacionais.

O Protocolo de Buenos Aires sobre Jurisdição Internacional em Matéria Contratual (Buenos Aires, 4 de agosto de 1994; Brasil, 1994a) aborda questões relevantes sobre a jurisdição internacional em matéria contratual. De forma bastante importante, o Acordo sobre Arbitragem Comercial, assinado em Buenos Aires em 1998, ratificado pelo Brasil pelo Decreto n. 4.719, de 4 de junho de 2003 (Brasil, 2003)*, elucidou, em seu art. 7.2, que a validade da convenção arbitral, quanto ao consentimento, deve ser dirigida pelo Direito do Estado-parte que é sede do Tribunal Arbitral.

Ainda que os pontos de que tratamos sejam de grande importância, cumpre-nos notar que não se consubstanciaram, entre os Estados-partes do Mercosul, regras claras sobre a lei aplicável ao cerne e aos efeitos dos contratos internacionais (Dolinger, 2007).

---

* O Decreto n. 4.719/2003 promulgou o Acordo sobre Arbitragem Comercial Internacional do Mercosul (Brasil, 2003).

Com relação à Convenção Interamericana de 1994 (Codaci), destacamos que, apesar de ter sido assinada por Brasil, Bolívia, México, Uruguai e Venezuela, foi ratificada apenas pelo México e pela Venezuela, o que prejudica a sua aplicação, apesar de ela trazer inúmeras regras que facilitariam o comércio internacional na região.

Em resumo, os termos da Codaci traduzem os seguintes pontos relevantes (OEA, 1994):

a. valorização da autonomia da vontade (direito de escolha das partes), de acordo com a conveniência e as particularidades do contrato;
b. princípio da proximidade (*proper law of contract*), que resulta na escolha do direito com o qual o Estado tenha maior vinculação;
c. admissão da aplicação de leis de um Estado que não seja parte da Convenção;
d. aplicação da *lex mercatoria*;
e. vedação do reenvio*;
f. não aplicação normativa quando os contratos tiverem normas que os regulem de forma específica;
g. definição geográfica e de pontos objetivos de contato para a definição de contrato internacional.

Todos os elementos que indicamos aqui devem nortear os contratos realizados pelos signatários da Convenção Interamericana de 1994, que, muito embora seja significativa e tenha sido assinada pelo Brasil, ainda não foi ratificada.

---

* Por meio do **reenvio**, o DIPr de um Estado indica a aplicação da legislação de outro Estado e, ato sequente, as regras de DIPr deste Estado indicam a aplicação de normas de um terceiro Estado ou, ainda, até da aplicação da lei do primeiro Estado, que era o remetente.

A hora e a vez da Convenção de Viena

Em 2008, o comércio exterior do Brasil atingiu a notável marca de US$ 370 bilhões. E isso apesar da forte desaceleração causada pela crise mundial. Grande parte dessas transações teve por objeto a exportação ou importação de mercadorias, quer sejam commodities, bens de capital ou de consumo. [...]

Nesse tocante, porém, **raramente os empresários cogitam os custos jurídicos envolvidos nas transações internacionais**. Esquecem que as normas legais aplicáveis aos contratos podem aumentar, ou reduzir, os preços de produtos e serviços; que integram o chamado equilíbrio econômico-financeiro do contrato. **O contrato internacional será tanto mais eficiente – e, portanto, menos custoso – quanto maior a previsibilidade de seu resultado.** Assim, tão importante quanto reconhecer a força obrigatória do acordo de vontade dos contratantes, é **saber, de antemão, qual o Direito que lhe será aplicado caso ocorra algum litígio.**

Para os contratos domésticos, a determinação das regras aplicáveis é relativamente simples, pois em regra toda a sua vida sujeita-se a uma só lei.

Para os internacionais, porém, a sua própria natureza complica a tarefa de **fixar a lei de regência, eis que normalmente tais contratos se acham ligados ao Direito de dois ou mais países, quer** em razão do domicílio das partes situar-se em países diversos, quer pelo fato de a prestação característica do contrato ter de ser executada em lugar distinto do de sua celebração. Além disso, qualquer que seja o Direito nacional aplicável, ele raramente conterá disposições adequadas aos negócios internacionais.

Por isso, a divisão do mundo em diferentes sistemas jurídicos nacionais passou a ser vista como barreira não tarifária, a ser gradualmente eliminada para a construção de um mercado global.

Daí o imenso e contínuo trabalho em favor da uniformização do Direito Contratual Internacional, no qual atuam instituições intergovernamentais como a Uncitral, vinculada à ONU, e o Unidroit – cujos princípios sobre contratos comerciais internacionais tornaram-se referência na matéria, e também organismos privados, como a Câmara de Comércio Internacional. […]

Em segundo lugar, o Direito Contratual uniforme estabelece regras mais adequadas, flexíveis e adaptáveis às especificidades das transações comerciais internacionais. Exemplos disso são a ampla liberdade de forma de que goza o contrato internacional, que dispensa até a existência de um documento escrito, e, ainda, a primazia dos usos e práticas vigentes em determinado ramo de comércio. […]

Fonte: Gama Júnior, 2009, grifo nosso.

Síntese

O tema do direito aplicável aos contratos internacionais exige uma compreensão ampla do direito nacional, em conformidade com todos os tratados, acordos e convenções internacionais que tenham a participação do Brasil.

Em situações em que há margem para a eleição da legislação, antes da tomada de decisões, o juiz, o tribunal ou o árbitro devem investigar com cuidado o conteúdo de toda a legislação possivelmente aplicável. Somente após uma análise detalhada é que se pode identificar a legislação que melhor se adapta ao caso concreto, no sentido de trazer a melhor solução.

Na prática, não podemos deixar de lado a aplicação dos princípios fundamentais que norteiam os contratos internacionais, como o princípio do equilíbrio entre as obrigações recíprocas das partes, o princípio da boa-fé e o princípio da equidade.*

Dessa maneira, em casos nos quais é necessária uma solução conflitual, recomendamos a aplicação dos princípios do Unidroit, uma vez que trazem maior segurança na solução de questões transnacionais relativas à escolha da lei aplicável. Não raro, perquirir a melhor legislação pode significar a aplicação da *lex mercatoria* em detrimento da legislação nacional, situação mais frequente quando se faz uso da arbitragem, que oferece maior liberdade pela autonomia de vontade das partes.

Questões para revisão

1) É possível a aplicação de mais de uma legislação em um caso concreto?

2) Quando se aplica a *lex fori*?

3) Sobre a legislação que indica a regra que deve prevalecer no contrato a ser firmado entre partes situadas em diferentes países, assinale a assertiva correta:
   a. O debate sobre a lei aplicável deve ser realizado somente nos casos em que as partes não exerceram seu poder de escolha.
   b. A lei aplicável aos contratos internacionais deve ser examinada apenas quanto à forma do contrato.

---

* No mesmo sentido, ver Dolinger (2007, p. 340).

c. A lei aplicável à substância do contrato não é essencial para determinar a legislação aplicável em caso de dúvida.

d. Questões vinculadas às consequências contratuais, como aquelas ligadas a negligência, inadimplemento e forma de execução, são regidas por qualquer lei escolhida pela parte interessada, ainda que prestabelecido contratualmente.

4) Sobre a autonomia privada, assinale verdadeiro (V) ou falso (F):

( ) A autonomia privada não tem relação jurídica com o denominado *personalismo ético*.

( ) Qualquer restrição à liberdade de escolha do direito aplicável aos contratos internacionais é ilegal, independentemente de uma norma expressa.

( ) A restrição ao pleno exercício da autonomia da vontade conflitual, que seria derivada da interpretação do art. 9º, *caput*, da LINDB, pode ser considerada como inconstitucional no Brasil.

( ) A autonomia da vontade não é apenas garantida pela reserva legal simples.

5) Sobre o princípio da proximidade, assinale a alternativa correta:

a. O princípio da proximidade afirma que as relações jurídicas devem ser regidas pela lei do país de maior proximidade, conferindo destaque às realidades sociais e econômicas nos fenômenos jurídicos.

b. A "lei mais próxima" deve ser entendida como aquela que tem um raio de proximidade maior com a localização das partes.

c. A "proximidade" não se identifica com as características da relação jurídica ou dos entes envolvidos em uma situação *in concreto*.

d. Por ser uma situação definida apenas no caso concreto, a definição da lei aplicável não depende de uma análise prática do caso *in concreto*.

Questões para reflexão

1) O direito aplicável aos contratos internacionais exige uma compreensão ampla do direito nacional. Você concorda com essa afirmação? Por quê?

2) Existem circunstâncias em que há margem para a eleição da legislação, devendo ser investigado, com cuidado, o conteúdo de toda a legislação possivelmente aplicável para trazer a melhor solução. Você concorda com essa afirmação? Justifique.

Consultando a legislação

BRASIL. Decreto-Lei n. 4.657, de 4 de setembro de 1942. Lei de Introdução às normas do Direito Brasileiro. **Diário Oficial da União**, Poder Executivo, Rio de Janeiro, DF, 9 set. 1942. Disponível em: <http://www.planalto.gov.br/ccivil_03/decreto-lei/Del4657.htm>. Acesso em: 9 fev. 2017.

_____. Decreto n. 4.719, de 4 de junho de 2003. Promulga o Acordo sobre Arbitragem Comercial Internacional do Mercosul **Diário Oficial da União**, Poder Executivo, Brasília, DF, 5 jun. 2003. Disponível em: <http://www.planalto.gov.br/ccivil_03/decreto/2003/D4719.htm>. Acesso em: 9 fev. 2017.

BRASIL. Lei n. 9.307, de 23 de setembro de 1996. Dispõe sobre a arbitragem. **Diário Oficial da União**, Poder Legislativo, Brasília, DF, 24 set. 1996. Disponível em: <http://www.planalto.gov.br/ccivil_03/leis/L9307.htm>. Acesso em: 9 fev. 2017.

_____. Lei n. 10.406, de 10 de janeiro de 2002. Institui o Código Civil. **Diário Oficial da União**, Poder Legislativo, Brasília, DF, 11 jan. 2002. Disponível em: <http://www.planalto.gov.br/ccivil_03/leis/2002/L10406.htm>. Acesso em: 9 fev. 2017.

EUR-LEX. European Union Law. **Convenção sobre a lei aplicável às obrigações contratuais** (Convenção de Roma). 1980. Disponível em: <http://eur-lex.europa.eu/legal-content/PT/TXT/?uri=URISERV%3Al33109>. Acesso em: 9 fev. 2017.

HCCH – Hague Conference on Private International Law. **Convenção sobre a lei aplicável às vendas de caráter internacional de objetos móveis corpóreos**. 1964. Disponível em: <https://www.hcch.net/pt/instruments/conventions/full-text/?cid=31>. Acesso em: 9 fev. 2017.

OEA – Organização dos Estados Americanos. Departamento de Assuntos Jurídicos Internacionais. Escritório de Cooperação Jurídica. **Convenção Interamericana sobre Direito Aplicável aos Contratos Internacionais**. 1994. Disponível em: <http://www.oas.org/juridico/portuguese/treaties/b-56.htm>. Acesso em: 9 fev. 2017.

A presente obra foi elaborada com o intuito de fornecer um panorama geral referente aos principais temas que permeiam o Direito Econômico Internacional, com destaque especial aos eventos que ocorreram após a Conferência de Bretton Woods.

Neste livro, apontamos os trabalhos clássicos e a melhor doutrina especializada relacionada a cada tema abordado, permitindo um estudo aprofundado de excelência, já que você será direcionado a textos essenciais para a compreensão dos assuntos estudados.

Possibilitamos aqui a realização de uma leitura crítica de cada temática tratada, e, em todos os capítulos, mencionamos o posicionamento do Brasil quanto a determinado debate ou instituto. Por conseguinte, apresentamos recortes de jornais em que são trabalhados os temas dos capítulos estudados, o que viabiliza uma perspectiva atual e contextualizada dos assuntos tratados.

Por fim, desenvolvemos os fundamentos essenciais de cada assunto analisado, tornando possível a formação de uma visão crítica e consolidada sobre cada tema.

Desejamos que, a partir daqui, você continue suas pesquisas sobre o tema, aprofundando-se cada vez mais em seus estudos.

para concluir...

ACCIOLY, E. **Mercosul e União Europeia**: estrutura jurídico-institucional. 2. ed. Curitiba: Juruá, 2001.

AFFAKI, G.; GOODE, R. **Guide to ICC Uniform Rules for Demand Guarantees**: URDG 758. Paris: ICC Services Publications, 2011.

ALMEIDA, P. R. de. A economia internacional no século XX: um ensaio de síntese. **Revista Brasileira de Política Internacional**, Brasília, v. 44, n. 1, jan./jun. 2001. Disponível em: <http://www.scielo.br/scielo.php?script=sci_arttext&pid=S0034-73292001000100008>. Acesso em: 7 mar. 2017.

AMARAL, A. C. R. do (Coord.). **Direito do comércio internacional**: aspectos fundamentais. São Paulo: Aduaneiras, 2004.

AMARAL JUNIOR, A. do et al. Solução de controvérsias. In: THORSTENSEN, V.; JANK, M. S. (Coord.). **O Brasil e os grandes temas do comércio internacional**. São Paulo: Aduaneiras, 2005. p. 379-408.

_____. **A solução de controvérsias na OMC e a aplicação do Direito Internacional**. Tese (Concurso de provas e títulos para provimento do cargo de professor titular no Departamento de Direito Internacional) – Universidade de São Paulo, São Paulo, 2006.

ANPEC – Associação Nacional dos Centros de Pós-graduação em Economia. **Padrões regionais de comércio exterior brasileiro**: qual a influência da origem do capital? Disponível em: <http://www.anpec.org.br/encontro2003/artigos/C31.pdf>. Acesso em: 16 nov. 2016.

ANSELMO, M. A. O Centro Internacional para Solução de Controvérsias sobre Investimentos – ICSID. **RDIET**, Brasília, v. 6, n. 1, p. 93-108, jan./jun. 2011.

ANTRÀS, P.; YEAPLE, S. R. Multinational Firms and the Structure of International Trade. **Handbook of International Economics**, v. 4, p. 55-130, 2014. Disponível em: <http://scholar.harvard.edu/files/antras/files/antras_yeaple_pre_print_3.pdf>. Acesso em: 9 fev. 2017.

ARAÚJO, N. de. **Direito Internacional Privado**: teoria e prática brasileira. 5. ed. atual. e ampl. Rio de Janeiro: Renovar, 2011.

ARRIGHI, G. **O longo século XX**. Rio de Janeiro: Contraponto; São Paulo: Unesp, 1996.

ATIK, J. Uncorking International Trade, Filling the Cup of International Economic Law. **American University International Law Review**, v. 15, n. 6, p. 1231-1247, 2000.

AZEVEDO, A. J. de. Crítica ao personalismo ético da Constituição da República e do Código Civil em favor de uma ética biocêntrica. **Revista da Faculdade de Direito da Universidade de São Paulo**, v. 103, p. 115-126, jan./dez. 2008. Disponível em: <http://www.revistas.usp.br/rfdusp/article/view/67800/70408>. Acesso em: 7 mar. 2017.

BAPTISTA, L. O. **Empresa transnacional e direito**. São Paulo: Revista dos Tribunais, 1987.

_____. O direito é história. In: BAPTISTA, L. O.; CELLI JÚNIOR, U.; YANOVICH, A. **10 anos de OMC**: uma análise do sistema de solução de controvérsias e perspectivas. São Paulo: Aduaneiras, 2007. p. 13-22.

BARBOSA, R. A.; THORSTENSEN, V. H. **Coscex-Fiesp**: força-tarefa sobre acordos preferenciais de comércio. 2014. Disponível em: <http://bibliotecadigital.fgv.br/dspace/handle/10438/15785?show=full>. Acesso em: 9 fev. 2017.

BARRAL, W. (Org.). **Solução de controvérsias na Organização Mundial do Comércio**. Brasília: Ministério das Relações Exteriores; Fundação Alexandre de Gusmão, 2007a. Disponível em: <http://funag.gov.br/loja/download/359-solucao_de_controversias_na_omc.pdf>. Acesso em: 7 mar. 2017.

_____. De Bretton Woods a Doha. In.: _____. (Org.). **O Brasil e a OMC**. 2. ed. rev. e atual. Curitiba: Juruá, 2002a. p. 9-26.

_____. **O Brasil e a OMC**. 2. ed. rev. e atual. Curitiba: Juruá, 2002b.

_____. **O comércio internacional**. Belo Horizonte: Del Rey, 2007b. (Coleção Para Entender).

BARRAL, W.; REIS, G. A. dos. Globalização e o novo marco regulatório do comércio internacional: a inserção brasileira. **Ensaios FEE**, Porto Alegre, v. 20, n. 1, p. 179-208, 1999. Disponível em: <http://revistas.fee.tche.br/index.php/ensaios/article/view/1943/2319>. Acesso em: 7 mar. 2017.

BASSO, M. **Contratos internacionais do comércio**: negociação, conclusão, prática. 2. ed. rev., atual. e ampl. Porto Alegre: Livraria do Advogado, 1998.

_____. (Org.). **Mercosul**: seus efeitos jurídicos, econômicos e políticos nos Estados-membros. 2. ed. Porto Alegre: Livraria do Advogado, 1997.

BB – Banco do Brasil. Documentos. **Termos Internacionais de Comércio** (Incoterms). Disponível em: <http://www.bb.com.br/docs/pub/dicex/dwn/IncotermsRevised.pdf>. Acesso em: 9 fev. 2017.

BBC BRASIL. **Crises serão mais frequentes na economia global, diz OCDE**. 27 jun. 2011. Disponível em: <http://www.bbc.com/portuguese/noticias/2011/06/110627_ocde_relatorio_choques_fn>. Acesso em: 9 fev. 2017.

BID – Banco Interamericano de Desenvolvimento. **Informe Mercosul n. 13**, 2º semestre 2007 – 1º semestre 2008. Buenos Aires: BID-Intal, 2008. Disponível em: <https://publications.iadb.org/bitstream/handle/11319/2547/Informe%20MERCOSUL%20N%C2%B0%2013.pdf?sequence=1>. Acesso em: 7 mar. 2017.

BIGMAN, D. Beyond the Doha Round: Time to Reform the WTO. **Working Paper n. 294**. Stanford Center for International Development. Oct. 2006. Disponível em: <http://scid.stanford.edu/sites/default/files/publications/294wp.pdf>. Acesso em: 9 fev. 2017.

BILLI, M. Blocos comerciais dominam exportação da América Latina. **Folha de S. Paulo**, Mercado, 17 jun. 2004. Disponível em: <http://www1.folha.uol.com.br/folha/dinheiro/ult91u85650.shtml>. Acesso em: 9 fev. 2017.

BONELL, M. J. (Ed.). **The Unidroit Principles in Practice**: Caselaw and Bibliography on the Unidroit Principles of International Commercial Contracts. 2. ed. New York: Transational Publishers, 2004.

BOURGUIGNON, F.; JACQUET, P.; PLESKOVIC, B. (Ed.). Economic Integration and Social Responsibility. In: **Annual World Bank Conference on Development Economics-Europe**, Washington DC, 2004.

BRASIL. Congresso Nacional. Comissão Parlamentar Conjunta do Mercosul – Representação Brasileira. **Protocolo de Buenos Aires sobre Jurisdição Internacional em Matéria Contratual**. 1994a. Disponível em: <https://www.camara.leg.br/mercosul/Protocolos/BUENOS_AIRES.htm>. Acesso em: 9 fev. 2017.

BRASIL. Decreto Legislativo n. 30, de 15 de dezembro de 1994. **Diário Oficial da União**, Poder Legislativo, Brasília, DF, 19 dez. 1994a. Disponível em: <https://www.planalto.gov.br/ccivil_03/Constituicao/Congresso/DLG/DLG-30-1994.htm>. Acesso em: 9 fev. 2017.

BRASIL. Decreto-Lei n. 4.657, de 4 de setembro de 1942. **Diário Oficial da União**, Poder Executivo, Rio de Janeiro, DF, 9 set. 1942. Disponível em: <http://www.planalto.gov.br/ccivil_03/decreto-lei/Del4657.htm>. Acesso em: 9 fev. 2017.

_____. Decreto n. 350, de 21 de novembro de 1991. **Diário Oficial da União**, Poder Executivo, Brasília, DF, 22 nov. 1991. Disponível em: <https://www.planalto.gov.br/ccivil_03/decreto/1990-1994/D0350.htm>. Acesso em: 9 fev. 2017.

_____. Decreto n. 1.355, de 30 de dezembro de 1994. **Diário Oficial da União**, Poder Executivo, Brasília, DF, 31 dez 1994b. Disponível em: <https://www.planalto.gov.br/ccivil_03/decreto/antigos/d1355.htm>. Acesso em: 9 fev. 2017.

_____. Decreto n. 4.719, de 4 de junho de 2003. **Diário Oficial da União**, Poder Executivo, Brasília, DF, 5 jun. 2003. Disponível em: <http://www.planalto.gov.br/ccivil_03/decreto/2003/D4719.htm>. Acesso em: 9 fev. 2017.

_____. Lei n. 9.019, de 30 de março de 1995. **Diário Oficial da União**, Poder Legislativo, Brasília, DF, 31 mar. 1995. Disponível em: <http://www.planalto.gov.br/ccivil_03/leis/L9019.htm>. Acesso em: 9 fev. 2017.

_____. Lei n. 9.307, de 23 de setembro de 1996. **Diário Oficial da União**, Poder Legislativo, Brasília, DF, 24 set. 1996. Disponível em: <http://www.planalto.gov.br/ccivil_03/leis/L9307.htm>. Acesso em: 9 fev. 2017.

_____. Lei n. 10.406, de 10 de janeiro de 2002. **Diário Oficial da União**, Poder Legislativo, Brasília, DF, 11 jan. 2002. Disponível em: <http://www.planalto.gov.br/ccivil_03/leis/2002/L10406.htm>. Acesso em: 9 fev. 2017.

_____. Lei n. 12.376, de 30 de dezembro de 2010. **Diário Oficial da União**, Poder Legislativo, Brasília, DF, 31. dez. 2010. Disponível em: <http://www.planalto.gov.br/ccivil_03/_Ato2007-2010/2010/Lei/L12376.htm>. Acesso em: 9 fev. 2017.

BRASIL. Lei n. 13.129, de 26 de maio de 2015. **Diário Oficial da União**, Poder Legislativo, Brasília, DF, 27 maio 2015a. Disponível em: <http://www.planalto.gov.br/ccivil_03/_Ato2015-2018/2015/Lei/L13129.htm>. Acesso em: 9 fev. 2017.

_____. Ministério das Relações Exteriores. **Contencioso na OMC entre Brasil e Indonésia sobre restrições à exportação de carne bovina brasileira àquele país**: pedido de consultas. 4 abr. 2016. Disponível em: <http://www.itamaraty.gov.br/pt-BR/notas-a-imprensa/13718-contencioso-na-omc-entre-brasil-e-indonesia-sobre-restricoes-a-exportacao-de-carne-bovina-brasileira-aquele-pais-pedido-de-consultas>. Acesso em: 9 fev. 2017.

_____. Ministério do Desenvolvimento, Indústria e Comércio Exterior. Secretaria de Comércio Exterior. **Desempenho das exportações brasileiras**. 2015b. Disponível em: <http://www.mdic.gov.br/balanca/mes/2015//BCE004A.doc>. Acesso em: 9 fev. 2017.

_____. Superior Tribunal de Justiça. **Recurso Especial 612.439/RS**, AES Uruguaiana Empreendimentos Ltda. v. Companhia Estadual de Energia Elétrica – CEEE, 2ª Câmara, Rel. Min. João Otávio de Noronha, 25 out. 2005. Disponível em: <http://stj.jusbrasil.com.br/jurisprudencia/7143033/recurso-especial-resp-612439-rs-2003-0212460-3-stj/relatorio-e-voto-12856828>. Acesso em: 9 fev. 2017.

BREDIN, J.-D.; LOUSSOUARN, Y. **Droit du commerce international**. Paris: Sirey, 1969.

BRINK, U. **Model Factoring Law**. FCI, Feb. 2014. Disponível em: <https://fci.nl/about-us/model-factoring-law-cv-140221.pdf>. Acesso em: 9 fev. 2017.

BRITO, A. Como o Brasil ajuda a puxar para baixo resultado da economia global. **BBC Brasil**, São Paulo, 19 jan. 2016. Disponível em: <http://www.bbc.com/portuguese/noticias/2016/01/160119_projecoes_fmi_ab>. Acesso em: 9 fev. 2017.

BROWN, C. (Ed.). **Commentaries on Selected Model Investment Treaties**. Oxford: Oxford University Press, 2013.

CAPARROZ, R.; LENZA, P. (Coord.). **Comércio internacional esquematizado**. São Paulo: Saraiva, 2012.

CARNEIRO, C. S. **O Direito da integração regional**. Belo Horizonte: Del Rey, 2007. (Coleção Para Entender).

CASELLA, P. B. Mercosul: mecanismos para a integração das regiões. In: **Competitividade internacional e desenvolvimento das regiões**. São Paulo: Centro de Estudo Fundação Konrad-Adenauer-Stiftung, 1998. (Série Debates, v. 15).

CELLI JUNIOR, U. Teoria geral da integração: em busca de um modelo alternativo. In: MERCADANTE, A. de A.; CELLI JUNIOR, U.; ARAÚJO, L. R. de. (Coord.). **Blocos econômicos e integração na América Latina, África e Ásia**. Curitiba: Juruá, 2007. p. 19-37.

CNA BRASIL – Confederação da Agricultura e Pecuária do Brasil. **Seminário Política agrícola dos Estados Unidos e da União Europeia**: impacto no agronegócio brasileiro. Brasília, 26 mar. 2014.

COOK, G. **A Digest of WTO Jurisprudence on Public International Law Concepts and Principles**. Cap. 9 Judicial economy. Cambridge: Cambridge University Press, 2015.

CORAZZA, G. O "regionalismo aberto" da Cepal e a inserção da América Latina na globalização. **Ensaios FEE**, Porto Alegre, v. 27, n. 1, p. 135-152, maio 2006. Disponível em: <http://revistas.fee.tche.br/index.php/ensaios/article/viewFile/2114/2496>. Acesso em: 7 mar. 2017.

CORRÊA, L. F. N. **O Mercosul e a OMC**: regionalismo e multilateralismo. São Paulo: LTr, 2001.

CORTE, C. G. **Usos comerciales, costumbre jurídica y nueva "lex mercatoria" en América Latina**: con especial referencia al Mercosur. Buenos Aires: Ábaco de Rodolfo Depalma, 2012.

COSTA, J. A. F. **Direito internacional do investimento estrangeiro**. Curitiba: Juruá, 2010.

COSTAS, R. Brasil e Colômbia assinam acordos para impulsionar relação. **BBC Brasil**, 9 out. 2015. Disponível em: <http://www.bbc.com/portuguese/noticias/2015/10/151009_brasil_colombia_acordos_rc>. Acesso em: 9 fev. 2017.

CRETELLA NETO, J. **Contratos internacionais do comércio**. Campinas: Millennium, 2010.

_____. **Direito Processual na Organização Mundial do Comércio – OMC**: casuística de interesse para o Brasil. Rio de Janeiro: Forense, 2003.

DASSER, F. **Internationale Schiedsgerichte und Lex Mercatoria**: Rechtsvergleichender Beitrag zur Diskussion über ein nicht-staatliches Handelsrecht (Études suisses de Droit international). Zürich: Schulthess, 1989.

DAVEY, W. J. Has the WTO Dispute Settlement System Exceeded its Authority? A Consideration of Deference Shown by the System to Member Government Decisions and its Use of Issue-avoidance Techniques. In: COTTIER, T.; MAVROIDIS, P. C. (Ed.). **The Role of the Judge in International Trade Regulation**: Experience and Lessons for the WTO. Ann Arbor: University of Michigan Press, 2003. p. 43-80.

DIAS, B. de F. **Investimentos estrangeiros no Brasil e o Direito Internacional**. Curitiba: Juruá, 2010.

DINH, N. Q.; DAILLIER, P.; PELLET, A. **Direito Internacional Público**. 2. ed. Lisboa: Fundação Calouste Gulbenkian, 2003.

DOLINGER, J. **Direito Internacional Privado**: contratos e obrigações no Direito Internacional Privado. Rio de Janeiro: Renovar, 2007.

DOMINGUES, J. O. Regionalismo e multilateralismo. In: BAPTISTA, L. O; MAZZUOLI, V. de O. (Org.). **Doutrinas essenciais**: Direito Internacional. São Paulo: Revista dos Tribunais, 2012. p. 73-102. v. II.

DRABEK, Z.; MAVROIDIS, P. C. (Ed.). **Regulation of Foreign Investment**: Challenges to International Harmonization. Singapore: World Scientific Studies, 2013. (Word Scientific Studies in International Economics, v. 21).

DUARTE, F. Como salvar a Petrobras? **BBC Brasil**, 17 mar. 2015. Disponível em: <http://www.bbc.com/portuguese/noticias/2015/03/150313_petrobras_salvar_futuro_fd>. Acesso em: 9 fev. 2017.

EAGLETON-PIERCE, M. **Symbolic Power in the World Trade Organization**. Oxford: Oxford University Press, 2013.

EUR-LEX. European Union Law. **Convenção sobre a lei aplicável às obrigações contratuais (Convenção de Roma)**. 1980. Disponível em: <http://eur-lex.europa.eu/legal-content/PT/TXT/?uri=URISERV%3Al33109>. Acesso em: 9 fev. 2017.

FERNANDES, J. P. T. **Elementos de Economia Política Internacional**. 2. ed. Coimbra: Almedina, 2013.

FINANCIAL TIMES. Comércio mundial tem o pior ano desde a crise financeira de 2008. **Folha de S. Paulo**, Mercado, 26 fev. 2016. Disponível em: <http://www1.folha.uol.com.br/mercado/2016/02/1743476-comercio-mundial-tem-o-pior-ano-desde-a-crise-financeira-de-2008.shtml>. Acesso em: 9 fev. 2017.

FISHER, R.; URY, W.; PATTON, B. **Como chegar ao sim**: a negociação de acordos sem concessões. 2. ed. rev. e ampl. Rio de Janeiro: Imago, 2005.

FULGENCIO, P. C. **Glossário Vade Mecum**. Rio de Janeiro: Mauad X, 2007.

GABRIEL, A. R. M. Subsídios e medidas compensatórias na OMC e sua repercussão no direito brasileiro. **Revista de Informação Legislativa**, Brasília, a. 36, n. 144, out./dez. 1999, p. 261-262. Disponível em: <https://www2.senado.leg.br/bdsf/bitstream/handle/id/546/r144-18.PDF?sequence=4>. Acesso em: 19 mar. 2017.

GAMA JUNIOR, L. A hora e a vez da Convenção de Viena. **Valor Econômico**, 22 set. 2009. Disponível em: <http://www.valor.com.br/arquivo/784365/hora-e-vez-da-convencao-de-viena>. Acesso em: 9 fev. 2017.

_____. **Os princípios do Unidroit relativos aos contratos do comércio internacional**: uma nova dimensao harmonizadora dos contratos internacionais. Disponível em: <http://www.oas.org/dil/esp/95-142%20Gama.pdf>. Acesso em: 9 fev. 2017.

GARCEZ, J. M. R. **Contratos internacionais comerciais**: planejamento, negociação, solução de conflitos, cláusulas especiais, convenções internacionais. São Paulo: Saraiva, 1994.

GIANVITI, F. Les rapports entre l'OMC et le FMI. Colóqui de Nice. **Les Nations Unies et le Droit international économique**, Pédone, p. 75, 1996.

GOLDMAN, B. **Droit commercial européen**. 3. ed. Paris: Dalloz, 1975.

GONÇALVES, C. R. **Direito Civil brasileiro**. 8. ed. São Paulo: Saraiva, 2011. Volume 1: Parte Geral.

HCCH – Hague Conference on Private International Law. **Convenção sobre a lei aplicável às vendas de caráter internacional de objetos móveis corpóreos**. 1964. Disponível em: <https://www.hcch.net/pt/instruments/conventions/full-text/?cid=31>. Acesso em: 9 fev. 2017.

HERDEGEN, M. **Principles of International Economic Law**. Oxford: Oxford Press, 2013.

HIRATUKA, C. A reorganização das empresas transnacionais e sua influência sobre o comércio internacional no período recente. In: SILVA, L. A.; LEÃO, R. P. F. (Org.). **Comércio internacional**: aspectos teóricos e as experiências indiana e chinesa. Brasília: Ipea, 2010. p. 11-35.

HOBSBAWM, E. **Era dos extremos**: o breve século XX (1914-1991). São Paulo: Companhia das Letras, 1994.

HOEKMAN, B. M.; KOSTECKI, M. M. **The Political Economy of the World Trading System**: the WTO and Beyond. 2. ed. Oxford: Oxford University Press, 2002.

HOFF, K.; STIGLITZ, J. E. Modern economic theory and development. In: MEIER, G. M.; STIGLITZ, J. E. (Ed.). **Frontiers of Development Economics**: the Future in Perspective. New York: Oxford University Press, 2001. p. 389-460.

HORN, N. (Ed.). **Arbitrating Foreign Investment Disputes**. Netherlands: Kluwer, 2004. (Studies in Transnational Economic Law, v. 19).

ICC – International Chamber of Commerce. **Site**. Disponível em: <http://www.iccwbo.org/products-and-services/arbitration-and-adr>. Acesso em: 16 nov. 2016.

ICC – International Chamber of Commerce. **The Incoterms® 2010 Rules**. Disponível em: <https://iccwbo.org/resources-for-business/incoterms-rules/incoterms-rules-2010/>. Acesso em: 7 mar. 2017.

ICJ – International Court of Justice. Publications of the Permanent Court of International Justice (1922-1946). **Serbian and Brazilian Loan Cases**, Series A, N. 20/21. Disponível em: <http://www.icj-cij.org/pcij/series-a.php?p1=9&p2=1>. Acesso em: 9 fev. 2017.

ICSID – International Centre for Settlement of Investment Disputes. Case Details. **Caravelí Cotaruse Transmisora de Energía S.A.C. v. Republic of Peru** (ICSID Case No. ARB/11/9). Disponível em: <http://icsidfiles.worldbank.org/icsid/ICSIDBLOBS/OnlineAwards/C1500/DC4052_Sp.pdf>. Acesso em: 18 dez. 2016a.

_____. Case Details. **PNG Sustainable Development Program Ltd. v. Independent State of Papua New Guinea** (ICSID Case No. ARB/13/33). Disponível em: <http://icsidfiles.worldbank.org/icsid/ICSIDBLOBS/OnlineAwards/C3264/DC5852_En.pdf>. Acesso em: 18 dez. 2016b.

_____. **The ICSID Caseload** – Statistics (Issue 2016-1). Disponível em: <https://icsid.worldbank.org/en/Documents/resources/ICSID%20Web%20Stats%202016-1%20(English)%20final.pdf>. Acesso em: 18 dez. 2016c.

IMF – International Monetary Fund. **About the IMF**. Disponível: <http://www.imf.org/external/about.htm>. Acesso em: 7 mar. 2017.

INMETRO. **Manual de barreiras técnicas às exportações**: conceitos fundamentais e serviços oferecidos pelo Inmetro. 4. ed. Rio de Janeiro: Inmetro, 2014. Disponível em: <http://www.inmetro.gov.br/barreirastecnicas/PDF/Manual-Barreiras-portuguesI.pdf>. Acesso em: 9 fev. 2017.

ITC – International Trade Centre. **Model Contracts for Small Firms**: Legal Guidance for Doing International Business. 2010. Disponível em: <http://www.intracen.org/uploadedFiles/intracenorg/Content/Exporters/Exporting_Better/Templates_of_contracts/3%20

International%20Commercial%20Sale%20of%20Goods.pdf>. Acesso em: 9 fev. 2017.

JACKSON, J. H. **The World Trading System**: Law and Policy of International Economic Relations. 2. ed. Massachusetts: The MIT Press, 1997.

_____. The WTO "Constitution" and Proposed Reforms: Seven "Mantras" Revisited. **Journal of International Economic Law**, v. 4, n. 1, p. 67-78, mar. 2001. Disponível em: <http://jiel.oxfordjournals.org/content/4/1/67.abstract>. Acesso em: 9 fev. 2017.

KAHN, P. Droit International Économique, Droit du Développement, lex mercatoria: concept unique ou pluralisme des ordres juridiques? In:

_____. **Le Droit des Relations Économiques Internationales**: études offertes à Berthold Goldman. Paris: Litec, 1982.

KELLER, H. **Corporate Codes of Conduct and Their Implementation**: the Question of Legitimacy. Disponível em: <http://citeseerx.ist.psu.edu/viewdoc/download?doi=10.1.1.696.2344&rep=rep1&type=pdf>. Acesso em: 16 nov. 2016.

KRUGMAN, P. R.; OBSTFELD, M.; MELITZ, M. **International Economics**: Theory and Policy. 10. ed. London: Pearson, 2014.

LAFER, C. **A OMC e a regulamentação do comércio internacional**: uma visão brasileira. Porto Alegre: Livraria do Advogado, 1998.

_____. **Paradoxos e possibilidades**. Rio de Janeiro: Nova Fronteira, 1982. (Coleção Lagos)

LALIVE, P. Dépréciation monétaire et contrats en droit international privé. **XIe Journée juridique 1971**, Mémoires de la Faculté de Droit de Genève, n. 35, 1972, p. 31-80.

LAMY, P. A Organização Mundial do Comércio: novas questões, novos desafios. In: **Revista Brasileira de Comércio Exterior**, n. 121, 2014. Disponível em: <http://www.funcex.org.br/publicacoes/rbce/material/rbce/121_PL.pdf>. Acesso em: 9 fev. 2017.

LESTER, S.; MERCURIO, B.; DAVIES, A. **World Trade Law**: Text, Materials and Commentary. 2. ed. Portland: Hart, 2012.

LEX MERCATORIA. **The Principles of European Contract Law 2002** (Parts I, II and III). Disponível em: <http://www.

transnational.deusto.es/emttl/documentos/Principles%20of%20European%20Contract%20Law.pdf>. Acesso em: 7 mar. 2017.

LIMA, P. C. R. **Alterações na política de petróleo e gás da Bolívia e seus impactos sobre o Brasil.** 2006. Disponível em: <http://bd.camara.gov.br/bd/handle/bdcamara/1086>. Acesso em: 16 nov. 2016.

LOPES, R. R.; CARVALHO, C. E. Acordos bilaterais de comércio como estratégia de inserção regional e internacional do Chile. **Contexto Internacional**, v. 32, n. 2, p. 643-693, jul./dez. 2010. Disponível em: <http://www.scielo.br/pdf/cint/v32n2/v32n2a11.pdf>. Acesso em: 9 fev. 2017.

LOWENFELD, A. F. **International Economic Law.** Oxford: Oxford University Press, 2003.

LUÍS, D. T. **Proteção do investimento estrangeiro**: o sistema do Centro Internacional para a Resolução de Disputas Relativas ao Investimento (Cirdi) e suas alternativas. 189 f. Dissertação (Mestrado em Direito Internacional) – Universidade de São Paulo, São Paulo, 2013. Disponível em: <http://www.teses.usp.br/teses/disponiveis/2/2135/tde-08012014-084342/pt-br.php>. Acesso em: 7 mar. 2017.

MAGALHÃES, J. C. de. **Direito Econômico Internacional:** tendências e perspectivas. Curitiba: Juruá, 2005.

MAHIOU, A. **Declaration on the Establishment of a New International Economic Order.** United Nations Audiovisual Library of International Law, 2011. Disponível em: <http://legal.un.org/avl/pdf/ha/ga_3201/ga_3201_e.pdf>. Acesso em: 9 fev. 2017.

MANIRUZZAMAN, A. F. M. The Lex Mercatoria and International Contracts: a Challenge for International Commercial Arbitration? **American University International Law Review**, v. 14, n. 3, p. 657-734, 1999. Disponível em: <http://digitalcommons.wcl.american.edu/cgi/viewcontent.cgi?article=1322&context=auilr>. Acesso em: 7 mar. 2017.

MANN, F. A. Money in Public International Law. **British Yearbook of International Law**, v. 26, p. 259-293, 1949.

MARINHO, M. R. et al. **Regulação do comércio internacional.** Rio de Janeiro: Ed. da FGV, 2014. (Série Comércio Exterior e Negócios Internacionais).

MAZZUOLI, V. de O. **Curso de Direito Internacional Público.** 2. ed. rev., atual. e ampl., São Paulo: Revista dos Tribunais, 2007.

MCRAE, D. M. The Contribution of International Trade Law to Development of International Law. In: **Collected Courses of the Hague Academy of International Law,** Recueil de Cours, Paris, Sirey, p. 114-115, 1997.

MELLO, C. D. de A. **Curso de Direito Internacional Público.** 15. ed., rev. e amp. Rio de Janeiro: Renovar, 2004.

MILLER-ADAMS, M. **The World Bank**: New Agendas in a Changing World. New York: Routledge, 2003.

MINGST, K. A. **Princípios de Relações Internacionais.** Tradução de Aríete Simille Marques. Rio de Janeiro: Elsevier, 2009.

MONTENEGRO, C. Reunião em Bali é decisiva sobre futuro da OMC e Rodada Doha. **BBC Brasil**, Genebra, 3 dez. 2013. Disponível em: <http://www.bbc.com/portuguese/noticias/2013/12/131203_omc_bali_cm_dg>. Acesso em: 9 fev. 2017.

MORINI, C. **Negócios internacionais.** Curitiba: Iesde Brasil, 2008.

NEGRO, S. C. Os acordos de integração regional e as suas relações com o sistema Gatt-OMC. In: DAL RI JUNIOR, A.; OLIVEIRA, O. M. de (Org.). **Direito Internacional Econômico em expansão**: desafios e dilemas. Ijuí: Unijuí, 2003.

OEA – Organização dos Estados Americanos. Departamento de Assuntos Jurídicos Internacionais. Escritório de Cooperação Jurídica. **Convenção Interamericana sobre Direito Aplicável aos Contratos Internacionais.** 1994. Disponível em: <http://www.oas.org/juridico/portuguese/treaties/b-56.htm>. Acesso em: 9 fev. 2017.

OLIVEIRA, G. J. de; HOHMANN, A. C. **Como estimular investimentos em infraestrutura no Brasil neste cenário de incertezas?** 14 abr. 2016. Disponível em: <https://jota.info/artigos/como-estimular-o-ingresso-de-investimentos-em-infraestrutura-no-brasil-no-atual-cenario-de-incertezas-14042016>. Acesso em: 9 mar. 2017.

OLIVEIRA, I. T. M.; THORSTENSEN, V. Multilateralismo comercial em xeque: que regulação do comércio internacional no século XXI? **Boletim de Economia e Política Internacional**, Brasília, n. 7, jul./set. 2011. Disponível em: <http://repositorio.ipea.gov.br/bitstream/11058/4573/1/BEPI_n7_multilateralismo.pdf>. Acesso em: 9 fev. 2017.

OLIVEIRA, O. M. de. Regionalismo. In: BARRAL, W. (Org.). **O Brasil e a OMC**. 2. ed. rev. e atual. Curitiba: Juruá, 2002.

OLIVEIRA, S. E. M. C. de. **Cadeias globais de valor e os novos padrões de comércio internacional**: estratégias de inserção de Brasil e Canadá. Brasília: Funag, 2015. (Coleção relações Internacionais). Disponível em: <http://funag.gov.br/loja/download/1124-Cadeias_globais_de_valor_e_os_novos_padroes_internacionais.pdf>. Acesso em: 7 mar. 2017.

OMC – Organización Mundial del Comercio. Comité de Acuerdos Comerciales Regionales. **WT/REG/W/37**. Resumen de las cuestiones "sistémicas" relacionadas con los acuerdos comerciales regionales (ACR). n. 00-0789. 2 mar. 2000.

_____. **TN/RL/W/8/Rev.1**. Compendio de cuestiones relacionadas con los acuerdos comerciales regionales. n. 02-4246. 1º ago. 2002.

_____. **WT/DS34/AB/R**. Turquía: restricciones a la importación de productos textiles y de vestido. Informe del Órgano de Apelación. n. 99-4546. 22 out. 1999.

O'NEIL, J. Building Better Global Economic BRICs. **Global Economics Paper**, n. 66, 30 nov. 2001. Disponível em: <http://www.goldmansachs.com/our-thinking/archive/archive-pdfs/build-better-brics.pdf>. Acesso em: 7 mar. 2017.

ONE LIBRARY. **Reviews**. Disponível em: <http://onlinelibrary.wiley.com/doi/10.1111/j.1468-2230.1954.tb00270.x/epdf>. Acesso em: 7 mar. 2017.

OPPETIT, B. L'adaptation des contrats internationaux aux changements de circonstances: la clause de "hardship". **Journal du Droit International**, Paris, p. 794-812, 1974.

OSER, D. **The Unidroit Principles of International Commercial Contracts**: a governing law? Leiden: Martinus Nijhoff Publishers, 2008.

OXFAM INTERNATIONAL. **Site**. Disponível em: <https://www.oxfam.org>. Acesso em: 7 mar. 2017.

PALONI, A.; ZANARDI, M. (Ed.). **The IMF, World Bank and Policy Reform**. London/New York: Routledge, 2006.

PEET, R. **Unholy Trinity**: the IMF, World Bank and WTO. London: Zed Books, 2003.

PEREIRA, C. de T. O Centro Internacional para a Resolução de Conflitos sobre Investimentos (CIRCI-ICSID). **Revista de Informação Legislativa**, Brasília, v. 35, n. 140, p. 87-93, out./dez. 1998. em: <http://www2.senado.leg.br/bdsf/bitstream/handle/id/420/r140-09.pdf?sequence=4>. Acesso em: 7 mar. 2017.

PETERSMANN, E.-U. **The Gatt/WTO Dispute Settlement System**: International Law, International Organizations and Dispute Settlement. London; The Hague; Boston: Kluwer Law International, 1997.

PITOMBO, E. C. Os efeitos da convenção de arbitragem: adoção do princípio Kompetenz-Kompetenz no Brasil. In: LEMES, S. F.; CARMONA, C. A.; MARTINS, P. B. (Coord.). **Arbitragem**: estudos em homenagem ao prof. Guido Fernando da Silva Soares, in memoriam. São Paulo: Atlas, 2007.

PORTAL DA INDÚSTRIA. **Seis em cada dez empresas multinacionais brasileiras sofrem dupla tributação**. 17 fev. 2016. Disponível em: <http://www.portaldaindustria.com.br/cni/imprensa/2016/02/1,82187/seis-em-cada-dez-empresas-multinacionais-brasileiras-sofrem-dupla-tributacao.html>. Acesso em: 9 fev. 2017.

PORTUGAL. Gabinete de Documentação e Direito Comparado. Decreto do Governo n. 15/84. **Convenção para a Resolução de Diferendos Relativos a Investimentos entre Estados e**

Nacionais de Outros Estados. 1984. Disponível em: <http://www.gddc.pt/siii/docs/dec15-1984.pdf>. Acesso em: 9 fev. 2017.

_____. **Resolução 1803 (XVII) da Assembleia Geral, de 14 de dezembro de 1962, sobre a "Soberania Permanente sobre os Recursos Naturais"**. Disponível em: <http://direitoshumanos.gddc.pt/3_21/IIIPAG3_21_2.htm>. Acesso em: 9 fev. 2017.

PRAZERES, T. L. **Comércio internacional e protecionismo**: as barreiras técnicas na OMC. São Paulo: Aduaneiras, 2003.

_____. **Sistema multilateral de comércio e processos de integração regional**: complementaridade e antagonismo. 342 f. Tese (Doutorado em Relações Internacionais) – Universidade de Brasília, Brasília, 2007. Disponível em: <http://repositorio.unb.br/bitstream/10482/4894/1/Tese_TatianaLacerdaPrazeres.pdf>. Acesso em: 7 mar. 2017.

R7 NOTÍCIAS. **Começa cúpula da Aliança do Pacífico centrada na redução de tarifas e produção conjunta.** 10 fev. 2014. Disponível em: <http://noticias.r7.com/internacional/comeca-cupula-da-alianca-do-pacifico-centrada-na-reducao-de-tarifas-10022014>. Acesso em: 9 fev. 2017.

REUTER, P. Le développement de l'ordre juridique international. **Politique Étrangère**, v. 61, n. 2, p. 431, 1996.

RIGAUD, F. **Cours de Droit International Privé**. Paris: Domat-Montchreetien, 1937.

ROCHA, M. M. Organização Mundial do Comércio e sociedade civil: o caso amicus curiae. **Revista Ius Gentium: Teoria e Comércio no Direito Internacional**, Florianópolis, n. 1, p. 137-165, jul. 2008. Disponível em: <http://www.iusgentium.ufsc.br/revista/artigo06.pdf>. Acesso em: 7 mar. 2017.

ROLLAND, S. E. The BRIC's Contributions to the Architecture and Norms of International Economic Law. In: AMERICAN SOCIETY OF INTERNATIONAL LAW, **Proceedings...**, v. 107, p. 164-170, 2013.

ROURKE, J. T. **International Politics on the World Stage**. 8. ed. New York: McGraw-Hill, 2009.

SALAZAR-XIRINACHS, J. M.; ROBERT, M. (Ed.). **Toward Free Trade in the Americas**. Washington: Brookings Institution Press, 2002.

SALDANHA, E. Desenvolvimento e tratamento especial e diferenciado na OMC: uma abordagem sob a perspectiva da doutrina do stare decisis – Parte I. **Revista de Direito Econômico e Socioambiental**, v. 3, n. 1, p. 11-42, jan./jun. 2012. Disponível em: <http://www2.pucpr.br/reol/pb/index.php/direitoeconomico?dd1=753 8&dd99=view&dd98=pb>. Acesso em: 9 fev. 2017.

SARAIVA, A. Petrobras diz que continua negociação com o Equador. **Estadão**, São Paulo, 14 out. 2008. Disponível em: <http://internacional.estadao.com.br/noticias/america-latina,petrobras-diz-que-continua-negociacao-com-o-equador,259543>. Acesso em: 9 mar. 2017.

SATO, E. **Mudanças estruturais no sistema internacional**: a evolução do regime de comércio do fracasso da OIC à OMC. Universidade Federal do Rio Grande do Sul, Porto Alegre, 20 maio 2001. Disponível em: <http://www.cedep.ifch.ufrgs.br/Textos_Elet/pdf/DA%20OIC%20PARA%20OMC%202001.pdf>. Acesso em: 9 fev. 2017.

SCHMITTHOFF, C M. **Selected Essays on International Trade Law**. London: Martinus Nijhoff Publishers / Kluwer Academic Publishers, 1988.

SCHWARTZ, G.; MAGNOLI, D. Conferência de Bretton Woods (1944). In: MAGNOLI, D. (Org.). **História da paz**: os tratados que desenharam o planeta. São Paulo: Contexto, 2008. p. 241-268.

SCHWARZENBERGER, G. **Economic World Order?** A Basic Problem of International Economic Law. New York: Oceana Publications; Manchester University Press, 1970.

_____. The principles and standards of international economic law. In: **Collected Courses of the Hague Academy of International Law,** The Hague Academy of International Law, 1966. p. 200-213. v. 117.

SEIDL-HOHENVELDERN, I. International Economic Law: General Course on Public International Law. 1986. In: **Collected Courses of the Hague Academy of International Law**, The Hague Academy of International Law, 1986. v. 198.

SEN, A. **Desenvolvimento como liberdade**. Tradução de Laura Teixeira Motta. São Paulo: Companhia das Letras, 2000.

SIERRALTA RÍOS, A. **Negociación y contratación internacional**: texto y casos. Asunción: Universidad Autónoma de Asunción, 1993.

SOARES, G. F. S. **Órgãos das soluções extrajudiciárias de litígios**. São Paulo: Revista dos Tribunais, 1985.

SOUZA JÚNIOR, L. da G. e. Autonomia da vontade nos contratos internacionais no Direito Internacional Privado brasileiro: uma leitura constitucional do artigo 9° da Lei de Introdução ao Código Civil em favor da liberdade de escolha do direito aplicável. In: TIBÚRCIO, C.; BARROSO, L. R. (Org.). **O Direito Internacional contemporâneo**: estudos em homenagem ao professor Jacob Dolinger. Rio de Janeiro: Renovar, 2006.

SOUZA, N. Rodada Doha pode ser concluída até julho, diz Azevêdo, da OMC. **Estadão**, São Paulo, 3 mar. 2015. Disponível em: <http://economia.estadao.com.br/noticias/geral,rodada-doha-pode-ser-concluida-ate-julho-diz-azevedo-da-omc,1643572>. Acesso em: 7 mar. 2017.

STRENGER, I. Aspectos da contratação internacional. **Revista da Faculdade de Direito da Universidade de São Paulo**, v. 96, p. 455-474, 2001. Disponível em: <http://www.revistas.usp.br/rfdusp/article/view/67512/70122>. Acesso em: 7 mar. 2017.

SUBEDI, S. P. **International Economic Law**: Section A – Evolution and Principles of International Economic Law. London: University of London, 2006.

TEIXEIRA, M. Crise política do Brasil atinge negociações de grãos, com mercado atento ao câmbio. **Portal Terra**, Economia, 14 abr. 2016. Disponível em: <http://economia.terra.com.br/crise-politica-do-brasil-atinge-negociacoes-de-graos-com-mercado-atento-ao-cambio,3ba4aaee61ba2380767c82800dda0a3c32a2hpny.html>. Acesso em: 9 fev. 2017.

THE WORLD BANK. **Global Economic Prospects**. Divergences and Risks. Create chart. 2016. Disponível em: <http://www.worldbank.org/en/publication/global-economic-prospects#data>. Acesso em: 9 fev. 2017.

_____. **International Bank for Reconstruction and Development**. 2014. Disponível em: <http://www.worldbank.org/en/about/what-we-do/brief/ibrd>. Acesso em: 9 fev. 2017.

THORSTENSEN, V. et al. A multiplicação dos acordos preferenciais de comércio e o isolamento do Brasil. **Instituto de Estudos para o Desenvolvimento Industrial**, jun. 2013. Disponível em: <http://retaguarda.iedi.org.br/midias/artigos/51d18e9168afa9d0.pdf>. Acesso em: 9 fev. 2017.

_____. **OMC – Organização Mundial do Comércio**: as regras do comércio internacional e a Rodada do Milênio. São Paulo: Aduaneiras, 1999.

_____. **OMC – Organização Mundial do Comércio**: as regras do comércio internacional e a nova rodada de negociações multilaterais. 2. ed. rev. e ampl. São Paulo: Aduaneiras, 2003.

THORSTENSEN, V.; OLIVEIRA, L. M. de. (Coord.). **Releitura dos acordos da OMC como interpretados pelo Órgão de Apelação**: efeitos na aplicação das regras do comércio internacional. São Paulo, FGV: 2013. Disponível em: <http://ccgi.fgv.br/sites/ccgi.fgv.br/files/file/2.%20Acordo%20Geral%20sobre%20Tarifas%20e%20Com%C3%A9rcio%201994%20(GATT%201994)_0.pdf>. Acesso em: 31 jan. 2017.

THORSTENSEN, V.; RAMOS, D.; MULLER, C. **Nota técnica:** O princípio da nação mais favorecida e os desalinhamentos cambiais. Instituto de Pesquisa Econômica Aplicada – Ipea, Brasília, dez. 2011. Disponível em: <http://www.ipea.gov.br/agencia/images/stories/PDFs/nota_tecnica/111229_notatecnicadinte6.pdf>. Acesso em: 9 fev. 2017.

TIBÚRCIO, C.; Barroso, L. R. (Org.). **O Direito Internacional contemporâneo**: estudos em homenagem ao professor Jacob Dolinger. Rio de Janeiro: Renovar, 2006.

TOMAZETTE, M. **Comércio internacional & medidas antidumping**. Curitiba: Juruá, 2008.

TPJI – Tribunal Permanente de Justiça Internacional. **Affaire Oscar Chinn**. Arrêt du 12 Décembre 1934, série A/B, n. 63. Disponível em: <http://www.icj-cij.org/pcij/serie_AB/AB_63/01_Oscar_Chinn_Arret.pdf>. Acesso em: 9 fev. 2017.

TRACHTMAN, J. P. The International Economic Law Revolution. **University of Pennsylvania Journal of International Law**, v. 17, n. 1, p. 33-61, 1996.

_____. Toward Open Recognition? Standardization and Regional Integration under Article XXIV of GATT. **Journal of International Economic Law**, v. 6, n. 2, p. 459-492, jun. 2003.

TREBILCOCK, M.; HOWSE, R.; ELIASON, A. **The Regulation of International Trade**. 4. ed. London: Routledge, 2012.

TRINDADE, A. A. C. **Repertório da prática brasileira do Direito Internacional Público (período 1919-1940)**. 2. ed. Brasília: Funag, 2012.

UNCTAD – United Nations Conference on Trade and Development. **Definitions and Sources**. p. 245-249. Disponível em: <http://unctad.org/en/Docs/wir2007p4_en.pdf>. Acesso em: 17 nov. 2016a.

_____. **Global Value Chains and Development**: Investment and Value Added Trade in the Global Economy – a Preliminary Analysis. Disponível em: <http://unctad.org/en/PublicationsLibrary/diae2013d1_en.pdf>. Acesso em: 15 nov. 2016b.

_____. **A Positive Agenda for Developing Countries**: Issues for Future Trade Negotiations. New York; Geneva: United Nations, 2000. Disponível em: <http://unctad.org/en/docs/itcdtsb10_en.pdf>. Acesso em: 9 fev. 2017.

_____. **Solução de controvérsias**. Curso de Solução de Disputas em Comércio Internacional, Investimento e Propriedade Intelectual. Módulo 3.1 – Visão geral. Nova York; Genebra: United Nations, 2003. Disponível em: <http://unctad.org/pt/docs/edmmisc232add11_pt.pdf>. Acesso em: 9 fev. 2017.

_____. **Site**. Disponível em: <http://unctad.org/en/Pages/Home.aspx>. Acesso em: 16 dez. 2016c.

UNCTAD – United Nations Conference on Trade and Development. **Transnational Corporations Statistics**. Disponível em: <http://unctad.org/en/Pages/DIAE/Transnational-Corporations-Statistics.aspx>. Acesso em: 16 nov. 2016d.

_____. **World Investment Report 2015**: Reforming International Investment Governance. New York; Genebra: United Nations, 2015. Disponível em: <http://unctad.org/en/PublicationsLibrary/wir2015_en.pdf>. Acesso em: 7 mar. 2017.

UNITED NATIONS. **Charter of the United Nations**. Chapter XII: International Trusteeship System. 1945a. Disponível em: <http://www.un.org/en/sections/un-charter/chapter-xii/index.html>. Acesso em: 9 fev. 2017.

_____. Treaties. **Charter of the United Nations and Statute of the International Court of Justice**. 1945b. Disponível em: <https://treaties.un.org/doc/publication/ctc/uncharter.pdf>. Acesso em: 9 fev. 2017.

_____. **Resolution 1995 (XIX)**: Establishment of the United Nations Conference on Trade and Development as an organ of the General Assembly. 1964. Disponível em: <https://documents-dds-ny.un.org/doc/RESOLUTION/GEN/NR0/210/89/IMG/NR021089.pdf?OpenElement>. Acesso em: 9 fev. 2017.

_____. **Resolution 3202 (S-VI)**: Programme of Action on the Establishment of a New International Economic Order. 1974. Disponível em: <http://www.un-documents.net/s6r3202.htm>. Acesso em: 9 fev. 2017.

UNITED STATES OF AMERICA. Department of State. **NAFTA Investor-State Arbitrations**. Disponível em: <http://www.state.gov/s/l/c3439.htm>. Acesso em: 5 dez. 2016.

VALÉRIO, M. A. G. Organização Mundial do Comércio: novo ator na esfera internacional. **Revista de Informação Legislativa**, v. 46, n. 184, p. 121-130, out./dez. 2009.

VELLAS, P. **Droit international public**: institutions internationales. Paris: Librairie générale de droit et de jurisprudence, 1967.

VICENTE, D. M. **Arbitragem de investimento**: a Convenção ICSID e os tratados bilaterais. In: CONGRESSO DO CENTRO DE ARBITRAGEM COMERCIAL, 5., 2011, Portugal.

VIDIGAL, E. A *lex mercatoria* como fonte do Direito do comércio internacional e a sua aplicação no Brasil. **Revista de Informação Legislativa**, Brasília, v. 47, n. 186, p. 171-193, abr./jun. 2010. Disponível em: <http://www2.senado.leg.br/bdsf/bitstream/handle/id/198681/000888826.pdf?sequence=1>. Acesso em: 7 mar. 2017.

VISCUSI, W. K.; VERNON, J. M.; HARRINGTON JR., J. E. **Economics of Regulation and Antitrust**. 2. ed. Cambridge: MIT Press, 1995.

VREELAND, J. R. **The International Monetary Fund**: Politics of Conditional Lending. New York: Routledge, 2007.

WEIL, P. Le Droit internationel économique: mythe ou réalité. In: SFDI. **Aspects du Droit international économique**. Colloque d'Orléans. Paris: Pédone, 1972.

WHARTON. University of Pennsylvania. **A integração vertical foi boa para a Apple, mas não é para todo o mundo**. 21 mar. 2012. Disponível em: <http://www.knowledgeatwharton.com.br/article/a-integracao-vertical-foi-boa-para-a-apple-mas-nao-e-para-todo-o-mundo>. Acesso em: 9 fev. 2017.

WOLFE, R. Letting the Sun Shine in at the WTO: how Transparency Brings the Trading System to Life. **World Trade Organization Economic Research and Statistics Division**. 6 Mar. 2013. Disponível em: <https://www.wto.org/english/res_e/reser_e/ersd201303_e.pdf>. Acesso em: 9 fev. 2017.

WTO – World Trade Organization. **WTO Analytical Index**: GATT 1994. Disponível em: <https://www.wto.org/english/res_e/booksp_e/analytic_index_e/gatt1994_01_e.htm>. Acesso em: 31 jan. 2017a.

WTO – World Trade Organization. **Annual Report**. 2016. Disponível em: <https://www.wto.org/english/res_e/booksp_e/anrep_e/anrep16_e.pdf> Acesso em: 7 mar. 2017.

_____. **Dispute Settlement**: Procedures – Appellate procedures. Disponível em: <https://www.wto.org/english/tratop_e/dispu_e/ab_procedures_e.htm>. Acesso em: 7 mar. 2017b.

_____. **Dispute Settlement**: European Communities – Measures Affecting Importation of Certain Poultry Products. 1998. Disponível em: <https://www.wto.org/english/tratop_e/dispu_e/cases_e/ds69_e.htm>. Acesso em: 9 fev. 2017.

_____. **The Future of the WTO**. Addressing Institutional Challenges in the New Millennium. Genebra: WTO, 2004.

_____. **The GATT Years**: from Havana to Marrakesh. Disponível em: <https://www.wto.org/english/thewto_e/whatis_e/tif_e/fact4_e.htm>. Acesso em: 7 mar. 2017c.

_____. **Korea**: Taxes on Alcoholic Beverages. 1999. Disponível em: <https://www.wto.org/english/tratop_e/dispu_e/cases_e/1pagesum_e/ds75sum_e.pdf>. Acesso em: 9 fev. 2017.

_____. **Legal Texts**: The General Agreement on Tariffs and Trade (GATT 1947). Article I-XVII. 1947a. Disponível em: <https://www.wto.org/english/docs_e/legal_e/gatt47_01_e.htm>. Acesso em: 9 fev. 2017.

_____. _____. Article XVIII-XXXVIII. 1947b. Disponível em: <https://www.wto.org/english/docs_e/legal_e/gatt47_02_e.htm>. Acesso em: 9 fev. 2017.

_____. Repertory of Appellate Body Reports. **National Treatment**. Disponível em: <https://www.wto.org/english/tratop_e/dispu_e/repertory_e/n1_e.htm>. Acesso em: 31 jan. 2017d.

_____. **Understanding the WTO**: Principles of the Trading System. Disponível em: <https://www.wto.org/english/thewto_e/whatis_e/tif_e/fact2_e.htm>. Acesso em: 7 mar. 2017e.

_____. **Understanding the WTO**: a Unique Contribution. Disponível em: <https://www.wto.org/english/thewto_e/whatis_e/tif_e/disp1_e.htm>. Acesso em:7 mar. 2017f.

Capítulo 1

1. Alternativa b. Conforme observamos no tópico 1.2 – "Tendências da economia mundial no século XX" –, apesar das diversas mudanças na economia mundial ao longo do século XX, há determinadas características que estiveram presentes durante todo esse período: hegemonia de um grupo seleto, internacionalização financeira, globalização comercial e influência dos atores transnacionais no desenvolvimento do comércio internacional.

2. Alternativa d. No tópico 1.2.1 – "Comércio e avanços tecnológicos do século XXI: evolução e perspectivas" –, podemos verificar que a globalização apresenta fatores positivos para o comércio internacional e elementos negativos para o desenvolvimento deste. A participação do Brasil no comércio internacional ainda é de baixa expressividade, uma vez que seus produtos têm baixo valor agregado.

3. Alternativa c. Conforme observamos no tópico 1.2.2 – "As regras antigas ainda são aplicáveis?" –, verificamos que, apesar das mudanças tecnológicas e na economia mundial, os postulados elaborados por David Ricardo ainda são aplicáveis ao comércio internacional.

4. Sim, porque quase metade da sua pauta de exportações é composta pelo setor primário.

5. No século XXI, esse aprofundamento das diferenças entre os países ocorreu principalmente em decorrência da mão de obra, que se tornou especializada e produtiva, incorporando os avanços tecnológicos existentes, típicos de uma sociedade da informação.

Capítulo 2

1. F, V, F, V.
2. F, V, V, F.
3. V, F, V, F.
4. Existe uma **relação dialética** entre a independência e a interdependência. Podemos afirmar que, no DIE, há uma **tensão dicotômica** entre a **tendência unificadora** de base liberal, para beneficiar o fenômeno da globalização, e a **tendência à diversificação** das normas que disciplinam as relações econômicas internacionais, sendo esta última mais visível no DIE do que no direito internacional em geral.
5. O DIE apresenta um conteúdo vasto e não tem um rol taxativo de matérias; logo, devemos revisar constantemente seu conteúdo, devido às frequentes transformações das relações econômicas internacionais, uma vez que, na era da informação, as sociedades se tornam cada vez mais complexas.

Capítulo 3

1. V, F, F, F.
2. F, V, V, F.
3. V, F, F, V.
4. Um exemplo seria a **ponderação dos votos**, a qual é um mecanismo frequentemente presente nas organizações internacionais (OIs) de caráter econômico, fato que contrasta com o que ocorre nas OIs de caráter político; estas, ao implementarem o sistema de ponderação de votos, recebem diversas críticas.
5. Sim, os **mecanismos de conciliação** se configuram como instrumentos utilizado frequentemente no âmbito das organizações econômicas internacionais, com o objetivo de receber apoio da minoria em relação às práticas adotadas pela maioria.

Capítulo 4

1. A Conferência de Bretton Woods ocorreu próximo ao final da Segunda Guerra Mundial, em 1944, com o objetivo de criar mecanismos de cooperação entre os Estados e propostas de reformulação do sistema monetário internacional. Houve a participação de 44 nações aliadas, que assinaram, ao final, o Acordo de Bretton Woods.

2. a) V. A afirmação está correta porque, para a superação do desequilíbrio econômico, a reformulação do sistema monetário internacional criou condições que buscavam ajustar as finanças internacionais, motivando a retomada do desenvolvimento dos Estados que se encontravam economicamente fragilizados no período pós-guerra.

3. V

4. Alternativa d.

5. O *single undertaking* é um marco relevante da Rodada Uruguai em substituição ao sistema do Gatt *à la carte*. Em suma, excluiu-se a possibilidade de um membro escolher parcialmente os acordos a que desejava aderir. Os membros da OMC passaram a adotar um "pacote" de acordos e a aceitar os pontos negociados de forma indissociável.

6. Alternativa c.

Capítulo 5

1. O princípio da não discriminação incorpora outros dois princípios essenciais e complementares ao comércio internacional: o princípio da nação mais favorecida (NMF) e o princípio do tratamento nacional (PTN). O princípio da NMF determina o mesmo tratamento tarifário para todas as partes contratantes. Ou seja, vantagens ou privilégios relacionados às importações ou às exportações, concedidas por uma parte contratante a outra, devem ser "imediata e incondicionalmente" estendidos aos demais membros. O PTN proíbe o tratamento discriminatório entre produtos nacionais e importados (art. III do Gatt).

2. F, F, V, V.

3. O princípio da transparência também é proveniente do

princípio clássico do *pacta sunt servanda*, que significa que os acordos devem ser respeitados e cumpridos. Conforme elementos trazidos da melhor doutrina de Direito Internacional Público, as relações entre os Estados devem ser pautadas pela **boa-fé**. Dessa forma, o *pacta sunt servanda* também traz essa ideia ao contexto multilateral. A Convenção de Viena sobre o Direito dos Tratados, que foi ratificada pelo Brasil em 2009, também determina que os tratados em vigor obrigam as partes e devem ser por elas cumpridos de boa-fé.

4. Alternativa d.
5. Alternativa b.

Capítulo 6

1. A partir da década de 1990, ocorreu um movimento de liberalização comercial denominada pela Cepal de *regionalismo aberto*. O novo regionalismo entende a integração regional como uma etapa do processo de liberalização. Assim, o chamado *regionalismo aberto* aposta na regionalização da América Latina como meio para diversificar a produção e, ao mesmo tempo, fortalecer posições ao reduzir a vulnerabilidade dos países isoladamente.

2. Alternativa d.
3. De acordo com o art. XXIV do Gatt: "se entende por zona de livre comércio, um grupo de dois ou mais territórios aduaneiros entre os quais se eliminam os direitos de aduana e as demais regulamentações comerciais restritivas". Esse mesmo artigo determina que o procedimento de concessão de preferências deve ocorrer em respeito apenas ao que é essencial para os intercâmbios comerciais dos produtos originários.

4. F, F, V, F.
5. Alternativa b.

Capítulo 7

1. As principias funções do OSC são: a) autorização dos painéis; b) adoção do relatório dos painéis e do OA; c) supervisão da execução das recomendações sugeridas pelos painéis e pelo OA; e d) autorização das medidas de suspensão de concessões comerciais.

2. Uma controvérsia pode ser solucionada por meio de consultas (art. 4); por meio dos chamados *bons ofícios, conciliação* e *mediação* (art. 5); ou mediante julgamento vinculante – painéis *ad hoc* e também por meio do OA (arts. 6 a 20) ou por arbitragem (art. 25).
3. Alternativa c.
4. Alternativa a.
5. F, F, V, F.

Capítulo 8

1. Por meio da transparência, procura-se reduzir a assimetria de informação (falha de mercado). A assimetria de informação acarreta o desequilíbrio de poder ou reforça a desigualdade dentro do sistema, sendo uma meta da OMC a sua redução, com a finalidade de proporcionar um ambiente institucional melhor. Assim, a defesa da transparência, como um princípio-guia, apesar de não coercitivo, passou a ser importante para reduzir os potenciais conflitos entre os membros da OMC. Reforçamos sua importância em razão das regras sobre *disclosure*, traduzidas nos mecanismos de monitoramento e vigilância introduzidos na Rodada Tóquio (1949), que foram aprimorados na Rodada do Uruguai.

2. A notificação passou a ser o maior instrumento para consubstanciar o direito à informação. A notificação reúne informações detalhadas sobre o sistema de comércio e políticas comerciais dos membros. Trata-se de uma obrigação legal, mas seu cumprimento é voluntário, sem penalidades coercitivas. Existem alguns motivos pelos quais os governos não aperfeiçoam suas notificações: a) incapacidade burocrática – muitos são países em desenvolvimento com problemas econômicos); b) incapacidade de linguagem – dificuldade com os idiomas oficiais na OMC; c) recusa em aceitar a informação como um bem público; d) ausência de notificação utilizada como estratégia para afastar críticas; e) falta de confiança no sistema; e f) problemas de enquadramento da questão nos termos da OMC.

3. Alternativa c.
4. Alternativa b.
5. F, F, F, V.

Capítulo 9

1. Alternativa d. A alternativa está incorreta porque o TPJI expediu a seguinte assertiva: "é um princípio geralmente aceito que o Estado é o titular para regular sua própria moeda".
2. Alternativa a. O presidente Richard Nixon anunciou que os EUA suspenderiam o padrão dólar-ouro.
3. Alternativa b. Conforme observamos no tópico – "Assistência financeira no plano universal: Bird" –, a edificação do Banco de Assistência Financeira teve como objetivos originais ajudar as economias arrasadas no pós-guerra e, em um momento posterior, adquiriu o escopo de auxiliar no desenvolvimento de países pobres.
4. Uma das melhores maneiras de se realizar uma verdadeira reforma no FMI é a incorporação de dois elementos à sua estrutura: a **transparência** e a **governança**.
5. A criação do Banco Mundial como **banco de assistência financeira** teve como objetivo original ajudar as economias arrasadas no pós-guerra; depois, foi estabelecido o escopo de auxiliar no desenvolvimento dos países pobres.

Capítulo 10

1. V, F, V, F.
2. V, F, F, F.
3. F, V, F, F.
4. Verificamos a existência de, pelo menos, **quatro critérios**. Em primeiro lugar, é necessário que um país receba recursos oriundos do exterior. Em segundo lugar, esses recursos devem permanecer no exterior durante um prazo mínimo. Em terceiro lugar, os mesmos recursos, tanto em razão de diferenças culturais quanto de sistema jurídico, devem estar expostos a riscos. Por fim, quanto aos resultados visados, é preciso que exista uma expectativa de retorno positivo, isto é, de lucro.
5. Um aspecto importante na esfera do ICSID consiste no fato de a Comissão de Conciliação deliberar a respeito da sua própria competência, conforme dispõe o art. 32 da Convenção. Nessa linha, no caso de interposição

de exceção de incompetência por qualquer uma das partes, a Comissão irá deliberar se tal exceção será conhecida como questão preliminar ou se será apreciada em conjunto com as questões de fundo.

Capítulo 11

1. Alternativa c. Conforme o tópico "Os conceitos econômico e jurídico de empresa transnacional" –, de acordo com a Unctad, uma corporação transnacional normalmente é considerada como uma empresa que atua por meio de filiais em mais de um país, com base em um sistema de tomada de decisões que possibilita a coerência das políticas adotadas por cada uma delas, bem como o estabelecimento de uma estratégia comum.
2. Alternativa a. As empresas transnacionais, para realizar sua estratégia, precisam cumprir o complexo arcabouço normativo, que pode incluir não apenas a legislação de dois ou mais países, mas inclusive dos respectivos blocos econômicos, que podem adicionar, por exemplo, novas restrições fitossanitárias, limites às importações ou às exportações etc.
3. Alternativa b. Conforme o tópico 11.4.3 – "A estrutura da GVC no comércio internacional" –, verificamos que a GVC pressupõe o cruzamento de diversos setores e indústrias, além dos serviços que agregam valor aos produtos ao longo da mesma cadeia produtiva.
4. O significado deste elemento é: a cadeia de produção dessas empresas deve considerar o fato de que os produtos de um país que serão exportados para outro devem respeitar a legislação de ambos, para que o comércio internacional seja viável.
5. A **cadeia global de valor** é o conjunto de operações desempenhadas pelas organizações empresariais e por seus respectivos trabalhadores, tendo como termo inicial a elaboração de determinado produto e, como termo final, tanto a sua colocação no mercado para venda quanto seu acompanhamento posterior.

Capítulo 12
1. V, V, V, F.
2. V, F, V, F.
3. F, V, F, V.
4. Significa que a lei do Estado em que o indivíduo é **domiciliado** disciplina a matéria concernente à sua capacidade.
5. A declaração de vontade.

Capítulo 13
1. Alternativa d. Conforme o tópico 13.2 – "Evolução histórica da lex mercatoria" –, com a formação dos Estados nacionais na Idade Moderna, verificamos um gradativo enfraquecimento da *lex mercatoria*, que passou a ser vista como uma ameaça aos governos, os quais buscavam concentrar todos os poderes. Em outros termos, existiam regras pautadas nos usos e nos costumes do comércio que contrariavam a dinâmica dos Estados nacionais, os quais visavam ao fortalecimento de sua soberania.
2. Alternativa c. A nova *lex mercatoria* tem como fonte diversas práticas originadas na dinâmica recente do comércio internacional, entre elas, os usos e os costumes adotados no comércio internacional.
3. Alternativa a. As regras das associações profissionais e das *guidelines* são orientações para a redação de contratos ou para conduzir operações comerciais.
4. A nova *lex mercatoria* foi organizada em concordância com as práticas mercantis contemporâneas. Nesse contexto, verificamos a presença de "agências de deliberação", que buscam uniformizar as regras para facilitar o comércio internacional.
5. Conforme a Câmara de Comércio Internacional de Paris, são regras padronizadas internacionalmente e que, por serem reconhecidas, são utilizadas em todo o mundo, nos contratos tanto internacionais quanto nacionais para a venda de produtos.

Capítulo 14
1. F, V, V, V.
2. V, F, V, V.
3. De acordo com a doutrina especializada, as negociações apresentam um cronograma de fases. Em regra, identificamos a seguintes fases/etapas na

negociação: a) planejamento – conjunto de atividades destinadas ao conhecimento das partes; b) abertura – contato preliminar dos negociadores; c) exploração e inteligência comercial – pesquisa sobre as necessidades das partes, assim como identificação de suas expectativas; d) esclarecimentos – refinamentos das relações; e) conclusões – indicação dos pontos do acordo ou de um "desacordo"; f) controle e avaliação – diagnóstico de todo o processo negociador, com a possibilidade de intervenções.

4. A aferição de prejuízos na fase de negociação não é típica. Entretanto, é possível identificar prejuízos quando uma das partes atua de maneira desleal (abusiva, dolosa ou culposamente), causando prejuízos à outra. Nesse caso, pode ser atribuída a responsabilidade pré-contratual, mas devem ser identificados três elementos: dano, culpa e nexo causal. Nesse contexto, são avaliadas as despesas da negociação, os danos resultantes da perda da oportunidade e se houve dano moral à reputação da parte prejudicada ou algum outro dano diante de violação de segredo de comércio.

5. Alternativa a.

Capítulo 15

1. Em algumas circunstâncias, existe a possibilidade de aplicação de mais de uma lei, chamada de *dépeçage* ou *fracionamento*. O tema tem abordagens divergentes. Os níveis de *dépeçage*, no sistema de DIPr, podem ser identificados quanto ao mérito, à capacidade, à forma e à execução. Tanto a Convenção de Roma quanto a Convenção do México adotaram o *dépeçage*.

2. Quando não está estabelecido no contrato a lei aplicável, é aplicada a denominada *lex fori*, isto é, a lei do tribunal em que a ação é proposta. Trata-se de uma regra muito utilizada no DIPr e que encontra respaldo no art. 9º da LINDB.

3. Alternativa a.

4. F, F, V, V.

5. Alternativa a.

Cristina Godoy Bernardo de Oliveira é doutora em Filosofia do Direito (2011) e graduada em Direito (2006), ambos pela Faculdade de Direito da Universidade de São Paulo (USP) – Campus São Paulo. É academic visitor pela Faculty of Law of the University of Oxford (2015-2016), pós-doutora pela Université Paris I Panthéon-Sorbonne (2014-2015) e bolsista da Coordenação de Aperfeiçoamento de Pessoal de Nível Superior (Capes). É professora doutora do Departamento de Filosofia do Direito e Disciplinas Básicas da Faculdade de Direito da Universidade de São Paulo (USP) – Campus Ribeirão Preto, desde 2011.

Juliana Oliveira Domingues é doutora em Direito – Relações Econômicas Internacionais (2010) pela Pontifícia Universidade Católica de Sao Paulo (PUC-SP) e mestre em Direito (2005) – Relações Internacionais pela Universidade Federal de Santa Catarina (USFC). É responsável pela criação da disciplina de Trade Remedies na USP e tem reconhecimento internacional (Chambers & Partners, Latin Lawyers, Euro Money) por sua atuação na área de comércio internacional e direito concorrencial. É professora doutora de Direito Econômico da Universidade de São Paulo (USP), na Faculdade de Direito de Ribeirão Preto, desde 2012.

sobre as autoras

Impressão:
Março/2017